Christel Faber · Christof Wehrsig · Uwe Borchers

Frauenerwerbsarbeit und Neue Technologien im Einzelhandel

Sozialverträgliche Technikgestaltung
Materialien und Berichte Band 30

Herausgeber: Das Ministerium für Arbeit, Gesundheit und Soziales
des Landes Nordrhein-Westfalen

Die Schriftenreihe „Sozialverträgliche Technikgestaltung" veröffentlicht Ergebnisse, Erfahrungen und Perspektiven des vom Ministerium für Arbeit, Gesundheit und Soziales des Landes Nordrhein-Westfalen initiierten Programms „Mensch und Technik – Sozialverträgliche Technikgestaltung". Dieses Programm ist ein Bestandteil der „Initiative Zukunftstechnologien" des Landes, die seit 1984 der Förderung, Erforschung und sozialen Gestaltung von Zukunftstechnologien dient. Der technische Wandel im Feld der Mikroelektronik und der modernen Informations- und Kommunikationstechnologien hat sich weiter beschleunigt. Die ökonomischen, sozialen und politischen Folgen durchdringen alle Teilbereiche der Gesellschaft. Neben positiven Entwicklungen zeichnen sich Gefahren ab, etwa eine wachsende technologische Arbeitslosigkeit und eine sozialunverträgliche Durchdringung der Gesellschaft mit elektronischen Medien und elektronischer Informationsverarbeitung. Aber es bestehen Chancen, die Entwicklung zu steuern. Dazu bedarf es einer breiten öffentlichen Diskussion auf der Grundlage besserer Kenntnisse über die Problemzusammenhänge und Gestaltungsalternativen. Die Interessen aller vom technischen Wandel Betroffenen müssen angemessen berücksichtigt werden, die technische Entwicklung muß dem Sozialstaatspostulat verpflichtet bleiben. Es geht um sozialverträgliche Technikgestaltung.
Die vorliegende Reihe „Sozialverträgliche Technikgestaltung. Materialien und Berichte" ist wie die parallel erscheinende Schriftenreihe „Sozialverträgliche Technikgestaltung" ein Angebot des Ministeriums für Arbeit, Gesundheit und Soziales, Erkenntnisse und Einsichten zur Diskussion zu stellen. Es entspricht der Natur eines Diskussionsforums, daß die Beiträge die Meinung der Autoren wiedergeben. Sie stimmen nicht unbedingt mit der Auffassung des Herausgebers überein.

Christel Faber · Christof Wehrsig · Uwe Borchers

unter Mitarbeit von Heidemarie Krüger
und Stefan Maria Tanneberger

Frauenerwerbsarbeit und Neue Technologien im Einzelhandel

Westdeutscher Verlag

Die Deutsche Bibliothek – CIP-Einheitsaufnahme

Faber, Christel:
Frauenerwerbsarbeit und neue Technologien im
Einzelhandel / Christel Faber; Christof Wehrsig;
Uwe Borchers. Unter Mitarb. von Heidemarie
Krüger und Stefan Maria Tanneberger. – Opladen:
Westdt. Verl., 1992
    (Sozialverträgliche Technikgestaltung:
    Materialien und Berichte; Bd. Nr. 30)
    ISBN 978-3-531-12356-1   ISBN 978-3-322-94195-4 (eBook)
    DOI 10.1007/978-3-322-94195-4

NE: Wehrsig, Christof; Borchers, Uwe; Sozialverträgliche
Technikgestaltung / Materialien und Berichte

Umschlaggestaltung: Hansen Werbeagentur GmbH, Köln

ISBN 978-3-531-12356-1

Gliederung

Vorwort

Die Idee zu diesem Forschungsprojekt speiste sich aus einem aufgegriffenen Gegensatz: Die von uns bisher gemachten und gesammelten Ergebnisse weisen den Einzelhandel als eine Domäne aus, die besonders intensiv und extensiv sich auf die Nutzung der Ressource "Frau" stützt, mit der Folge, daß die Berufschancen von Frauen rigide eingeschränkt und besonders rationalisierungsunterworfen sind (Stichwort: Personalabmagerung durch Selbstbedienung). Dies scheint durch den Einsatz von IuK—Technologien weiter befördert zu werden. Diesen Mustern einer fortsetzbaren "Neo—Taylorisierung" der Arbeit stehen Befunde der Organisations— und Industriesoziologie entgegen, die ausweisen, daß (freilich in anderen Branchen) erfolgreiche Arbeitsorganisationen sich durch einen großzügigen "Slack" der Leistungszuschreibungen und Kontrollen und einem "pfleglichen Umgang mit Arbeitskraft" (Kern/Schumann) auszeichnen. Was gilt also für die weitere Entwicklungsrichtung der (wie wir noch sehen werden sehr unterschiedlichen) Einzelhandelsbetriebe? Waren sie die Gewinner und Nutzer einer fortsetzbaren geschlechtsspezifischen Segmentation der Frauen am Arbeitsmarkt, oder geraten sie kurzfristig orientiert in die Falle eines langfristigen unproduktiven Qualifikationsabbaues, der durch die Implementierung von Warenwirtschafts— und Personalinformationssystemen entscheidend überdeckt wird?

Das durch diese Fragen aufgeworfene Szenario ist ersichtlich durch mehrere Faktoren bestimmt: der Stabilität der arbeitsmarktlichen Segmentation von Frauen, die betriebliche Personalpolitik und die Penetranz von IuK—gestützten Kontrollstrategien, schließlich die Flexibilitätsanforderungen von Absatzstrategien. Dazu kommt als eine weitere intervenierende Variable die Interaktion zwischen der strategischen Orientierung des Managements und den organisationsfähigen Interessen und Orientierungen der Akteursgruppe der Frauen. Beide aber sind nicht zu unterstellen und deshalb in Frage zu ziehen (wir diskutieren beides im folgenden unter dem Stichwort: Strategiefähigkeit).

Nachträglich kann man feststellen (und das zeigt eine Behinderung der forschungspolitisch üblichen Querschnittsuntersuchungen: auch unserer), daß langfristige demographische Entwicklungen am Arbeitsmarkt, also die Verknappung der Ressource "Frau", für die Bereitschaft zur Änderung von Rekrutierungspraktiken seitens der Unternehmen ein wichtigerer Faktor ist, als die Option des Technologieeinsatzes. In unserem damaligen Feld war noch kaum erfaßbar, daß die Unternehmen selbst eine langfristige Änderungsmöglichkeit des "bisherigen" Frauenpotentials wahrnehmen und antizipieren. Gleichwohl meinen wir, daß diese langfristige Entwicklung unserer Querschnittsuntersuchung kein Verfallsdatum stellt, weil sie den von uns getroffenen Differenzierungslinien unseres Problemzusammenhanges (die wir im Teil I in Anschlag bringen) mehr Relevanz verleihen und sie zu verstärken scheinen.

Vorworte nötigen zu einem Blick zurück. In der Erarbeitung eines Projektes sind sie die letzten Schwellen, auf denen man steht, bevor man sich aus dem Vorhaben und umgekehrt dieses entläßt. Man begegnet abschlußhaft den eigenen Verpflichtungen und hat sie möglichst abzutragen, was wohl regelmäßig ein nur bruchstückhaftes Unternehmen wird. Dies liegt daran, daß spätestens dann sich merkbar ein Möglichkeitsraum schließt, der mit dem Projekt planvoll und in der Durchführung unabsehbar eröffnet wurde. Es ist wohl deshalb, daß Vorworte häufig einen Unterton der Beschwichtigung haben. Es geht uns nicht anders. Ein Forschungsprojekt generiert ein Geflecht von sozialen Beziehungen, die schon wegen der nötigen Offenheit mit einem Netz wechselseitig eingegangener, aber unbestimmter Verpflichtungen überzogen ist. (Sie sind, wie wir als Soziologen wissen und erfuhren, durch einen Satz von Techniken des Einschränkens, Abweisens, Wartens und des Regelverweises konterkariert, die insbesondere Organisationen ausbilden, um Ansprüche zu regulieren. Gerade deshalb:) Sie werden sozial nur tragbar durch persönliche Großzügigkeit. Es ist diese, die in ganz unterschiedlichen Formen viele unserer GesprächspartnerInnen, Kooperateure und KollegInnen zeigten, die unser Feld ausmachten und ermöglichten. Ihnen gilt unser Dank. Dies gilt im besonderen den einhundertzehn Frauen und Männern, die trotz ihrer Arbeitsbelastung die Intensivinterviews von jeweils ein bis drei Stunden Dauer mit uns geführt haben. Wir danken allen Kolleginnen und Kollegen, die uns in Diskussionszusammenhängen Anregungen für die Studie geggben haben. Dank gebührt dem Ministerium für Arbeit, Gesundheit und Soziales, NRW, das das Projekt finanzierte und dem Rhein−Ruhr−Institut für Sozialforschung und Politikberatung, das uns fachlich/kollegial begleitete. Zu besonderem Dank verpflichtet sind wir den sechs Unternehmen des Einzelhandels, in denen wir unsere Untersuchung durchführen konnten, obwohl damit Aufwand, Mühe und unsere manchmal penetrante Neugier zu ertragen war.

Bielefeld, im Oktober 1991

1. Einleitung: Problemdifferenzierungen

Als wir diese Untersuchung konzipierten, war das damit verknüpfte Erkenntnis-
interesse von einer Skepsis unterlegt, die aus den eindrücklichen Erfahrungen
der Vorarbeiten herrührte. Sie bezeugten über alle Veränderungen hinweg die
stumme Reproduktion der geschlechtsspezifischen Ungleichheitsverteilung in den
Berufsfeldern des Einzelhandels (Rammert—Farber 1981, 1982, 1987): War
jetzt etwa erwartbar, daß diese tradierten Segmentationslinien der Nutzung
weiblicher Arbeitskraft gerade durch die weitere Rationalisierungdynamik selbst,
die durch den Einsatz der Neuen Technologien ausgelöst wurde, durchbrochen
werden? Lag die Vermutung nicht näher, daß Aufbau und Implementierung von
Warenwirtschaftssystemen und ihre Verknüpfung mit einem elektronisch verwal-
teten und kontrollierten flexiblen Personal — also vor allem Fraueneinsatz —
einen auf breiter Front dequalifizierten Gebrauch des weiblichen Arbeitsvermögens ermöglichte und damit Ungleichheiten festschrieb und zementierte?
 Zwischen diesen beiden Argumentationslinien unseres Erwartungsfeldes
versuchten wir ein analytisches Orientierungsraster aufzuspannen, das zu einer
realistischen Einschätzung der Beschäftigungs— und Berufschancen von Frauen
im Einzelhandel führen konnte. Realistisch, und das heißt hier empirisch offen, erschien es uns, einen Möglichkeitsraum zu entwerfen, der die beiden
divergierenden Eckpositionen zu differenzieren erlaubt und auch widersprüchliche Entwicklungen bemerkbar und beschreibbar macht. Eine derartige Rekonstruktion des komplexen Gesamtzusammenhanges sollte unseres Erachtens vor
allem drei Unterscheidungslinien im Auge behalten und zur Ordnung der wesentlichen Variablen nutzen.

1.1 Inkonsistenter Arbeitsmarktstatus und betriebliche Nutzung des weiblichen Arbeitsvermögens:

Zunächst erscheint es uns angebracht, den verfestigten und gesellschaftlich institutionalisierten ungleichen Arbeitsmarktstatus von Frauen abzuheben von den
betrieblichen Einsatzkonzepten und Praktiken der Nutzung ihrer Arbeitskraft.
Jener ist dadurch charakterisiert, daß Frauen unabhängig und gegenläufig zu

den im Ausbildungssystem erworbenen Qualifikationen und Berufslizenzen nur eine gebrochene und begrenzte Kontraktfähigkeit über ihr Arbeitsvermögen eingeräumt wird. Im Gegensatz zur männlichen Normalarbeitskraft, die als ein versachlichtes Vermögen und von der Person als Eigentümer getrennt aufgefaßt wird und eben dadurch ihre volle Kontraktfähigkeit bezieht, wird den Frauen diese persönliche Freiheit der Selbstverfügung (zur kontraktmäßigen Fremdverfügung) über ihr Arbeitsvermögen nicht eingeräumt. Sie unterliegen der askriptiven Zuschreibung, daß ihr Arbeitsvermögen sozial–, das heißt familiengebunden ist, und deshalb nicht unabhängig vom Personenstand vertraglich verfügbar sein kann. Die häufig akzentuierte Ganzheitlichkeit des weiblichen Arbeitsvermögens ist nur die Kehrseite ihrer begrenzten Konkraktfähigkeit auf dem Arbeitsmarkt. Anders ausgedrückt: Das weibliche Arbeitsvermögen ist stets mit der normativ vorgezeichneten Akteursfiktion belegbar, familienzentriert zu sein und deshalb bereit, langfristige Berufschancen nach einer anderen Präferenzstruktur den familienzentrierten Interessen nachzuordnen. In der Perspektive der Beschäftiger ist daher weibliches Arbeitsvermögen in der Regel, das heißt faktisch regelmäßig und normativ regelkonform dadurch ausgezeichnet, daß es zwar häufig kurzfristig mit einer kompensatorisch höheren persönlichen Fügsamkeit ausgestattet ist, langfristig aber der Einsatz charakteristische Unsicherheiten hat.

Erst wenn man die skizzierte Unterscheidung von arbeitsmarktlicher Statusinkonsistenz der Frauen und den betrieblichen Personalpolitiken im Blick behält, über die die Statuspyramide der betrieblichen Sozialverfassung sich aufbaut, kann man unseres Erachtens sinnvoll und realistisch die Frage verfolgen: Welche Möglichkeiten und Grenzen Personaleinsatzkonzepte für eine größere berufliche Gleich– bzw. Ungleichstellung von Frauen haben. Man sieht dann, daß die soziale Konstruktion eines spezifisch weiblichen Arbeitsvermögens und der daraus resultierende inkonsistente Arbeitsmarktstatus für die Betriebe, und vor allem für die des Einzelhandels, einen institutionellen Kontext darstellt, der nicht zu ignorieren ist. Dies heißt natürlich gerade nicht, daß sie sich in ihren Einsatzkonzepten dieser gesellschaftlichen Vorordnung anpassen müssen. Analytisch bedeutet es vielmehr, daß Arbeitsorganisationen als soziale Systeme mit einer hohen entscheidungsmäßigen Selbststeuerung zwar die maßgeblichen aber nicht die einzigen autonomen Agenturen der Reproduktion geschlechtsspezifischer Ungleichheiten sind. Sie haben vielmehr einen personalpolitischen Gestaltungsspielraum, der es ihnen ermöglicht, sich entweder gleichsinnig und konservativ, oder eigensinnig und damit modernisierend gegenüber den gesellschaftlich institutionalisierten Vorgaben zu verhalten. Aufgrund dieser Problemstruktur, die von einer Verteilung und Interdependenz der Beiträge der Akteure und Agenturen zur Reproduktion, wie zum Abbau von Ungleichheit ausgeht, wird einsichtig, warum der Prozeß der beruflichen Gleichstellung von Frauen so fragmentiert, zäh und stets von Rückschritten bedroht verläuft. Denn unter diesen Bedingungen ist es dann für jeden einzelnen Akteur häufiger rational, weil langfristig berechenbarer, sich für konventionelle Lösungen zu entscheiden, selbst wenn dem ein Engagement für Modernisierungspolitiken entgegensteht. (Diese Überlegungen setzten wir im 3. und 5. Teil fort und nehmen sie im 6. zusammenfassenden Teil noch einmal auf.)

Unsere erste Unterscheidung zielt darauf ab, den doppelten Konstitutionsprozeß der ungleichen geschlechtsspezifischen Nutzung weiblicher Arbeitsvermögen auseinanderzulegen, um deutlich machen zu können, wie institutionalisierte gesellschaftliche Prozesse der Attribution einer Verpflichtung und Fähigkeit von Frauen zur Familienarbeit zum Ausgangspunkt betrieblicher Nutzungsformen werden, die sie als legitime Muster der Gliederung ihrer eigenen Sozialstruktur internalisieren und so gesellschaftlich reproduzieren, oder (und diese Variante gilt unsere besondere Aufmerksamkeit) aus einem eigenen betrieblichen Interesse, also rational motiviert, weiterentwickeln und konterkarieren. Ein Eigeninteresse der Betriebe ist schon deshalb anzusetzen, weil systematisch nicht damit gerechnet werden kann, daß Betriebe ihre eigenen externen sozialen Effekte im Auge haben und sich daran orientieren.

1.2 Rationalisierungsstrategien und betriebliche Praktiken

Zur weiteren Aufschlüsselung der zentralen Fragestellung dieser Untersuchung: Welchen Stellenwert haben Informatisierungsprozesse für den Organisationswandel in den Betrieben des Einzelhandels, und welche Auswirkungen auf die bisherige Topographie der Frauenerwerbsarbeit sind von diesen zu erwarten, meinen wir auf einer zweiten Unterscheidungslinie weitere analytische Vorüberlegungen anstellen zu müssen.

Wir haben den Einzelhandelsunternehmen als Organisationen ein hohes Maß an "entscheidungsmäßiger Selbststeuerung" zugesprochen, das heißt die Fähigkeit, Markt– und Sortimentsstrategien zu entwickeln und mit Technologie– und Personaleinsatzpolitiken zu verknüpfen. Ins Zentrum der Überlegungen rückt damit die Frage der Strategiefähigkeit von Einzelhandelsorganisationen und deren begrenzter Effektivität. Bei dem Versuch, den strategischen Entscheidungsraum des Managements abzuschätzen und zu charakterisieren, können wir an Argumentationen der Bielefelder Einzelhandelsuntersuchung von U. Engfer (1984) anknüpfen. Ihr zu Folge sind die Rationalisierungstrategien der Dienstleistungsunternehmen des Handels mit einer "genuinen Unsicherheit" behaftet, da

Umfang und Art des zu deckenden Bedarfes unterbestimmt sind, so daß auch effektive Strategien dauerhaft nicht zu stabilisieren sind und ihre Effizienz nur adhoc betätigt werden kann. Diese "Unbestimmtheitslücke" führt zu einem Wechsel von widersprüchlichen Teilstrategien, für den sich das Management offen halten muß.

Unseres Erachtens ist damit nur ein wichtiges Teilproblem benannt. Die Argumentationsfigur plaziert Unsicherheit nur als Externe bzw. als Externalisierte. Sie vernachlässigt darüber die Möglichkeiten organisationsintern generierter Unsicherheiten und entwirft für unseren Fragehorizont ein viel zu kompaktes Bild der Einheit von strategischer Disposition und operativer Ausführung. Demnach scheint es dem Mangement wenig Probleme zu machen, die Umsetzung strategischer Entscheidungen zu bewirken und zu kontrollieren. Dem gegenüber meinen wir mit der Unterscheidung von Rationalisierungsstrategien und damit zunächst nur "lose gekoppelten" betrieblichen Praktiken ihrer Umsetzung einen realistischen Zugang zur Dimension des Organisierens eröffnen zu können. Die Differenz führt zu der Auffassung, daß Strategien zwar den Charakter von bindenden Entscheidungen haben, aber nicht davon abgesehen werden kann, daß sie zunächst nur Entscheidungsprämissen fixieren, die arbeitsteilig und über mehrere Hierarchiestufen hinweg realisiert, das heißt situativ und pragmatisch angepaßt, also verändert werden. Es ist dann zumindest offen, ob pragmatische Anforderungen und der Eigensinn von Organisationsprozessen nicht zu Rationalisierungssperren für ambitionierte Strategien werden können.

Diese Gesichtspunkte scheinen uns vor allem unter der Hinsicht des Einsatzes von Informations – und Kommunikationstechnologien wichtig. Verknüpft man (Galbraith 1977 folgend) das Problem der Bearbeitung von externen und internen Unsicherheiten mit dem der Produktion fortlaufender Entscheidungen, so läßt sich Unsicherheit als Informationsmangel konzeptualisieren. Folgt man dem, so kann man die Relevanz verorten, die die Betriebe des Einzelhandels der Einführung von IuK–Technologien einräumen: Es ist der Versuch, entscheidungsrelevante Informationen organisationsweit zu bewirtschaften und durch planmäßige Informationsverarbeitung und Distribution die Effizienz betrieblicher Entscheidungsprozesse zu gewährleisten. Wir vermuten, daß auch dies keine Superstrategie der "systemischen Rationalisierung" ist, die dem Problem der Absorbtion von Unsicherheit und der Abdrift durch nicht intendierte Folgen enthoben ist. (Diese Überlegungen werden wir im 2. Teil versuchen weiter zu verfolgen.)

Die angezeigte Skepsis gegenüber der Strategiefähigkeit der Einzelhandelsunternehmen führt zu einem weiteren Problempunkt, der für unsere Untersuchung leitend geworden ist. Die Unterscheidung (und damit Begrenzung) von Rationa-

14

lisierungstrategien und organisierten Praktiken sollte nicht nur in dieser Abfolge gelesen werden, die den strategischen Entscheidungen Weitblick und Kompetenz zur Konditionierung organisierter Arbeitsprozesse zuschreibt. Demgegenüber scheint es verallgemeinerbare Gründe zu geben, die Abfolge, die ja immer auch hierarchische Rangfolge ausdrückt, umzukehren. Gibt man nämlich (March/Simon 1976) die idealisierte Vorstellung einer praktikablen "Optimalität des Entscheidens" auf und räumt ein, daß realistischerweise Entscheidungsprozesse von sozialgebundenen "befriedigenden Lösungen" her strukturiert sind, so sieht man zugleich: Organisationspraktiken und Routinen sind nicht nur als sedimentierte frühere Entscheidungen den exzeptionellen Entscheidungssituationen fortlaufend voraus, sondern gehen in aller Regel in diese ein, da sich von ihnen her auch bestimmt, was eine "befriedigende Lösung" ist. Anders ausgedrückt: Gegenüber dem sachlich beschränkten und zeitlich diskontinuierlichen Gebrauch, den strategische Entscheidungen dramatisiert annehmen, ist die basale Kontinuität geübter betrieblicher Praktiken nicht zu übersehen. Für den Zuschnitt unserer Untersuchung resultiert daraus ein Vorgehen, das versucht, keine Hierarchieebenen zu präferieren und im Feld mit Effekten einer "Rationalisierung von unten" ebenso zu rechnen.

Eine letzte Schlußfolgerung scheint uns wichtig: Unter der Annahme einer effektiv beschränkten Strategiefähigkeit der Einzelhandelsbetriebe und angesichts der Vielfalt von Lösungsmöglichkeiten zur Abarbeitung ihrer internen und externen Unsicherheiten unter suboptimalen Bewertungskriterien wird man mit einem Bündel von Teilstrategien rechnen können, die nur lose miteinander verknüpft sind. Es ist dann fraglich, ob ihre wechselseitigen Interdependenzen und Folgeprobleme kontrolliert werden und geklärt sind. Die daraus resultierende, separierte Variation von Einkaufs−, Sortiments−, Technologie− und Personaleinsatzpolitiken stützt sich auf die funktionale Gliederung der Aufbauorganisation. Der Gesamteffekt für den Organisationswandel ist aber ambivalent. Er stabilisiert einerseits die Fachkompetenzen für Teilstrategien und ermöglicht die Ausbildung "lokaler Rationalitäten" (Cyert/March 1963). Andererseits sind mit diesem Innovationsmuster langfristige Inkompatibilitäten, ja wechselseitige Blockaden aufgrund der mangelnden Integration in ein Gesamtkonzept naheliegend und erwartbar.

Für unsere Untersuchung ergibt sich aus der antizipierbaren Variation und Kombination von eigensinnigen Teilstrategien eine charakteristische Schwierigkeit: Wie läßt sich im Branchenüberblick der Möglichkeitsraum der strategischen Designs der Einzelhandelsorganisationen mit einiger empirischer Relevanz ordnen? Wir haben dieses Problem durch die Bildung dreier unterschiedlicher Vertriebs− und Betriebstypen (Warenhäuser, Kaufhäuser, Discounter) zu lösen versucht, die sich an traditionellen Ausprägungen orientieren und insbesondere in ihren Personaleinsatzkonzepten und Sortimentsausrichtungen charakteristische Unterschiede aufweisen (siehe dazu die Fallstudiendarstellung im Teil 4.). Mit diesem qualitativen Zuschnitt geht natürlich ein Verzicht auf eine aktuelle, branchenweite Repräsentativität der Aussagen, und langfristig die Nichtberücksichtigung gerade von unwahrscheinlichen Innovationsversuchen im Einzelhandel einher.

1.3 Organisationen und Akteure

Die Fragestellung unserer Untersuchung verweist uns schießlich auf eine dritte Unterscheidungslinie. Sie ist implizit in den bisher skizzierten Vorüberlegungen angelegt, soll aber ausdrücklich genannt werden. Die Stichworte dazu waren "betriebliche Praktiken" jenseits einer durch Disposition vorgezeichneten Ausführung und "Rationalisierung von unten". Beide gründen in der Skepsis gegenüber der hierarchiebewährten vertikalen Integration der Arbeitsorganisationen. Wir wollen diese als Merkmal nicht leugnen, vielmehr die Bedingungen ihrer Möglichkeiten (vielleicht: IuK — Technologien) differenzierter erfassen.

In dieser Perspektive scheint es uns angebracht, weil problemadäquat, analytisch eine möglichst weitreichende akteurstheoretische Tiefenschärfe vorzuhalten. Dies hat nicht den Sinn, die Subjektstellung von Frauen normativ festzuschreiben, was häufig damit korrespondiert, sie dann faktisch aus guten, d.h. leicht zu erhebenden Gründen als Opfer ihrer eigenen Umstände zu beschreiben.

Die Evaluierung von Chancen und Risiken von Reorganisationsprozessen für eine veränderte Positionsverteilung jenseits der geschlechtsspezifischen Segmentationslinien traditioneller Personalpolitiken kommt unseres Erachtens nicht umhin, den Frauen (und Männern) in grundsätzlicher Weise einen Akteursstatus einzuräumen, und sie nicht nur in dem durch formale Organisation bestimmten Handlungs — und Verhaltensausschnitt festzuschreiben, d.h. in einer Passivstellung als Funktionsträger, Arbeitnehmerinnen oder weibliche Arbeitskräfte. Erst dann kann in den Blick geraten, über welche fremd — und selbstverursachten Zuschreibungen und Barrieren die schiefe Positionsverteilung der Frauenerwerbsarbeit zustande kommt.

Aus der hier eingenommen akteurstheoretischen Perspektive ergibt sich auch ein insgesamt anderes Organisationsverständnis: Sind Organisationen nicht nur Orte zweckgebundenen Handelns in abgesteckten Arbeitsrollen, sondern Handlungsfelder interessenorientierter Akteure, ist mit der Normalität von Konflikten und Auseinandersetzungen zu rechnen, auch wenn diese häufig latent gehalten, diskret abgewickelt oder verdrängt werden. Die Aufrechterhaltung einer flexiblen Aufgabenerfüllung, erst recht die Innovativität von Organisationen, bemißt sich dann nicht zuletzt daran, ob sie über effektive Muster und erprobte Prozeduren der betrieblichen Konfliktverarbeitung verfügen. Dies ist natürlich das Feld der organisierten, betrieblichen Interessenvertretung und aus diesem Zusammenhang erklärt sich auch der zunächst paradox anmutende Befund, daß zu einem effizienten Management die Stabilisierung eines effektiven Betriebs – und Personalrates gehört.

Frauen (auch) als "Aktricen" ihrer eigenen Berufstätigkeit zu kategorisieren, schließt unseres Erachtens die Frage ein, wie sie selbst sich gegenüber den Inkonsistenzen und Zwiespältigkeiten ihrer Berufsidentität verhalten, denen sie durch die aufgezeigten Differenzierungen und Fraktionierungen von Qualifikationserwerb, unverbindlichem Arbeitsmarktstatus, betrieblicher Positionierung und faktischer Stellung im Arbeitsfeld ausgesetzt sind. Darin liegt die doppelte Schwierigkeit, daß sich daraus mehrdeutige Selbst – und Fremddefinitionen ergeben, je nachdem welche Relevanzstruktur den unterschiedlichen Ebenen beigelegt wird und diese wiederum mit dem geschlechtsspezifischen Verweis auf gegenwärtige oder zukünftige Familienverhältnisse diskreditiert werden können. Aus den unterschiedlichen Verknüpfungs – und Zurechnungsweisen resultierende Unsicherheit der sozialen Konstruktion ihrer Berufsbiographie schlägt unmittelbar auf die Darstellungsmöglichkeiten ihrer Interessen durch. Es scheint uns daher nicht so sehr fraglich, daß Frauen berufliche Interessen haben und verfolgen, sondern wie sie diese unter der stets möglichen Aufspaltung in offiziell anerkannte und individuell – private artikulieren, vertreten und durchsetzen können. Diese Diffusität der Interessenlagen erwerbstätiger Frauen scheint uns zugleich zentral für die bekannten Schwierigkeiten ihrer kollektiven Organisierung. (Diese Probleme verfolgen wir im dritten Teil unseres Berichtes weiter.)

Mit den skizzierten Unterscheidungslinien zwischen inkonsistentem Arbeitsmarktstatus, betrieblichen Nutzungsstrategien, Praktiken im Arbeitsfeld und den Interessenorientierungen der Akteurinnen versuchen wir den Problemzusammenhang der ungleichen Arbeitsmarkt – und Berufschancen der Frauen im Einzelhandel analytisch zu detaillieren und zu spezifizieren. Erst dadurch meinen wir vom Ansatz her soweit vorgebaut zu haben, daß die theoretischen und/oder häufig auch normativen Eingangsannahmen nicht auf die Ergebnisse und Befunde durchschlagen. Die hier versuchte Alternative zu einer globalen These einer Fortschreibung und Reproduktion geschlechtsspezifischer Ungleichheitsstellung installiert eine Perspektive, die systematisch dazu anhält, mit Gegenläufigkeiten und Widersprüchen zwischen den Teilprozessen der einzelnen Ebenen und Politikfeldern zu rechnen. Dies impliziert die Möglichkeit einer eigensinnigen

Abkopplung ebenso wie die von wechselseitigen Verstärkereffekten. Es ist dann eine empirische, also nicht vorentschiedene (und damit auch politische) Frage, welche Variablen unter welchen Bedingungen dazu beitragen, den Auszug der Frauen aus der tradierten Berufsunmündigkeit zu beschleunigen oder zu behindern. In dieser Sichtweise, die mit einer Problemfraktionierung rechnet, sind, so müssen wir einräumen, realistischerweise durchschlagende Wirkungen (und auch Politiken, die diese beabsichtigen) nicht zu erwarten. Anders ausgedrückt: die Differenzierungsprozesse, die die Modernisierung der Gesellschaft auszeichnen, machi auch vor den Arbeits— und Lebenszusammenhängen der Frauen nicht halt — ist das eine Chance?

2. Anfragen an das Konzept "Systemischer Rationalisierung"

Die Analyse komplexer empirischer Feldzusammenhänge macht Theorieentwicklung nötig. Wer nicht im Meer der bloßen Deskription ertrinken will, braucht einige Landmarken und Orientierungen. Die Fragestellung dieses Projekts: welche Auswirkungen haben Einsatz und Implementation von Informations — und Kommunikationssystemen in den Organisationen des Einzelhandels auf die dort traditionellerweise stark vertretene Frauenerwerbsarbeit? — macht dafür Vorklärungen nötig. Sie betreffen vor allem Anfragen an das neue Leitkonzept der "Systemischen Rationalisierung", die in unseren Untersuchungsdimensionen von Relevanz sind.

Der gegenwärtig zu beobachtende mikro — elektronisch basierte Rationalisierungsprozeß in Industrie — und Dienstleistungsunternehmen hat mit dem Konzept der "systemischen Rationalisierung" (Baethge/Oberbeck 1986; Altmann u.a. 1986) eine (beim sonst in der industriesoziologischen Profession üblichen Maß an gepflegter Gegensätzlichkeit) erstaunlich einheitliche terminologische Fassung erhalten. Beide Autorengruppen nennen als zentralen begrifflichen Sachverhalt, der den neuen Rationalisierungstyp kennzeichnet, einen "strategischen Bezug auf gesamtbetriebliche Prozesse" (Altmann u.a. 1986), durch den die Steuerung der unterschiedlichen Funktionsbereiche "in einem Zug" und "von oben" (Baethge/ Oberbeck 1986) erfolgen soll. Das Rationalisierungsgeschehen löst sich damit von der Optimierung von Einzelfunktionen der operativen Ebene und gewinnt einen ganzheitlichen Zuschnitt.

Erstaunlich ist daran vor allem, daß mit dem parallel entwickelten Konzept "systemischer Rationalisierung" zwei Gegenstandsbereiche der gleichen analytischen Sichtweise unterstellt wurden, die bislang strikt auseinandergehalten wurden. Industriearbeit und Verwaltungstätigkeit wurden arbeitssoziologisch in den Gegensatz von körperlicher und geistiger Arbeit gerückt. Die gesellschaftstheoretisch ansetzende Diskussion zur "postindustriellen Gesellschaft" behauptet nicht nur eine grundlegende Differenz von Produktions — und Dienstleistungsarbeit, sondern stellt vor allem auf deren unterschiedlichen Rationalisierungsmodus ab, der die weitere sozialstrukturelle Entwicklung moderner Gesellschaften prägen soll. Dienstleistungsarbeit unterscheidet sich in dieser Sichtweise vor allem durch eine Rationalisierungsresistenz von Produktionsarbeit, zumindest folgt der Prozeß ihrer Rationalisierung einem anderen, widersprüchlichen Muster, das die Linearität der Entwicklung durchbricht. Als "Gewährleistungsarbeit" für andere Arbeiten (Engfer 1984) ist sie mit Unsicherheiten belastet, die sie funktional nicht restlos bestimmbar und damit rationalisierbar macht. Dienstleistungsarbeit, für die Arbeit im Einzelhandel als exemplarisch gilt, kann nur in dilemmatischer, zwiespältiger Weise rationalisiert werden. Ähnliche Annahmen machen Baethge/Oberbeck für die "zirkulationsprozeß"—bezogene Tätigkeit von Angestellten im Handel geltend. Auch ihre Arbeit der "Organisierung von Markt— und Austauschprozessen" hat spezifische Möglichkeiten und Grenzen der Rationalisierung. Sie werden vor allem in der Widerständigkeit dieser Prozesse und Verkehrsformen gegen Versuche ihrer Formalisierung und Standardisierung als Voraussetzung einer technisch—rationalen Abarbeitung gesehen. Für die Fragestellung unserer Untersuchung und für den Versuch einer theoretischen Vorklärung ist deshalb das Konzept "Systemische Rationalisierung" unmittelbar relevant.

Die folgenden Anmerkungen zu diesem Konzept gehen davon aus, daß mit der konstatierten Einmütigkeit sich in wichtigen Punkten keine analytische Eindeutigkeit verbinden läßt. Das wird unseres Erachtens gerade zum Problem, wenn es nicht um eine wie auch immer bemühte und von außen herangetragene Kritik geht, sondern man der Einschätzung folgt, daß das Konzept heuristisch fruchtbar und empirisch relevant die neue Qualität des zu beobachtenden Rationalisierungsprozesses im Einzelhandel in vielen Zügen plausibel erfaßt. Der Versuch einer theoretischen Fortentwicklung soll an drei allgemeinen Fragestellungen orientiert werden, die sich aus der Studie von Baethge/Oberbeck entfalten lassen, bevor er für unseren Gegenstandsbereich spezifiziert wird.

1. Zunächst kann man festhalten, daß das Konzept der "systemischen Rationalisierung" eine *systemtheoretische* Unterfütterung vermissen läßt. Auch andere mögliche Referenzen zum Stichwort System, etwa der sozio—technische Systemansatz, der auf Emery/Trist zurückgeht (Neidhard 1980) finden keine explizite Beachtung. Das Konzept wird also gleichsam mit dem Rücken zur organisationssoziologischen Theorieentwicklung entfaltet, in der Systemkonzepte in unterschiedlicher Ausprägung zu den etablierten analytischen Instrumentarien gehören, mit dem systemische Prozesse beobachtet und in ihrer Verlaufsrichtung beschrieben werden. Es fragt sich dann, was denn angesichts dieses Desiderates das Systemische der "systemischen Rationalisierung" ist, und welches Hintergrundkonzept von Rationalität eine analytische Beschreibung dieses Prozesses auf dem behaupteten neuen Entwicklungsniveau trägt, ob nicht die Vorstellung einer bloßen Technisierung gegen die einer "Rationalisierung mit Sperren"

aufzugeben ist.

2. Die wesentliche Leistung der zunächst empirisch in unterschiedlichen Realisierungsgraden abgegriffenen und dann prospektiv verdichteten Konzepten systemischer Rationalisierung wird in der Herstellung und Nutzung einer weitgehenden *"Transparenz"* der gesamtbetrieblichen Abläufe gesehen. Gegenüber dieser Fassung des Problems der Informatisierung kann man fragen, ob damit die inhärente Selektivität von Datenverarbeitungs— und Kommunikationsprozessen erfaßt wird, und deren Folgeprobleme für die Steuerung und Kontrolle der unter Flexibilitätsdruck stehenden Ablauforganisation hinreichend berücksichtigt sind.

3. Schließlich soll auf einen Befund eingegangen werden, der die die Prozesse der "systemischen Rationalisierung" begleitende Personalpolitik kennzeichnet. Baethge/Oberbeck (1986, S. 4O ff.) konstatieren eine Ablösung traditioneller Angestelltentugenden, die ihren Kern in der kollektiven Loyalität durch betriebliche Privilegierung und der auf Erfahrungswissen aufbauenden Leistungsbereitschaft hatten. Zugleich vollziehe sich aber eine "Refeudalisierung" der Arbeitsverhältnisse, die an der selektiven betrieblichen Qualifikationspolitik ansetzt und zu einer Forcierung der individuellen Leistungsmoral führt. An diesem Befund (und nicht so sehr gegen ihn) kann man ein generelles und weiterreichendes Problem informatisierter Organisationsprozesse diskutieren. Soweit die Informatisierung betrieblicher Abläufe die Ereignisstruktur bloß legt, verstärkt sich die Tendenz, kritische, d.h. unter Steuerungshinsichten nicht eindeutig zurechenbare Ereignisse zu *personalisieren.* Das kann man verstehen als Anerkennung der Relevanz eines betrieblichen Erfahrungswissens neuer Art auch unter den Bedingungen systemischer Rationalisierung.

2.1 Informatisierung: glatte Technisierung oder sperrige Systemrationalität

Das Konzept der "systemischen Rationalisierung" geht zunächst einmal auf einen Wechsel in der Beobachterperspektive der Industriesoziologen selbst gegenüber den ablaufenden Rationalisierungsprozessen zurück. Deren traditionelles Analyseinstrument war produktionszentriert und arbeitssoziologisch ausgerichtet. Der primäre Beobachtungsfokus war der Arbeitsplatz als maßgeblicher Kontext für Tätigkeiten und Vollzüge, die durch das jeweilige technische Inventar und den daraus resultierenden Aufgabenanforderungen geprägt wurden. Dieser enge begriffliche Zuschnitt markierte sich ebenso deutlich noch in der darauf bezogenen Kritik, vor allem der von Habermas (1968). Mit der Unterscheidung von instrumenteller Arbeit und kommunikativem Handeln rückte er beide in einen kritisch zu nutzenden Gegensatz. Darin blieb er insofern dem Gegenstand seiner Einwände verhaftet, als diese Unterscheidung damit nicht eine komplementäre Sichtweise eröffnete, in der Kommunikation und Arbeit in ihrer notwendigen Verschränkung für eine Analyse des Arbeitsprozesses verstanden und genutzt wurde.

Sollte man einem Schnittpunkt für den industriesoziologischen Perspektivenwechsel angeben, so kann u. E. mit guten Gründen dafür die Debatte zur "Krise der Arbeitsgesellschaft" des Bamberger Soziologentages stehen (Matthes 1983). Hier präsentierten Kern/Schumann die ersten Ergebnisse ihrer neuen Studie, um die Behauptung zu stützen, daß der beobachtbare Rationalisierungsprozeß zunehmend einem Prinzip des "ganzheitlichen Zugriffs auf Arbeitsvermögen" (S. 358) folgt. Besonders Claus Offe stellte nachdrücklich die Zentralität des (hergebrachten) arbeitssoziologischen Konzeptes in Frage. Nachträglich wird deutlich, daß damit nicht so sehr eine Abwendung als vielmehr eine Öffnung der Frage nach der Zukunft der Arbeit verknüpft war. Diese markierte Offe mit dem Verweis auf die steigende Bedeutung "reflexiver Arbeit", also Arbeit, die andere Arbeiten bearbeitet (S. 47). Man kann nun mit guten Gründen bezweifeln, daß diese reflexiven Funktionsbereiche des Arbeitsprozesses sich vollständig ausgliedern lassen und sowohl auf der Ebene gesellschaftlicher, wie auch betrieblicher Arbeitsteilung je in einem Dienstleistungsbereich sich verselbständigen kann. Als wichtig daran hat sich erwiesen, daß die Gleichsetzung von Rationalisierungskriterien mit allein solchen technischer und ökonomischer Effizienz aufgebrochen und die kooperativen, organisatorischen Erfordernisse, die gerade Rationalisierungsprozesse als Unsicherheiten zu berücksichtigen haben, nachdrücklich betont wurden.

Dieser Blick auf die Vorgeschichte des Konzeptes der "systemischen Rationalisierung" soll eine gewisse Vorsicht nahelegen, das Neue einer Richtungsänderung der Rationalisierung voreilig und ausschließlich dem Gegenstand und nicht auch seiner veränderten soziologischen Betrachtungsweise zuzurechnen. Im Blick auf Baethge/Oberbeck erscheint es daher angebracht, sich in der Beantwortung der hier verfolgten Fragestellung an Zwiespältigkeiten und Zweideutigkeiten des Konzeptes und der Befunde zu orientieren.

In dieser Hinsicht kann man sehen, daß Baethge/Oberbeck sowohl das Neue der systemischen Rationalisierung klären, wie zugleich die Kontinuitäten der bisherigen langfristigen Entwicklung verdeutlichen wollen. Systemische Rationalisierung wird von ihnen nicht als Bruch bisheriger Organisationsprinzipien verstanden, sondern als deren "konsequente Technisierung" (S. 27). Diese Dynamik wird in Gang gebracht durch den Aufbau "technischer Systeme" (S. 71), zu denen die bisherigen funktionsspezifisch ausgelegten EDV—Anlagen betriebsweit verknüpft werden können. Damit soll zwar kein Technikdeterminismus in Anschlag gebracht werden, der die betrieblichen Nutzungsformen festschreibt, aber die IuK−Technologie ist in diesem Interpretationsrahmen doch der führende Entwicklungsfaktor der "Systemisierung".

Der Prozeß des Organisierens bleibt demgegenüber nachgeordnet, so daß man von einer "organisationssoziologischen Zaghaftigkeit" wird reden können. Die IuK−Technologie ist in dieser Sichtweise das effektive Mittel, mit der die hergebrachten Rationalisierungsziele effizienter verfolgt werden können: Datenbanksysteme, die die relevanten Informationen betriebsweit aufnehmen, bevorraten und distribuieren, ermöglichen dem Management deren "zentrale Verfügbarkeit" und darüber eine erhöhte "Transparenz" und weitgehende "Zugriffsmöglichkeiten" auf die Funktionsabläufe (vgl. S. 62). Der Aufbau solcher Systeme macht zwar eine oft langwierige "Systemanalyse" zur "technisch−sozialen Gestaltung" (nicht etwa zur sozio−technischen!) der Verwaltungsabläufe und Arbeitsstrukturen nötig (S. 73), aber nennenswerte dezentrale Lösungen sind von diesem Gestaltungsprozeß nicht zu erwarten, da die Bindung an großtechnologische Anlagen, die allein die nötige Speicherkapazität bereit stellen, erhalten bleibt. Es sind also in dieser Perspektive die Strukturen des "technischen Systems", die den betrieblichen Rationalisierungsprozessen eine spezifische Form aufprägen.

Die informationstechnisch ermöglichte "zentrale Verfügbarkeit" von aktuellen Betriebsdaten über alle Funktionsbereiche hinweg ist in diesem Konzept der Rationalisierung die führende Steuerungsgröße, die den Prozeß auf ein neues Niveau hebt. Welcher Gebrauch von diesem Potential zu erwarten und welchen Richtungsverlauf des Rationalisierungsprozesses diesem absehbar zuzusprechen ist, wird aber unseres Erachtens maßgeblich von der Hintergrundvorstellung von Rationalität geprägt sein, die implizit oder explizit zur Beantwortung genutzt wird.

An dieser Stelle möchten wir für die weitere Argumentation auf die Unterscheidung von zwei Rationalitätstypen zurückgreifen, die Luhmann (1973) mit Blick auf organisierte Handlungssysteme eingeführt hat. Um ein adäquates Verständnis ihrer Probleme zu ermöglichen, plädiert er dafür, das klassische Konzept der Handlungsrationalität auf das einer (freilich erst in Ansätzen ausformulierten) Systemrationalität umzustellen. Handlungsrationalität ist (in knapper Form) dadurch charakterisiert, daß sie am Modell der Einzelhandlung gewonnen ist, die die unter definierten Zwecken erreichbaren Mittel kalkuliert. Dabei werden Nebenfolgen neutralisiert und der entscheidungsrelevanten Bewertung entzogen mit der latenten Funktion, die Handlungsfähigkeit der Akteure beim abgezweckten Mitteleinsatz zu sichern. Den hierarchisch vorgeordneten

Zielen wird vor allem Transitivität in der instruktiven Umsetzung zum Mitteleinsatz unterstellt.

Wird dieses Rationalmodell dem betrieblichen Rationalisierungsprozeß unterlegt, so kann die ökonomische Rationalität wirkungsvoll mit der technischen verkoppelt vorgestellt werden. Von den strukturellen und situativen Zwängen des Marktes her können dann die Organisationsziele als ökonomisch vordefinierte Rentabilitätskalküle identifiziert werden, von denen her der Mitteleinsatz, einschließlich der der Arbeitskraft, nach technischen Regeln und unter der Neutralisierung sozialer Folgen sich vollzieht. In diesem Modell betrieblicher Rationalisierung ist die Entwicklungsrichtung linear festgelegt und wird der Stand der Rationalisierung vor allem durch die technische Prozeßbeherrschung und negativ durch die Widerständigkeit materialer und arbeitsinhaltlicher Momente bestimmt. Zum Aufmerksamkeitspunkt wird vor diesem Hintergrund die "Rationalisierungslücke".

Demgegenüber soll für komplexe organisierte Sozialsysteme gelten, daß ihr Operationsmodus nicht mehr zureichend nach dem Modell der Zweckrationalität verstanden werden kann. Systemrationalität akzentuiert dagegen Entscheidungsprozesse in Organisationen, also verkettete Entscheidungen mehrerer Akteure. Diese können nicht gegenüber antizipierbaren Folgen abgedichtet werden und die Differenz von Mittel/Zweck kann nicht mehr als durch Hierarchie gesichert und geordnet gelten. Vielmehr machen sich "Rationalisierungssperren" geltend.

Den Kerngedanken dieses Modells kann man in der Annahme sehen, daß das Optimalprinzip und der Sachverhalt der Arbeitsteilung sich widersprechen. Das Optimalprinzip fordert den Vergleich und die Bewertung aller Konsequenzen aller Alternativen, und diese Entscheidungsleistung kann konsistent nur an einer Stelle und ungeteilt erfolgen. Organisierte Entscheidungsprozesse zeichnen sich demgegenüber dadurch aus, daß realistischerweise Entscheidungen nur als Entscheidungsprämissen weiteren Entscheidens verstanden werden können.

Dieses Verständnis von organisierten Entscheidungsprozessen macht die Annahme der Transitivität von Zwecksetzungen über alle Entscheidungsetappen hinweg sehr unwahrscheinlich. Entscheider stoßen auf die Möglichkeit des anderen Entscheidens anderer Akteure. Sie müssen mit sozialen Kontingenzen in organisierten Entscheidungsprozessen rechnen und damit, daß andere Akteure Kontingenzen strategisch nutzen.

In diesem Modell der *Rationalisierungssperren* stellen sich für organisierte Sozialsysteme, die sich über Entscheidungen selbst steuern, folgende drei grundsätzliche strategische Probleme:

— das der unvollständigen *Information* zur Entscheidungsvorbereitung,

- das der unvollständigen *Allokation* von Entscheidungen; Entscheidungskompetenzen können nicht trennscharf verortet werden;
- das der unvollständigen *Kontrolle*; auch befolgte Entscheidungen können in ihren verästeten, realisierten Konsequenzen nicht hinreichend überblickt und verfolgt werden.

Aus endogenen Gründen sind also organisierte Entscheidungsprozesse mit erheblichen Unsicherheiten und Risiken für daran beteiligte Akteure verknüpft. Nimmt man die aufgezeigten Sachverhalte des Modells der Systemrationalität ernst und benutzt sie als Folie der Untersuchung empirischer Prozesse der "systemischen Rationalisierung", dann ist es fraglich, ob das informationstechnische Potential einer "zentralen Verfügbarkeit" aller betrieblichen Funktionsbereiche organisatorisch so weitreichend realisiert und zur Steuerung genutzt werden kann, wie die Studie von Baethge/Oberbeck es nahe legt. Sie konstatieren zwar, daß Prozesse der systemischen Rationalisierung deshalb schwierig zu beobachten und einzuschätzen sind, weil in ihnen gleichzeitig "Geschäftspolitiken" und organisatorische Umsetzungen von EDV−Konzepten variiert werden. Das führt aber nicht zu der Frage, ob Geschäftspolitiken als Zielfindungsprozesse mit den Neuen Technologien tatsächlich die Möglichkeit haben, ihre Entscheidungsprozesse weitgehend zu konditionieren, und damit die benannten Unsicherheitszonen komplexer Organisationen trocken zu legen.

2.2 Transparenz: ein großes Kontroll−, aber ein kleineres Steuerungspotential?

Der hier zu diskutierende zweite Einwand steht in der Auszugslinie der bisherigen Argumentation. Sie hatte in Frage gestellt, ob das neue informationstechnische Potential ein unproblematisches Mittel ist, den Zielhorizont von Rationalisierungsentscheidungen zu erweitern; oder ob die Neuen Technologien nicht für die betrieblichen Akteure selbst "unklare Technologien" sind, die organisatorische Steuerungsprobleme und wechselseitige Entscheidungsabhängigkeiten verschärfen.

Demgegenüber kann man sehen, daß für Baethge/Oberbeck die erreichbare weitgehende Transparenz des Betriebsablaufes zentrale Bedeutung erhält. Durch Informatisierung können in dieser Einschätzung nicht nur Arbeitsergebnisse, sondern alle relevanten Abläufe erfaßt, im Datensystem abgebildet und durchleuchtet, also kontrolliert werden. Diese Akzentuierung überbewertet die mögliche Transparenz. Mit ihr stellt sich dann das sehr plausible Bild ein, daß alle relevanten betrieblichen Ereignisse mit einem Datenschatten versehen werden können und es zu einer Punkt−zu−Punkt−Korrespondenz von Real− und Datenprozeß kommt.

Demgegenüber meinen wir, daß ein Konzept der Informatisierung die unvermeindliche Selektivität formalisierter und programmierter Datenströme zu berücksichtigen hat und deshalb nicht nur mit einem globalen Datenschatten, sondern auch umgekehrt mit "Schattendaten" zu rechnen ist. So kann man die Daten bezeichnen, die durch den Prozeß der Informatisierung ins Dunkle gerückt werden und im System nicht mehr faßbar sind. Dahinter steht das Dilemma, daß die Auswahl und Erfassung fremder Daten schon immer Meta−Informationen darüber erfordert, welche Datensätze die relevanten Informationen enthalten. Dieses Problem scheint nur für geklärte Routineprozesse lösbar zu sein. (Wehrsig 1986; Jazbinsek 1987)

Eine ähnliche Problemlage, die auch an der Differenz von Realprozeß und digitalisiertem Datenprozeß ansetzt, ist von Thomas Malsch (1987) am Beispiel der Informatisierung und Rationalisierung der Instandhaltungsarbeit diskutiert worden. Er behauptet einsichtig: Die Datengewinnung, vor allem die Generierung nicht eindeutiger Störfallinformationen, könne im Prinzip nur im Wege der Selbstbeobachtung der operativen Einheiten erfolgen. Informatisierungsprozesse, die diese Voraussetzung eines offenen Informationssystems mißachten und durch ihre Programmstruktur einschränken, entziehen sich selbst die Datenbasis weiteren effektiven Operierens.

Von diesem Grundgedanken her entwirft Malsch ein Kreislaufmodell der informationstechnischen Steuerung der Instandhaltungsarbeit, in der das vor Ort erhobene Erfahrungswissen in generalisiertes Planungswissen transferiert wird, um als vorgesetztes Programmwissen auf der operativen Ebene wieder aufzutreten; dies mit der doppelten Funktion, Arbeitsabläufe detailliert vorzustrukturieren und zugleich als Kontrollfolie für den realen Ablauf zu dienen.

In diesem Modell der Transformation von Erfahrungswissen in Planungswissen, dessen Reiz in seiner Generalisierbarkeit liegt, sehen wir die schwache Stelle darin, daß zwar für die Informationsgewinnung auf der operativen Ebene eine Lücke angegeben wird, die nur durch Eigenkompetenz zu schließen ist, die adäquate Umsetzung des Planungswissens aber unproblematisiert bleibt. Achtet man auch hier wieder stärker auf den selektiven Charakter formalisierter Wissensprogramme, so sieht man deutlich, daß dessen Effektivität als Instruktion in von Störfällen bedrohten Situationen nur unter der Bedienung einer kompetenten Interpretation wahrscheinlich ist. Eine reibungsfreie Umsetzung von Planungswissen ohne Rückgriffe auf ein Erfahrungswissen scheint für mehrdeutige Kontexte keine plausible Annahme zu sein.

Die Triftigkeit dieser Überlegung unterstellt, läßt sich daraus eine weiterreichende Schlußfolgerung entwickeln: An dem Kreislaufmodell der Erzeugung und Nutzung von Planungswissen läßt sich ablesen, daß Informatisierungsprozesse ein hohes, zentralisierbares Kontrollpotential entwickeln. Es ergibt sich aber eine Asymmetrie, da in der gleichen Weise ein Steuerungspotential nicht aufgebaut und effektiviert werden kann. In Bezug auf diese Steuerungslücke muß man annehmen, daß sie nur durch eine reflexive, an Effektivität orientierte "Steuerung von unten" geschlossen werden kann. Das spricht dafür, Kontroll— und Steuerungsprobleme analytisch schärfer zu trennen.

2.3 Personalisierung: die neue Bedeutung der alten Leistungsmoral?

Unsere weitere Anfrage an das Konzept "Systemische Rationalisierung" macht sich am Befund der "Refeudalisierung" betrieblicher Sozialbeziehungen fest. Baethge/Oberbeck konstatieren eine erstaunliche Kontinuität der klassischen "Angestelltentugenden", wie Loyalität, Aufstiegs— und Leistungsorientierung, Betriebsbindung. Erstaunlich ist diese Penetranz eines traditionellen Arbeits— und Berufsethos deshalb, weil ihnen unter funktionalen Gesichtspunkten kein strategischer Stellenwert mehr zukommen soll. Da das personengebundene Erfahrungswissen in vielen Funktionsbereichen obsolet geworden ist, und komplementär auch dispositive Leistungen transparent gemacht werden können, ist die Funktion der Herrschaftssicherung und Gewährleistung im entscheidenden Maße versachlicht. Der von den Angestellten kollektiv geteilte Tugendkatalog kann also kaum mehr als betriebliche Statussicherung einer Funktionsgruppe angesehen werden; zumal auch Baethge/Oberbeck konstatieren, daß eine Individualisierung der Leistungsmoral als charakteristisches Merkmal festzuhalten ist.

Eine Erklärung dieses Befundes kann u. E. vor dem Hintergrund der Informatisierung in der gesteigerten Bedeutung von bestimmten Formen sozialer Kontrolle gesehen werden. Der ins Auge gefaßte Zusammenhang erklärt sich weniger als Überleben traditioneller Strukturen, sondern kann als "Personalisierung" verstanden werden.

Der hierfür maßgebliche Sachverhalt ist darin zu sehen, daß mit der Informatisierung des Betriebsablaufes dieser in der Form einer versachlichten Ereignisstruktur abgebildet wird. Auf der symbolischen Ebene der Repräsentanz betrieblicher Zustände entsteht dann das Folgeproblem, ob diese Ereignisse greifbaren Handlungen und diese wiederum bestimmten Personen zurechenbar sind. Das Problem besteht darin, verläßliche und realistische Leistungsdaten zu generieren, von denen her der interdependente Leistungszusammenhang sozial reinterpretiert und bewertet werden kann. Die Selektivität der Informatisierung zerlegt den für traditionelle Organisationsformen grundlegenden Zusammenhang von Person und Stelle, da die Abbildungsebene der Systemdaten die Ebene personaler Handlungen in aller Regel unterschreitet. Auf sie sind traditionelle Deutungsschemata einer "teleologischen Kausalität" nur noch schwer anwendbar. Es ist dieser Sachverhalt, der sekundäre Formen sozialer Kontrolle (auch dann, wenn sie herkömmlicher Art sind) eine gesteigerte Bedeutung geben. Das Systemvertrauen zur Datenlage, mit der jeder Entscheider versorgt wird und selbst weiter zu operieren hat, wird durch eine demonstrative Leistungskultur der Angestellten gestützt. Sie absorbiert Unsicherheiten. Die sozialintegrativen Defizite der Systemintegration werden so durch aufgesetzte Strategien der Personalisierung nachrationalisiert.

3. Frauenerwerbsarbeit im Einzelhandel: Die Ressource "Frau"

3.1 Der defizitäre Erwerbsstatus "Frau": Der Ausverkauf der Verkäuferinnen?

Der Handel ist ein Sektor mit ausgeprägter Frauenbeschäftigung. Rund 14% aller erwerbstätigen Frauen arbeiten als abhängig Beschäftigte im Warenhandel. Die Beschäftigung der Frauen konzentriert sich vor allem auf den Einzelhandel; hier stellen sie ca. 65% aller Warenkaufleute (vgl. Bundesanstalt für Arbeit, 1982 – 1987). Innerhalb des Arbeitsmarktsegments Einzelhandel lassen sich deutliche branchenspezifische Beschäftigungsschwerpunkte von Frauen ausmachen. Weibliche Arbeitskräfte dominieren zahlenmäßig in den sieben Branchen bzw. Warengruppen von Lebensmittel, Textil/Bekleidung, Blumen, Glas/Porzellan, Drogerie, Freizeitbedarf, während männliche Arbeitskräfte in den fünfzehn Branchen, in denen technische Verbrauchs – und Investitionsgüter wie KFZ, Elektroartikel, Radio/Fernsehen, EDV – Anlagen etc. verkauft werden, bevorzugt beschäftigt sind (vgl. Ehrke, 1981).

Die Qualifikationsstruktur im Einzelhandel ist ausgeprägt geschlechtshierarchisch gegliedert. Auf der operativen Ebene, in den Berufsgruppen "Verkäuferin" und "Kassiererin" liegt der Anteil an weiblichen Arbeitskräften bei über 80%, im Spezialfunktionen und Führungspositionen sind dagegen männliche Arbeitskräfte überrepräsentiert.

Die Beschäftigungsstruktur im Handel zeigt deutlich, daß Frauen sowohl in ihrer horizontalen wie vertikalen Mobilität einer erheblichen Einschränkung unterliegen. Hinzu kommen geschlechtsspezifische Zuweisungsregeln für den zeitlichen Beschäftigungsumfang. Teilzeitbeschäftigung, deren Anteil im Einzelhandel durchschnittlich bei 30% liegt, in bestimmten Betrieben jedoch über 70% erreicht (vgl. Lemm/Skolnik, WSI, 1986), wird fast ausschließlich von Frauen ausgeführt.

Angesichts dieser geschlechtsspezifischen Beschäftigungsstruktur, die durch eine hohe Konzentration von weiblichen Arbeitskräften in wenigen Branchen und durch eine ungleiche Verteilung von Status und Situs in diesen Branchen zuungunsten der Frauen charakterisiert ist, interessieren uns im folgenden die Bedingungen und Prozesse der Beschäftigung von Frauen im Einzelhandel. Zentral sind dabei für unsere Betrachtungsweise die anhaltenden Rationalisierungsbewegungen im Einzelhandel, insbesondere der verstärkte Einsatz von Informations— und Kommunikationstechnologien und deren Folgen für eine Aufwertung oder Degradation von Positionen, Tätigkeiten und beruflichen Perspektiven von Frauen.

Dabei soll unser Blick jedoch nicht einseitig auf die betrieblichen Nutzungskonzepte weiblicher Arbeitskraft im Einzelhandel gerichtet werden, sondern gleichzeitig den spezifischen gesellschaftlichen Lebenszusammenhang von Frauen mit einbeziehen.

3.1.1 Das elastische Potential weiblicher Arbeitskraft

Vorliegende Untersuchungen über Rationalisierungsverläufe und Entwicklungslinien Neuer Technologien in Produktion und Dienstleistung zeigen, daß Rationalisierungskonzepte nicht mehr in erster Linie auf Automatisierung und Effektivierung von Einzelfunktionen und einzelner Bearbeitunsvorgänge zielen. Wesentlich ist vielmehr, daß sich diese Konzepte auf gesamt— und überbetriebliche Zusammenhänge und insbesondere auf die flexiblen Potentiale von Technik richten (Baethge/Oberbeck, 1986). Ziel der Weiterentwicklung von Technik ist danach, auf informationstechnischer Grundlage die Reorganisation und Integration der gesamten Betriebsabläufe und der Markt— und Austauschbeziehungen zu erfassen und einer gleichzeitigen Flexibilisierung und Ökonomisierung zu unterwerfen.

Diese Strategien bedeuten jedoch nicht, daß Arbeitskräfteprobleme unbedeutend werden (vgl. Altmann/Düll, WSI, 1987), allein die Zielrichtung wurde verschoben: Systemische Rationalisierung kann weitgehend das "elastische Potential" menschlicher Arbeitskraft vernachlässigen.

Diese These, daß sich systemische Rationalisierung nicht mehr vorrangig auf das elastische Potential menschlicher Arbeitskraft richtet, können wir für den Untersuchungsbereich "Einzelhandel" nicht umstandslos teilen. Eine Steigerung der Effizienz und der Flexibilität des Betriebsablaufs durch eine datentechnische Verknüpfung und Koordination der Teilprozesse ist im Einzelhandel nicht unter Vernachlässigung des spezifischen Arbeitskräftebedarfs, nämlich an weiblichen Arbeitskräften, möglich. Wie wir feststellen konnten, ist gerade der Effekt einer Steigerung der Prozeßförmigkeit der Ablauforganisation in den Betrieben durch den Einsatz von informationstechnischen Systemen mit einer steigenden Interdependenz von technisch— und personell gebundenen Funktionen verknüpft. Ein abnehmendes Interesse der Einzelhandelsbetriebe am elastischen Potential weiblicher Arbeitskraft — in quantitativer und/oder qualitativer Dimension — ist

nicht auszumachen. *Im Gegenteil:* mit dem Einsatz der neuen Informations—
und Kommunikationstechnologien für das Warenwirtschaftssystem scheinen sich
die bisherigen Nutzungskonzepte von Arbeitskraft im Einzelhandel, die primär
auf die Elastizität des Arbeitskräftepotential rekurrieren, noch zu verschärfen.

3.1.2 Weibliche Normalbiographie und Frauenerwerbsarbeit

Von zentraler Bedeutung für die betrieblichen Nutzungskonzepte weiblicher
Arbeitskraft im Einzelhandel sind die sozialen Formen weiblicher Existenz, die
sich mit den Begriffen "weibliche Normalbiographie" und "geschlechtliche
Arbeitsteilung" verbinden. Anders als in der Normalbiographie von Männern,
die allein durch Erwerbstätigkeit und Berufskarriere strukturiert erscheint, werden für die soziale Konstruktion der weiblichen Normalbiographie die Ereignisse
von Heirat und Familiengründung als wesentliche Bestandteile bzw. als normative Bezugspunkte des Lebenslaufes angesehen (vgl. Hoerning/Krais, 1987). Als
"Drei—Phasen—Modell", das den zeitlichen Verlauf von Erwerbstätigkeit zu
Familienarbeit und umgekehrt erfaßt, fand die weibliche Normalbiographie in
den 50er Jahren durch Myrdal/Klein (1956) eine theoretische Fassung. Die
normative und faktische Wirkung dieses Modells, das implizit an der primären
Zuständigkeit von Frauen für familiale Reproduktionsarbeiten festhält, ist bis
heute bestimmend für die Position von Frauen auf dem Arbeitsmarkt und für die
betrieblichen Nutzungskonzepte von weiblicher Arbeitskraft. Darüber hinaus
findet es eine weitgehende Entsprechung in den Erwartungen und Verhaltensweisen von Frauen.

1. Die tradierte sozio—ökonomische Position der Frau als "Zu— und Nebenverdienerin", die aus der ihr zugewiesenen primären Zuständigkeit für familiale Reproduktionsarbeiten resultiert, führt zu einer weitgehend unbestimm-
   ten Erwerbsplanung mit den Folgen von geringen Qualifizierungs—, Aufstiegs— und Gratifikationserwartungen.
2. Die zeitlichen Restriktionen von Frauen mit Familie und/oder Kindern und
   ihre den Familienphasen angepaßte Fluktuation am Arbeitsmarkt, führen zu
   einem instabilen Beschäftigungsverhalten mit den Folgen der Orientierung
   auf kurzfristige, variable und flexible Beschäftigungsverhältnisse.
3. Die geschlechtliche Arbeitsteilung in der Familie führt zur Herausbildung
   spezifischer Fähigkeiten und Kompetenzen von Frauen mit der Folge, daß
   Frauen in erster Linie solchen Ausbildungs— und Arbeitsplätze nachfragen,
   die scheinbar reproduktionsbezogene Inhalte und Kompetenzen integrieren.

Für einen Teil der heute erwerbstätigen Frauen scheint die Gültigkeit dieses Musters einer weiblichen Normalbiographie faktisch wie normativ weitgehend obsolet geworden. Die Daten der Arbeitsmarktentwicklung der letzten 20 Jahre weisen auf Veränderungen im Erwerbsverhalten von Frauen hin: Beispielsweise ist die effektive Erwerbsquote bei Frauen seit den 60er Jahren von 49,3% im Jahre 1963 auf 50,5% im Jahre 1982 und 51,7% im Jahr 1987 gestiegen (während die der Männer allein im Zeitraum von 1980 bis 1987 von 83,6% auf 79,6% gesunken ist) (vgl. Tessaring, Mit AB, 2/88). Auffallend ist auch der seit den 60er Jahren kontinuierliche Anstieg der Erwerbsquote bei verheirateten Frauen von 32,3% im Jahr 1960 auf 40,6% im Jahr 1980. Hinzu kommt, daß die Zeiten der Unterbrechung von Erwerbstätigkeit zur Kinderbetreuung kürzer geworden sind bzw. nur in geringerem Umfang wahrgenommen werden (vgl. Engelbrech, 1983). Diese Daten lassen auf eine veränderte Lebensplanung von Frauen, die nicht mehr durchgängig dem Drei—Phasen—Modell entspricht, schließen. Bei der Suche nach den Erklärungen für Veränderungen im Erwerbs- verhalten von Frauen muß jedoch auch die Struktur der Frauenarbeitsplätze näher betrachtet werden. Eine wesentliche Ursache für die *kontinuierliche* Erwerbsbeteiligung verheirateter Frauen mit jüngeren Kindern ist in der Ausweitung von Teilzeitarbeitsplätzen zu sehen. Allein von 1960 bis 1980 hat sich die Teilzeitquote von Frauen nahezu vervierfacht; von 1980 bis 1987 ist sie von 21,2% auf 24,4% gestiegen (vgl. Engelbrech, 1987; Tessaring, Mitt AB 2/88).

Die Ausweitung von Teilzeitarbeit fand unter den günstigen sozioökonomi- schen Bedingungen der 60er Jahre statt und hatte aufgrund von Vollbeschäfti- gung und Arbeitskräftemangel zum Ziel, Frauen trotz Familienaufgaben als Lohnarbeitskräfte zu gewinnen oder zu halten (vgl. Eckart, 1986).

Spätestens seit Ende der 70er Jahre und (im Einzelhandel seit Einführung differenzierter Personaleinsatzverfahren) ist Teilzeitarbeit zu einem organisatori- schen Rationalisierungsinstrument der Betriebe geworden. Nicht zu übersehen ist dabei, daß die Zunahme von Teilzeitarbeitsplätzen ein Effekt der Umwandlung von Vollzeitarbeitsplätzen darstellt und in verschiedenen Wirtschaftszweigen (z.B. im Handel) mit einem effektiven Beschäftigungsabbau bei gleichzeitiger Intensivierung der Arbeit und (individueller) Produktivitätssteigerung einhergeht.

Arbeitszeiten, die eine Vereinbarkeit von Erwerbsarbeit und Familienarbeit ermöglichen, bilden zwar die Grundlage für den überproportional hohen Anteil von Frauen (ca. 93%) in diesen Beschäftigungsverhältnissen, ein existenz- sicherndes Einkommen ist jedoch in der Regel durch Teilzeitarbeit nicht zu erzielen.

Tatsächlich wird über diese Form der Erwerbsarbeit die tradierte sozio—öko- nomische Position der Frau als Zu— und Nebenverdienerin, deren primäre

Existenzsicherung durch Versorgungsansprüche an den Ehemann gewährleistet wird, verfestigt. Dadurch sind mit Teilzeitbeschäftigungsverhältnissen immer auch reduzierte Ansprüche an die Arbeitsinhalte, an Qualifikation und Gratifikation sowie an die Arbeitsplatzsicherheit verbunden. Der Zwang, Erwerbsarbeit und Familienarbeit zu vereinbaren, weist den Frauen nur eine marginale berufliche Existenz zu: Eine durch Sozialisationsprozesse und gesellschaftliche Erwartungen und Bedingungen erzeugte und verfestigte Familienorientierung von Frauen mag ein Grund dafür sein, daß erwerbstätige Frauen in Zeiten ökonomischer Krisen — sich zwar nicht mehr ohne weiteres in die Familie zurückschicken lassen — das "Angebot" einer Teilzeitbeschäftigung jedoch akzeptieren.

Auch Berufswahl und subjektive Bedeutungsgehalte von Berufsarbeit scheinen durch Sozialisationsprozesse im Binnenbereich der Familie hervorgebracht, geformt und gefestigt zu werden. Wie Becker—Schmidt et al. (1983) feststellen, geht bei Frauen mit der Verinnerlichung von Arbeitsbezügen eine spezifische psychische Disposition einher, nämlich von den eigenen Bedürfnissen abzusehen und Arbeit für andere zu leisten. Die Berufswahlmotive und —entscheidungen und der überproportionale Anteil von Frauen in Lehr—, Erziehungs— und Gesundheitsberufen, im sozialpflegerischen und Dienstleistungsbereich (und wie weiter unten zu zeigen wird, auch im Einzelhandel) können als Indiz dafür gelten, daß Frauen in der Lohnarbeit ein spezifisches Arbeitsvermögen anzuwenden versuchen, das über die Prozesse der geschlechtlichen Arbeitsteilung in der Familie generiert wurde und in seinen Ausprägungen immer wieder auf diese verweist (vgl. dazu auch Ostner 1978; Ostner/Krutwa—Schott, 1981).

3.2 Betriebliche Nutzungskonzepte von weiblicher Arbeitskraft im Einzelhandel

Für die weiblichen Arbeitskräfte im Einzelhandel hat dagegen das Verlaufsmuster einer weiblichen Normalbiographie, die die verschiedenen miteinander verbundenen Lebensbereiche von Bildung/Ausbildung, Erwerbstätigkeit und familiale Situation umfaßt, seine faktische und normative Gültigkeit gehalten. Bei der Rekonstruktion der (Erwerbs—) Biographien von Frauen im Einzelhandel wird eine Struktur sichtbar, die der weiblichen Normalbiographie weiterhin entspricht: Nach einer kurzen formalen Ausbildung wird die Erwerbsarbeit bis zur Familiengründung ausgeübt. Auf eine zeitlich längere Familienphase folgt die Wiederaufnahme der Erwerbstätigkeit in Teilzeitbeschäftigungsverhältnissen. In Abhängigkeit und Entsprechung dieses Musters der weiblichen Normalbiographie und der geschlechtlichen Arbeitsteilung werden von den Betrieben des Einzelhandels Nutzungskonzepte von Frauenarbeit verfolgt, die vorrangig an das elastische Potential weiblicher Arbeitskraft anknüpfen. Spezifisch für den Einzelhandel ist dabei, daß sein Rekurs auf das elastische Potential von Arbeitskraft über eine enge Bestimmung als Nutzung von fachlichen Qualifikationen und spezifischen Lern— und Problemlösungsfähigkeiten der Arbeitskräfte hinausgeht: Mit der Beschäftigung von Frauen gewinnen die Betriebe darüber hinaus an Elastizität in zeitlicher, ökonomischer und sozialer Dimension.

Betrachten wir daher zunächst die bisherigen betrieblichen Nutzungskonzepte des Einzelhandels in ihrer Entsprechung zur weiblichen Normalbiographie. Unser Ziel ist dabei, die Verschränkung von Strukturen (faktisches Erwerbsverhalten) und normativer Wirksamkeit (vermutetes Erwerbsverhalten) der weiblichen Normalbiographie und der geschlechtlichen Arbeitsteilung für das Handeln der betrieblichen Akteure sichtbar zu machen.

3.2.1 Qualifikation und beruflicher Status

Ein Gewinn an ökonomischer Elastizität für die Betriebe des Einzelhandels bei der Nutzung weiblicher Arbeitskraft wird auf dem Hintergrund des Erwerbsverhaltens der Frauen deutlich. Aufgrund traditioneller Rollenzuweisung in der Familie gilt die Erwerbsarbeit von Frauen immer noch als temporärer Zuverdienst.

Bereits in den betrieblichen Qualifizierungsangeboten werden diese Erwerbsmotivationen antizipiert. In der Kalkulation der Betriebe ist eine längere, kostenintensive Ausbildung erst dann lohnend, wenn die augebildeten Arbeitskräfte dem Betrieb zumindest so lange erhalten bleiben und produktiv eingesetzt werden können, bis sich die Kosten für die Ausbildung amortisiert haben. Eine seit Jahren bestehende Tendenz zu kürzeren Ausbildungszeiten im Einzelhandel trifft fast ausschließlich die weiblichen Auszubildenden. Seit 1965 wurde die 3jährige Ausbildung zum Einzelhandelskaufmann um ca. 80% reduziert und durch die 2jährige Ausbildung zum Verkäufer bzw. zur Verkäuferin ergänzt. Da die erwerbstätigen Frauen innerhalb dieser Berufsgruppen einen Anteil von ca. 80% stellen, ist offensichtlich, daß in erster Linie weibliche Arbeitskräfte von der kürzeren kostensparenden betrieblichen Qualifikation betroffen sind.

Der berufliche Status der Beschäftigten im Einzelhandel zeigt eine erhebliche geschlechtsspezifische Polarisierung, an deren einem Ende in der Mehrzahl Frauen auf untergeordneten, weisungsgebundenen Positionen beschäftigt sind. Hinzu kommt eine erhebliche geschlechtsspezifische Gehaltsdifferenzierung in den verschiedenen Leistungsgruppen bei gleichem beruflichen Status (vgl. Glaubitz, 1985; Lappe, 1986). Die Endgehaltsstufe in der Berufsgruppe "Verkäuferin" wird erst im 6. Berufsjahr nach der Ausbildung erreicht. Die Altersstruktur der weiblichen Beschäftigten in dieser Berufsgruppe zeigt, daß etwa 1/3 der beschäftigten Frauen zwischen 15 und 25 Jahren alt ist. Im Übergang zur Altersklasse von 26 – 35 Jahre geben etwas mehr als 50% der Verkäuferinnen ihre Erwerbstätigkeit auf; also in einem Lebensalter, das typischerweise der Familienphase gewidmet wird (vgl. Bundesanstalt für Arbeit, Unterabteilung Statistik, Hefte 1982–1987, Nürnberg). Die betrieblichen Lohnkosten im Einzelhandel bleiben bei einem hohen Anteil weiblicher Beschäftigten in der Regel erheblich unter dem theoretisch möglichen Maximum.

3.2.2 Arbeitszeitflexibilisierung

Die natürliche Fluktuation der weiblichen Arbeitskräfte bietet den Betrieben des Einzelhandels einen weiteren Ansatzpunkt zur Elastizitätssteigerung. Die Frauen, die nach der Familienphase eine Erwerbstätigkeit wieder aufnehmen, fragen gerade im Einzelhandel Arbeitszeiten nach, die mit den Familienaufgaben vereinbar erscheinen. Etwa 97% aller Teilzeitbeschäftigten im Einzelhandel sind Frauen; der Anteil der Pauschalkräfte, d.h. die Zahl der geringfügig Beschäftigten unter der Sozialversicherungspflichtgrenze bei einer Lohnhöhe von 410,– DM im Monat, beträgt bei den teilzeitbeschäftigten Frauen mittlerweile über 50% (vgl. Teske/Wiedemuth, WSI 5/86).

Die Arbeitsstruktur im Einzelhandel, die auf einer Entkoppelung der gesetzlichen Ladenöffnungszeiten (Betriebszeiten) von den tariflich normierten Arbeitszeiten beruht, macht selbst bei Vollzeitbeschäftigten einen differenzierten Arbeitseinsatz erforderlich. Zur Praktizierung der 5–Tage–Woche wird in den Betrieben üblicherweise das System roulierender freier Tage angewandt. In kleineren Betrieben wird der 8–Stunden–Tag häufig noch durch den geteilten Arbeitstag, d.h. durch Schließung des Betriebes in der Mittagspause, erreicht.

Wurden bis Anfang der 70er Jahre Teilzeitarbeitskräfte mit festen Arbeitszeiten beschäftigt, so werden seitdem zunehmend die unterschiedlichsten variablen Arbeitszeitformen für diese Arbeitskräftegruppe angewandt. In Abhängigkeit von der Betriebsgröße und der spezifischen Vertriebsform und dem korrespondierenden Planungsaufwand wird die betriebliche Differenzierung der Arbeitszeit ergänzt oder kombiniert mit einer individuellen Arbeitszeitflexibilisierung (vgl. Lemm/Skolnik, WSI, 5/86). Entsprechend der Umsatzplanung der Betriebe sowie nach dem prognostizierten Rhythmus von Saison–, Wochentag– und Tageszeitumsatz wird versucht, den Arbeitskräfteeinsatz der Nachfrage anzupassen.

Eine kapazitätsorientierte variable Arbeitszeit, in der Dauer und Lage und unter Umständen auch Lohnhöhe vollkommen offen sind, richtet sich allein nach den ökonomischen und organisatorischen Vorgaben der Betriebe. Für diese Flexibilisierungsformen steht dem Einzelhandel ein Arbeitskräftereservoir von ausgebildeten weiblichen Arbeitskräften zur Verfügung, nämlich die Frauen, die nach der Familien — /Erziehungsphase wieder eine Erwerbsarbeit aufnehmen wollen.

3.2.3 Sortimentsspezifische Arbeitsplatzzuweisung

Ein weiterer Aspekt der Nutzung weiblicher Arbeitskraft resultiert aus dem weiblichen Rollenstereotyp auf der Grundlage der geschlechtlichen Arbeitsteilung in der Familie. Den Hintergrund für eine personalpolitische "Zuweisungslogik" (Wagner, 1987) der Betriebe bilden die vermuteten "weiblichen" Qualifikationen wie Einfühlungsvermögen, Ausdauer, Geschicklichkeit, Geduld, aber auch zugeschriebene ästhetische Kompetenzen und eine sachlich — inhaltliche Orientierung an bestimmten Warengruppen. Frauen werden bevorzugt in den Sortimenten eingesetzt, die eher allgemeine Geschmacks — und Qualitätsbewertungen und sozial — kommunikative Kompetenzen erfordern. Gegenüber formell erworbenen Qualifikationen, die als Humankapitalinvestitionen der betrieblichen Ausbildung kostenmäßig erfaßbar sind, sind diese "weiblichen" Qualifikationen als "Jede — Frau — Qualifikation" abgewertet und unentgeltlich in die betrieblichen Nutzungskonzepte integriert.

3.3 Interessenvertretung: Die Wechselseitigkeit von Interessen?

Angesichts des in den letzten 10 — 20 Jahren erfolgten Wandels auf dem Sektor des Einzelhandels, dessen herausragende Kennzeichen starke Konzentrations — und Zentralisierungsprozesse und der Aufbau völlig neuer Vertriebskonzepte waren, stellt die Einführung und Nutzung der neuen IuK — Technologien eine neue Qualität betrieblicher Technisierungs — und Organisationspolitiken dar. Tiefgreifende Umgestaltungen der Organisationsstrukturen, der Tätigkeiten und Arbeitszusammenhänge in den Betrieben infolge der Nutzung von IuK — Technologien führen einerseits zu einer optimalen Koordination einzelner betrieblicher Prozesse wie zur Ökonomisierung und Flexibilisierung der Betriebsabläufe, andererseits zu erhöhter Transparenz und Kontrolle einzelner Tätigkeiten und zum verstärkten Zugriff auf das Leistungsvermögen der Beschäftigten.

Die Technisierungs— und Organisationspolitiken der Betriebe werden insofern zu einer neuen Herausforderung für die betrieblichen Akteure, für die Beschäftigten, das Management und die betriebliche Interessenvertretung der Arbeitnehmer.

Primär bedeutet diese Herausforderung die Übernahme neuer Funktionen durch die betriebliche Interessenvertretung: Die hohe Einsatzvarianz der technischen Systeme, vor allem aber die erforderliche Kompatibilität mit Organisationsstrukturen und —prozessen zur effektiven Nutzung der Systeme, verweist auf ihre prinzipielle Gestaltungsoffenheit. Als technische Informations— und Steuerungsinstrumente sind sie betrieblich höchst unterschiedlich zu nutzen und können damit prinzipiell zum Gegenstand gestaltungsbezogener Arbeitspolitiken gemacht werden.

Vor allem aber die Tatsache, daß die neuen Systeme faktisch nur als sozio—technische Systeme operieren, daß Steuerungseffekte in der Prozeßförmigkeit der betrieblichen Ablauforganisation auf dersteigenden Interdependenz technisch und personell gebundener Funktionen beruhen, erfordert die Übernahme von Gestaltungsfunktionen durch die betriebliche Interessenvertretung der Arbeitnehmer.

Die betriebliche Interessenvertretung im Einzelhandel scheint jedoch, trotz der Herausforderung durch die neuen Technisierungs— und Organisationspolitiken und ihrer Folgen für die Arbeitskräfte, weiterhin auf eine traditionelle Schutzfunktion beschränkt zu bleiben. Diese Selbstbeschränkung auf die Wahrnehmung von Schutzfunktionen wird z.T. auf dem Hintergrund der gemachten Erfahrungen verständlich: Ein erheblicher Arbeitsplatzabbau in allen Vertriebs— und Betriebsformen des Einzelhandels erforderte in den letzten Jahrzehnten vor allem die Durchsetzung und Absicherung von Besitzstandsinteressen der Beschäftigten. Dabei waren nicht einmal spektakuläre Massenentlassungen zu verzeichnen, die eventuell eine größere öffentliche und politische Aufmerksamkeit hervorgerufen hätten, sondern der Arbeitsplatzabbau vollzog sich unter Nutzung der natürlichen Fluktuation. Die betrieblichen Strategien einer Umwandlung von Vollzeit— in Teilzeitarbeitsplätze und die Flexibilisierung der Arbeitzeiten bilden zur Zeit das aktuelle Feld betrieblicher Auseinandersetzungen. Dabei sichert die Ausübung von Schutzfunktionen die relative Stärke der Interessenvertretung im Betrieb.

Demgegenüber enthalten die Technisierungs— und Organisationspolitiken der Betriebe ein Dilemma für die betriebliche Interessenvertretung der Arbeitnehmer: Auf der einen Seite wird deutlich, daß die in allen größeren Unternehmen des Einzelhandels stark ausgeweiteten EDV— und ORGA—Abteilungen ein Potential an fachspezifischer Kompetenz versammelt haben, dem die betriebliche Interessenvertretung — primär im Hinblick auf die Abschätzung von Folgen der

Informatisierung vieler Betriebsbereiche — vielfach nichts Gleichwertiges entgegenzusetzen hat. Auf der anderen Seite zeigen ihre bisherigen Erfahrungen aber auch, daß die Befürchtung, mit dem Einsatz von IuK—Technologien würde ein verstärkter Arbeitskräfteabbau einhergehen, zunächst nicht zutrifft. Quantitative Beschäftigungswirkungen sind nicht eindeutig auf die informationstechnische Unterstützung von Teilbereichen, auf offene oder geschlossene Warenwirtschaftssysteme zurückzuführen. Entscheidender scheinen Rationalisierungseffekte durch organisatorische Maßnahmen zustandezukommen; die Informatisierung unterstützt zwar diese Reorganisation, ist hierfür aber selten die Voraussetzung. Eindeutiger sind dagegen Arbeitsproduktivitätseffekte auf den Einsatz neuer Techniken zurückzuführen, sowohl im Verkauf wie im administrativen Bereich, in der Logistik und Lagerhaltung. Abhängig vom Vertriebstyp, der Sortimentsstruktur und dem Integrationsgrad des eingesetzten Warenwirtschaftssystems läßt sich eine Steigerung der Arbeitsproduktivität mit elektronischen Datenkassen, mit der Datenverarbeitung bei Verwaltungsfunktionen, bei der rechnergestützten Bestandsfortschreibung in allen Lagern und bei der automatischen Disposition erreichen. Arbeitsproduktivitätssteigerungen können jedoch von den Unternehmen des Einzelhandels nur noch in seltenen Fällen zu Freisetzungszwecken genutzt werden — der bereits geringe Arbeitskräftestand wie die Betriebsorganisation, die nach einem bestimmten Gewährleistungsprinzip Arbeitskräfte je nach Kundenaufkommen bereithalten muß, lassen einen weiteren Arbeitsplatzabbau kaum noch zu. Die Alternative für die Unternehmen liegt vielmehr in der Reduzierung der Arbeitsstunden pro Beschäftigten, vorwiegend in der Ausweitung von Teilzeitarbeit und in der Flexibilisierung der Arbeitszeiten. So gesehen bestehen die Wirkungen des Technikeinsatzes durchaus in einem Rückgang des Beschäftigungsvolumens.

Dem Anwachsen von Teilzeitbeschäftigung ist in den letzten Jahren von Seiten der Gewerkschaften erhöhte Aufmerksamkeit zugewandt worden, vor allem die verschiedenen Flexibilisierungsformen der Arbeit, bei denen Dauer und Lage der Arbeitszeit vertraglich unbestimmt bleiben, haben zu grundsätzlichen Diskussionen geführt. Daneben aber hat sich die betriebliche Wirklichkeit im Einzelhandel, zwar nicht unberührt von diesen Diskussionen, von den gewerkschaftlichen Forderungen eines Normalarbeitstages für alle Beschäftigten immer weiter entfernt. Bereits heute sind mehr als 42% aller weiblichen Arbeitskräfte im Einzelhandel Teilzeitbeschäftigte; 93% aller Teilzeitbeschäftigten sind Frauen. Und eben mit dieser Tatsache, daß Teilzeitarbeit ein Frauenproblem ist, scheint zusammenzuhängen, daß sich Teilzeitarbeit als "Dauerarbeitsverhältnis" im Einzelhandel so weitgehend durchsetzen konnte.

Wie wir bereits dargestellt haben, sind es die weiblichen Lebensbedingungen, ist es die sogenannte "Normalbiographie" von Frauen, die es sozial akzeptabel und praktisch möglich machen, den weiblichen Arbeitskräften in einer bestimmten Phase ihres Erwerbslebens vom Normalarbeitsverhältnis abweichende Beschäftigungsverhältnisse zuzuweisen. Dafür ausschlaggebend ist die in den Betrieben herrschende Meinung, sowohl auf Seiten des Managements wie auf Seiten der Interessenvertretung der Arbeitnehmer, daß Teilzeitarbeit kein existenzsicherndes Einkommen erbringen müsse, da es sich bei Teilzeitbeschäftigten um Frauen handele, die lediglich zum Familieneinkommen "dazuverdienen". Unternehmen wie kollektive Interessenvertretung rekurrieren damit auf die weibliche Normalbiographie und tragen dazu bei, sie zu verfestigen.

Zu fragen ist aber auch, inwieweit Frauen, und hier insbesondere die weiblichen Arbeitskräfte im Einzelhandel, bereit und in der Lage sind, ihre Interessen im Betrieb und ihren Anspruch auf ein Normalarbeitsverhältnis zu vertreten und durchzusetzen. Der Frauenanteil an den Mitgliedern der DGB – Gewerkschaften liegt derzeit bei lediglich 22%; allerdings waren seit 1970 von den hinzugewonnenen Mitgliedern ca. zwei Drittel Frauen. Die Gewerkschaft Handel, Banken und Versicherungen im DGB hat jedoch nur knapp 12% ihres Potentials organisiert. Angenommen werden kann, daß der niedrige Organisationsgrad der Arbeitskräfte im Handel wesentlich auf zwei Faktoren, die sich in ihren Auswirkungen verstärken, zurückzuführen ist: Das ist einmal das Problem der Organisierung von Angestellten als spezifischer Arbeitnehmergruppe und zum anderen das Problem der Organisierung von Frauen.

Liegen die bekannten Schwierigkeiten der Organisierung von Angestellten u.a. in ihrer – gegenüber gewerblichen Arbeitnehmern – oftmals privilegierten betrieblichen Position, die nicht zu kollektiver Interessenauseinandersetzung aktiviert; in ihren beruflichen Erfahrungen, die bspw. beim Einsatz neuer Technik nicht eindeutig mit einer De – Qualifizierung ihrer Tätigkeiten verbunden ist; in den ihnen zugeschriebenen – und aus den Formen betrieblicher Herrschaftssicherung und der beruflichen Aufgaben resultierenden – individualistischen Vertretungsweisen ihrer Interessen, so ist es bei den weiblichen Angestellten vor allem ihre Antizipation einer nicht dauerhaften, lebenslangen Erwerbsarbeit, die ihnen ein Engagement in kollektiver Interessenvertretung überflüssig erscheinen läßt. Mit der Antizipation einer nur marginalen beruflichen Existenz wird auch eine nur marginale Bereitschaft zur Formulierung und Vertretung der eigenen Interessen verbunden.

Da sich die Aussicht der Frauen auf ein Leben ohne dauerhafte Erwerbsarbeit häufig als Illusion erweist und ihre Realität heute vielfach dadurch gekennzeichnet ist, Familie und Erwerbsarbeit vereinbaren zu wollen und zu müssen, kommt hinzu, daß die Aufgaben und Belastungen aus dem Reproduktionsbereich, die die Frauen neben ihrer Erwerbsarbeit zu bewältigen haben, ihre Möglichkeiten, sich gewerkschaftlich und in betrieblicher Interessenvertretung zu engagieren, erheblich einschränken.

Aber nicht nur zeitliche Beschränkungen aus der ihnen gesellschaftlich zugewiesenen alleinigen Verantwortung für Familienarbeit und Erziehung mindern die Möglichkeiten eines Engagements, sondern auch die alltäglichen betrieblichen Erfahrungen der Frauen mit der Interessenvertretung der Arbeitnehmer führen zu einer kritischen bis ablehnenden Haltung gegenüber Betriebsrat, Personalrat und Gewerkschaft: Auf die Meinungsidentität von Management und betrieblicher Interessenvertretung der Arbeitnehmer im Hinblick auf den beruflichen Status von Frauen als Zuverdienerinnen haben wir bereits hingewiesen. Die Gründe für diese Identität der Sichtweisen liegen primär in der geschlechtlichen Arbeitsteilung und sozialen Trennung von Erwerbs— und Hausarbeit; für die betrieblichen Strategien zur Nutzung des Arbeitskräftepotentials im Einzelhandel wird sie. möglicherweise durch eine typische Besonderheit verstärkt: Die betrieblichen Interessenvertreter der Arbeitnehmer, in der Mehrzahl männliche Arbeitskräfte, gehören häufig ihrer betrieblichen Position nach dem unteren und mittleren Management an. Zu vermuten ist, daß diese Konstellation die Formen und Inhalte der industriellen Beziehungen im Einzelhandel nicht unwesentlich beeinflußt.

Auf diesem Hintergrund erscheint nicht nur fraglich, ob die betriebliche Interessenvertretung der Arbeitnehmer die Einführung und Nutzung neuer Technologien zur Arena betrieblicher Auseinandersetzung über die Gestaltung von Arbeitssystemen macht, sondern auch, ob sie ihre Schutzfunktionen ausüben wird. Vor allem dann, wenn abzusehen ist, daß die Wirkungen des Technikeinsatzes zwar in einem Rückgang des Beschäftigungsvolumens bestehen, davon aber in erster Linie die weiblichen Arbeitskräfte im Einzelhandel betroffen sind. Zu befürchten ist, daß die Frauen die Hauptlast der technisch—organisatorischen Rationalisierung im Einzelhandel tragen werden.

4. Rationalisierungsprozesse in drei typischen Betriebsformen des Einzelhandels

4.1 Discounter: Warenwirtschaft — pur?

Wenn wir im folgenden vom Betriebs— und Vertriebstyp 'Discounter' sprechen, so verwenden wir eine Terminologie, die der im deutschen Sprachraum üblichen Differenzierung von entsprechenden Vertriebs— und Betriebstypen nicht folgt. Die Formenvielfalt der Discounter wird im allgemeinen in vier Typen unterschieden: der Supermarkt, der Verbrauchermarkt, das SB—Center und das SB—Warenhaus.

1. "Ein *Supermarkt* ist ein Lebensmittel—Selbstbedienungsladen mit einer Verkaufsfläche von mindestens 400 qm, der außer dem üblichen Lebensmittel—Sortiment auch Frischobst, Frischfleisch und Artikel des sonstigen Tagesbedarfs führt".[1]
2. "Ein *SB—Center* ist ein Einzelhandelsgeschäft, das überwiegend in Selbstbedienung Güter des kurz— und mittelfristigen Bedarfs anbietet, wobei nicht mehr als 50% der Verkaufsfläche auf den Lebensmittelbereich entfallen. SB—Center verfügen über 1500 und mehr qm Verkaufsraumfläche, über Service—Betriebe sowie in der Regel über Kundenparkplätze".[2]
3. "Ein *SB—Warenhaus* ist ein Einzelhandelsgeschäft, das überwiegend Güter des kurz—, mittel— und langfristigen Bedarfs anbietet. In der Regel verfügen SB—Warenhäuser über 4000 und mehr qm Verkaufsraumfläche, und neben umfangreichen Service—Betrieben eine in Relation zur Verkaufsraumfläche ausreichende Anzahl Parkplätze" (ISB 1979: 2).
4. Der *Verbrauchermarkt* kann nur schwer vom Supermarkt einerseits und vom SB—Center und SB—Warenhaus andererseits abgegrenzt werden: "Wegen der ständigen Verkaufsflächenvergrößerung der Supermärkte wird es immer schwieriger, eine klare Trennung zwischen Supermarkt und Verbrauchermarkt zu ziehen" (Hoffmann 1977: 148). Verbrauchermärkte in der Größen-

---

1 Definition der Internationalen Selbstbedienungs—Organisation (ISO) in: Selbstbedienung und Supermarkt, Köln 1962, Heft 10, S. 6, zit. nach: Ruppmann 1974: 111.

2 Definition des Instituts für Selbstbedienung und Warenwirtschaft e.V. (ISB), ISB (1979: 2).

ordnung von Supermärkten haben ein vergleichbares Sortiment und gleichfalls die Selbstbedienung als Schwerpunkt in der Bedienungsform. "Erschwert wird eine klare Trennung auch noch dadurch, daß die Supermärkte
vielfach in den Vororten errichtet werden und auch über großzügiges Park-
platz—Angebot verfügen" (ebd.). Die größeren Verbrauchermärkte ähneln
dagegen eher den SB—Warenhäusern, da der Anteil an Non—Food—Artikeln mit zunehmender Größe ausgedehnt wird. Soweit die Verkaufsfläche
überhaupt nutzbar ist als Trennkriterium, müssen die Verbrauchermärkte
zwischen 1000 und 1499 qm verortet werden; dennoch werden sie mal eher
den SB—Warenhäusern (ebd.: 151ff), mal den Supermärkten oder SB—Cen-
tern (ISB 1979: 2f) zugeordnet.

Die Probleme einer klaren Bestimmung der vier Typen liegen vor allem an der
dynamischen Entwicklung dieser Betriebsformen. Insbesondere die Verkaufsfläche, die häufig als Definitionselement genutzt wird, kann dem Anspruch eines
Trennkriteriums nicht gerecht werden. Dies zeigt sich am Beispiel der Verbrauchermärkte, es wird aber auch am SB—Warenhaus deutlich: die ISB—Definition
von 1979 (s.o.) spricht von SB—Warenhäusern bei einer Verkaufsfläche von
4.000 und mehr qm. 1972 definierte dasselbe Institut dieses Größenkriterium
noch als "Mindestverkaufsfläche von 2.500 qm" (Hoffmann 1977: 151).
Die übrigen Definitionselemente verweisen jedoch eher auf Gemeinsamkeiten
dieser Typen: die Bedienungsform ist schwerpunktmäßig die Selbstbedienung,
die Sortimentspolitik hat ihren Schwerpunkt im Lebensmittelbereich, der bei
zunehmender Größe durch einen Non—Food—Anteil ergänzt wird. Darüberhinaus zeichnen sich alle vier genannten Typen durch ein Warenangebot aus,
das zu einem großen Teil zu niedrigeren Preisen angeboten wird. "Praktisch alle
Waren werden im Verbrauchermarkt zu niedrigeren Preisen angeboten" (Hoffmann 1977: 149). Eine "niedrigere Preisstellung" (ebd.: 115) ist auch für den
Supermarkt typisch, während sie für das SB—Center und SB—Warenhaus nicht
über das gesamte Sortiment reicht, dennoch aber als typisches Merkmal gegenüber dem Warenhaus und Kaufhaus hervorsticht. Die genannten Gemeinsamkeiten — vor allem die Niedrigpreis—Politik — ermöglichen es, die definitorischen
Abgrenzungsprobleme für unsere Zwecke zu vernachlässigen und sprechen im
Sinne einer Vereinfachung für den Gebrauch eines Oberbegriffes, des Discounters. Mit einer in diesem Sinne pragmatischen Definition grenzen wir also den
Discounter von den Waren— und Kaufhäusern ab: "Das Diskont (oder Discount)geschäft ist eine Form des Einzelhandels, bei der ein auf raschen Umschlag ausgerichtetes Sortiment von Waren zu niedrig kalkulierten Preisen angeboten und auf Dienstleistungen weitgehend verzichtet wird" (Tietz 1985: 37).

Zur Entwicklung der Discounter

Das Konzept des Discounters hat seine Ursprünge in den USA der dreißiger Jahre. Jene 'discount—houses' sind — anders als ihre Nachfolger in der Bundesrepublik — zumeist zugangsbeschränkte Non—Food—Verkaufsstellen, die höherwertige und langlebige Gebrauchsgüter zu Rabattpreisen unter totalem Verzicht auf Verkaufsraumausstattung anbieten. Erst seit 1958 treten in den USA die ersten Lebensmittel—Discounter auf (Moser 1974: 37f). In der Bundesrepublik findet der Discounter nach amerikanischem Vorbild kaum Verbreitung. Seit 1959 gibt es in der Bundesrepublik Lebensmittelgeschäfte mit Discount—Prinzip. Sie werden zunächst als Absatzform des Lebensmittel—Großhandels (Moser 1974: 42) eingeführt und bleiben auch in der weiteren Entwicklung im Einzelhandel lange Zeit dem Sortimentsschwerpunkt Lebensmittel verhaftet. Als einer der wenigen Überlebenden der ersten Discounter—Welle zu Beginn der sechziger Jahre haben sich die ALDI—Märkte durchgesetzt.

Der Aufstieg der Discounter ist ein Ergebnis des allgemeinen Konzentrationsprozesses im Einzelhandel seit den fünfziger Jahren, der zur Entwicklung von alternativen Vertriebs— und Betriebsformen in den sechziger Jahren führte. So entsteht zu dieser Zeit als Antwort auf die Ausdehnung der Warenhäuser neben den unterschiedlichen Formen der Discounter auch der Versandhandel. Im Zuge dieser neuen Vertriebs— und Betriebsformen wird die Struktur des Einzelhandels dynamisiert, es kommt zu einer "völligen Neuorientierung des Verkaufsgeschehens" (Sternberg 1980). In der zweiten Hälfte der sechziger Jahre erfahren die Discounter einen Wachstumsboom. Treibende Kraft der Expansion ist zu dieser Zeit vor allem die Verkaufsflächenerweiterung durch die Errichtung von SB—Märkten 'auf der grünen Wiese' mit z.T. mehr als 20.000 qm Verkaufsfläche bei einem durchschnittlichen Jahres—Flächenzuwachs von 8.6% zwischen 1969 und 1975 (Beckermann/Rau 1977: 66). Diese Entwicklung führt zur Geburt der oben genannten, nach dem Discount—Konzept verfahrenden Verbrauchermärkte, SB—Center und SB—Warenhäuser.

Wird auf die obigen enger gefaßten Definitionen zurückgegriffen, so läßt sich das Vertriebs— und Betriebskonzept im Fall D, wie es weiter unten näher geschildert wird, als ein SB—Warenhaus begreifen. Fall D ist kein reiner Großflächen—SB—Markt, aber er ähnelt jenen Märkten während der 'ersten Revolution im Einzelhandel' (Sternberg 1980), die ihr Sortiment in weiten Teilen auf den Non—Food—Bereich ausgedehnt haben. Mit ihrer Standortwahl zumeist außerhalb der City wird es diesen Märkten möglich, nicht nur ihr Warenangebot auf großen, ebenerdig angelegten Verkaufsflächen anzubieten, sondern auch zusätzliche Dienstleistungen in ihr Programm aufzunehmen, wie etwa die Anlage von Parkplätzen und Tankstellen. Im Wettbewerb insbesondere mit den Warenhäusern haben diese Großflächenmärkte ihr Selbstbedienungsangebot komplementiert mit dem Angebot von Frischwaren, die zumeist von Konzessionären im Eingangsbereich der Ladenfläche verkauft werden. Solche Bedienungsinseln von Konzessionären als Alternative zu den in Selbstbedienung angebotenen Produkten werden typischerweise ergänzt durch Servicebetriebe wie Schlüsseldienste oder Reparaturbetriebe für Schuhe. Die Aufnahme solcher Betriebe in die Häuser ebenso wie die nicht selten anzutreffende Wiederaufnahme von Bedienungsverkauf insbesondere im Frischesortiment weist darauf hin, daß die Flächenexpansion mit dem Selbstbedienungskonzept allein keine stabile Wachstumsraten garantieren konnte. Nach einem vorläufigen Boom wird die Expansion der großflächigen Discounter bald schon nivelliert.

Seitdem die Warenhäuser von ihrer erfolglosen Strategie der Service — und Preisangleichung an die Discounter seit 1977 zum Fachhandelskonzept übergingen, vermehren sich die Anteile von Serviceleistungen und beratungsbedürftigen Produkten in den Discountern. Darüberhinaus findet die Expansion der Verkaufsraumflächen ihre Grenze in der restriktiven Neuformulierung der Baunutzungsverordnung (Engfer 1984: 157f, Jürgensen/Moore/Oesterreich 1980: 17); diese forcierte die Rückverlagerung von Discountern im Rahmen von kleineren Betriebseinheiten in die Citylagen mit dem Konzept der Nahversorgung. Im Rahmen dieser neueren Entwicklung ist Fall C zu verorten. Die Vertriebslinie ist erst vor einigen Jahren gegründet worden. Das reine Lebensmittel — Sortiment umfaßt Güter des kurz — und mittelfristigen Bedarfs zur Nahversorgung, wodurch ein preisattraktives Warenangebot gewährleistet werden soll. Wohnraumnähe und Nahversorgung erfordern eine wesentlich geringere Verkaufsraumfläche als bei den oben genannten Discountern. In der ISB — Definition (s.o.) würde Fall C zu den Supermärkten gezählt, die in den fünfziger Jahren am Anfang der Discounter — Welle standen. Dieser Rückgriff auf ältere Konzepte ist als Antwort auf die Stagnationen bei den Großflächen — Discountern zu verstehen. Aber die Konzession der Discounter an die Warenhauspolitik der letzten Jahre findet auch hier seinen Niederschlag: auf Bedienungsinseln im Frischwarenbereich kann häufig nicht verzichtet werden. Dennoch gestalten sich diese neueren 'alten' Discounter als 'harte' Discounter. Sie sind, wie im folgenden geschildert wird, Einzelhandelsbetriebe, deren Verkaufsorganisation als funktionsbereinigte "Kaufstation" abläuft.

Trotz der Unterschiede von Fall C und Fall D, die z.B. in der organisatorischen Differenzierung oder der Standortwahl hervortreten und ihre Ursache u.a. in der Größendimension haben, weisen beide Fälle eine Vielzahl von Gemeinsamkeiten auf. Fall C und Fall D unterscheiden sich nur geringfügig in der

Selbstbedienung, der Niedrigpreis— und Sortimentspolitik sowie ihren Rückgriffen auf externe Vorleistungen im Rahmen der Unternehmensorganisation. Allerdings ist Fall C sicherlich ausgeprägter, was die neueren Entwicklungen hin zu funktionsbereinigten Kaufstationen und dem Einsatz Neuer Technologien angeht. Die Expansion der großflächigen Discounter seit Mitte der siebziger Jahre findet also durch rechtliche Schranken, sowie durch eine wettbewerbsbedingte Aufweichung des Discounter—Prinzips in Form der Aufnahme von Bedienungsinseln ihr Ende: die Discounter mußten Abschied nehmen von den Wachstumsraten der Vergangenheit. Die zentralen Wettbewerbsparameter verlagern sich zunehmend auf die Sortimentspolitik und die Dienstleistungen (Triesch 1980). In dieser Entwicklung verstärkt sich auch der Wettbewerb der Discounter untereinander: "Die SB—Revolution beginnt ihre Kinder zu fressen" (BAG 1983: 21). Hinter der jüngsten Entwicklung, dem — durchaus erfolgreichen — Rückgriff auf alte Konzepte des Lebensmittel—Discounters, versteckt sich wohl auch mehr als nur ein Revival des wohnbezirksnahen Supermarktes: mit zunehmender SB—Fähigkeit der Produkte vor allem im Non—Food—Bereich tun sich im Gewand von Boutiquen in den letzten Jahren in Innenstädten Chancen für den Fach—Discounter auch außerhalb der Lebensmittel—Sortimente auf.

Zum Konzept des Betriebs— und Vertriebstyps Discounter

Die Dynamik des Strukturwandels im Einzelhandel, während dem in einer zunehmenden Konzentration zahlreiche Einzelbetriebe in wenigen Konzerngruppen zusammengefaßt wurden, andererseits aber die Betriebs— und Vertriebstypen in ihrer Erscheinungsform eine breite Vielfalt gewonnen haben, ist an zahlreichen Stellen beschrieben worden[3].
Ohne hier auf die einzelnen Rationalisierungsstrategien in diesem Wandlungsprozeß einzugehen, können wohl drei Strategien als besonders veränderungswirksam hervorgehoben werden[4]:

1. Etwa seit Mitte der fünfziger Jahre wird die Verkaufsform des Beratungs— oder auch Bedienungsverkaufs vor allem im Lebensmittelbereich weitgehend durch die Selbstbedienung verdrängt.
2. Etwa seit Beginn der sechziger Jahre setzt ein zunehmender Konzentrationsprozeß ein, in dem Einzelbetriebe durch Verkettungen und Fusionen in

---

3 Vgl. bspw. Jürgensen/Moore/Oesterreich 1980, Moser 1974, Beckermann/Rau 1977.

4 vgl. Geuter 1985, S. 167ff; Peschel/Scheibe—Lange, 1977. Gestützt auf Peschel/Scheibe—Lange führt auch Geuter eine vierte Strategie an, die aber auf einer intensivierten und kombinierten Nutzung der drei vorgenannten Strategien beruht.

Konzerngruppen zusammengefaßt werden. Mit diesem Konzentrationsprozeß geht organisationsintern die Zentralisierung von Funktionsbereichen, vor allem des Einkaufs und der Verwaltung, einher.

3. Etwa seit Ende der sechziger Jahre werden traditionelle Formen der Personaleinsatzplanung durch zunehmende Flexibilisierung des Personaleinsatzes ersetzt. Hier geht es insbesondere um den verstärkten Einsatz von Teilzeitkräften anstelle von Vollzeitkräften.

Im Rahmen dieses Wandels stellen die Discounter einen Betriebs— und Vertriebstyp dar, für den die einzelnen Rationalisierungsstrategien in extensiver Weise genutzt werden. Das zentrale vertriebspolitische Instrument der Discounter ist eine aggressive Niedrigpreis—Politik, die über ein möglichst standardisiertes Sortiment realisiert wird. Das Warenangebot ist auf Massenware bei geringer Sortimentstiefe und Verengung auf wenige, z.t. sogar nur einen Warenbereich(e) reduziert. Eine solchermaßen radikalisierte Sortimentszuschneidung unterscheidet die Discounter deutlich von der Sortimentspolitik der Waren— und Kaufhäuser. Die abgemagerten Sortimente werden bei einer spärlichen Verkaufsraumausstattung überwiegend in Selbstbedienung angeboten. Die hierdurch angestrebte Senkung der Kapitalbindung erfordert darüberhinaus eine erhöhte Warenumschlaggeschwindigkeit, um die Niedrigpreise halten zu können.

Es ist nicht verwunderlich, daß die Discounter in der Bundesrepublik sich zunächst in den sechziger Jahren als Lebensmittel—Discounter ausbreiteten. Lebensmittel des täglichen Verbrauchs sind leicht zu Massenartikeln standardisierbar und garantieren eine hohe Umschlaggeschwindigkeit. Sie sind Ware, die sich selbst anbieten kann, indem sie "Ware" und zugleich "Information" über sich selbst sind. Lebensmittel als solchermaßen 'selbstredende' Ware ermöglichen die Warenpräsentation in den Verkaufsregalen und den Verzicht auf Lagerfläche. Zudem können wegen des mit diesen Sortimenten schwindenden Erklärungsbedarfs qualifizierte Vollzeitkräfte gegen geringer qualifizierte Teilzeitkräfte eingetauscht werden. Um das Gebot der Niedrigpreise einlösen zu können, müssen die Discounter außerdem mit personeller Ausdünnung zur Senkung der Personalkostenanteile arbeiten. Die absatzpolitische Entscheidung für die Verkaufsform der Selbstbedienung wird hier zum absoluten 'Muß'. Discount—Läden in Produktbereichen außerhalb der Lebensmittel—Sortimente —etwa Schuh—Discounter— konnten sich zwar erst spät etablieren; Versuche, die Vertriebspolitik der Lebensmitteldiscounter auch auf andere Sparten insbesondere im Non—Food—Bereich auszuweiten, können mittlerweile aber als gelungen bezeichnet werden: Auch im Bereich der Markenartikel dringt das Marketingkonzept der Billigpreise für den Einkauf in Selbstbedienung vor. So eröffnete

1987 der größte Spielwaren—Discounter, das US—amerikanische Unternehmen "Toys 'R' Us", vier Läden mit einer Größe von 3000 bis 4200 qm und erreichte schon nach wenigen Wochen 1.8% des Marktumsatzes (Theyssen 1988). Im gleichen Jahr sorgten die ersten Medien—Discounter, in denen das Buch als Massenware angeboten wird, für Schlagzeilen in den Zeitungen.

Wie die Waren— und Kaufhäuser operieren auch die Discounter als Handelsorganisationen sowohl auf Beschaffungsmärkten als auch auf Absatzmärkten. Bei den Discountern überlagert die Konkurrenz um den billigsten Einkauf und den billigsten Verkauf aufgrund der Standardisierung des Sortiments den Wettbewerb um Produktqualität. Die abgemagerten und bereinigten Sortimente der Discounter erhöhen für die Kunden die Angebotstransparenz und führen zu einer verstärkten Preiskonkurrenz. Verstärkt preiskompetitive Beschaffungsmärkte erfordern eine erhöhte Reaktionsfähigkeit in der Einkaufspolitik. Die grundlegende Unsicherheitssituation der Einkäufer, welche Menge wo am günstigsten geordert werden kann, wird zum zentralen Ziel der Bewältigungsstrategien organisationsexterner Unsicherheitszonen. Die Reaktionsfähigkeit auf den Beschaffungsmärkten ist in den Organisationen des Einzelhandels durch die Zentralisierung von Einkaufsfunktionen und die Bündelung von Einkaufsvolumen forciert worden. Auch die Discounter haben auf diese Weise ihre jeweilige Marktmacht ausgebildet, um die Unsicherheitszone 'Beschaffungsmarkt' kleinzuhalten. Auf die Konzernstruktur der Discounter wirkt sich diese Marktsituation als ein Erfordernis funktionaler Differenzierung aus. Die Einkaufsfunktionen sowie Teile der Verwaltungsfunktionen werden vom Verkauf getrennt und zentral gebündelt. Eine besondere Form der Zentralisierung ist die Externalisierung dieser Funktionen, die Verlagerung etwa auf dem Konzern zugehörige Dienstleistungsgesellschaften. Dezentral organisiert bleibt der Verkauf in den Konzernfilialen sowie Restfunktionen der Verwaltung. Der rigorosen Zentralisierung des Einkaufs als einem Erfordernis aus der Sortimentspolitik der Discounter entspricht so auf der anderen Seite die dezentrale Organisation der Verkaufsfunktionen.

Nicht nur die Beschaffungsmärkte sind hoch unsicher und bedeuten immer ein Entscheidungsverhalten unter Informationsdefiziten; die Einkaufsentscheidungen beruhen auch hinsichtlich der absetzbaren Ware im Verkauf auf einer unvollständigen Informationsgrundlage: welches Angebot, das heute mit dem Einkauf erstellt wird, wird morgen nachgefragt werden? Die Zentraleinkäufer benötigen also auch Informationen über die Absatzmärkte. Organisationsintern drückt sich diese Unsicherheitssituation als erhöhter Kooperations— und Kommunikationsbedarf zwischen Einkauf und Verkauf aus. Vor diesem Hintergrund wächst das Erfordernis, die dezentral gewonnenen Abverkaufsdaten schneller und aktueller für die Informationsverarbeitung bereitzustellen. Hier setzt das Warenwirtschaftssystem als Rationalisierungsinstrument der Discounter an. Das Warenwirtschaftssystem hat in erster Linie eine Feedback—Funktion für die Optimierung der informatorischen Verkopplung von Einkauf und Verkauf.

Seit Ende der siebziger Jahre suchen die Discounter in der technischen Innovation ihrer organisatorischen Steuerungsprozesse nach Chancen zur Überbrückung ihrer Wachstumsgrenzen. Zielten diese Bemühungen schon seit den siebziger Jahren auf Verwaltungsrationalisierung, so verstärken sie sich zunehmend auf den Einsatz von Informations— und Kommunikationstechnologien in der Warenwirtschaft. Während der vorangegangene Strukturwandel einen Wandel vom Verkäufermarkt zum Käufermarkt (BAG 1984: 4) bedeutete, scheint sich auf den ersten Blick mit der Einführung von Informations— und Kommunikationstechnologien für den Kunden weitgehend unsichtbar eine zweite Revolution (Sternberg 1980, Schiffel 1984: 49) hinter den Kulissen zu vollziehen. Verursacht diese 'Revolution' einen erneuten Veränderungsschub, der in seinen Auswirkungen mit dem Strukturwandel der siebziger Jahre vergleichbar wäre? Entwickeln sich die Informations— und Kommunikationstechnologien zu einer eigenständigen Rationalisierungsstrategie, die die die Vertriebs— und Betriebsformen, die Informations— und Entscheidungsprozesse und die Beschäftigungsstrukturen auf einem neuen Rationalisierungsniveau umwälzt? Die Darstellung unserer Untersuchungsergebnisse soll auf diese Frage einige Antworten geben.

4.1.1 Organisations— und Vertriebsdesign: Zwischen Zentralisierung und Dezentralisierung

Bevor das in den beiden Discountern C und D eingesetzte Warenwirtschaftssystem vorgestellt wird, soll in diesem Abschnitt zunächst näher auf die Vertriebs— und Betriebsstrukturen der Unternehmen eingegangen werden. Dabei geht es uns um die Darstellung des jeweiligen organisatorischen Designs. Dazu gehören Elemente der Konzernstruktur, die Auslagerung von Funktionen in eine Dienstleistungsgesellschaft, die Bündelung von Funktionen in den Konzernzentralen, die Gestaltung der Sortimente, die Vertriebskonzepte und schließlich die Filialen als dezentrale Kaufstationen. Es geht also, kurz gesagt, um das Spannungsverhältnis von Zentralisierung und Dezentralisierung. Dieses Spannungsverhältnis bildet einen wesentlichen Teil des Rahmens, in dem das Warenwirtschaftssystem zum Einsatz kommt und ist gleichzeitig auch Ursache für einige typische Folgeprobleme.

Zentralisierung: Ausbau von Marktmacht und organisatorischer Effizienz

Beide Discounter sind in einer Konzerngruppe zusammengefaßt. Wir werden diese Konzerngruppe im folgenden als Holding bezeichnen. Diese Holding ist 1975 aus der Umwandlung von 5 kleinen Konsumgenossenschaften hervorgegangen. Sie liegt an 25. Stelle der 50 größten Unternehmen des Lebensmittelhandels und an 10. Stelle der größten SB−Warenhaus− und Verbrauchermarkt−Unternehmen. Als einer der größten regionalen Arbeitgeber mit einer starken Expansionspolitik verdreifachte sich im Zeitraum 1975−1985 die Gesamtzahl der Beschäftigten auf über 5.500. 1986 konnte der Umsatz um 21% auf 2 Mrd. DM gesteigert werden. Nicht nur die Filialstandorte der vorhandenen Vertriebsgesellschaften wurden erhöht, auch weitere Unternehmen, insbesondere Fachmärkte, wurden aufgekauft oder neu gegründet. Als neu gegründete Vertriebslinie im Lebensmittelbereich entstand die Vertriebsgesellschaft unseres Falles C. Charakteristisches Merkmal der Holding ist die Verbundenheit zu einer konsumgenossenschaftlichen Organisationsform und damit einem Betriebsbeteiligungs− bzw. Vermögensbildungsmodell für die Beschäftigten.

Die Tochter− bzw. Beteiligungsgesellschaften der Holding sind rechtlich eigenständige Gesellschaften. Ihre Eigenständigkeit wird durch ein je eigenes Profil sowie ein z.T. hohes Maß an Spezialisierung − etwa auf Hobby−Märkte oder im Fall C auf den Lebensmittelbereich − unterstrichen.

Eine dieser Tochtergesellschaften ist eine Dienstleistungsgesellschaft. Die Dienstleistungsgesellschaft dient der zentralen Organisation des Einkaufs und der Datenverarbeitung aller Gesellschaften. Die Dienstleistungsgesellschaft betreibt ein Zentrallager und führt auch die Anlieferung an die Filialen der Gesellschaften durch. Die zentrale Organisation des Einkaufs für den gesamten Sortimentsstamm der einzelnen Gesellschaften ist der Hauptfunktionsbereich der Dienstleistungsgesellschaft. So wird auch für Fall D der Hauptanteil des Wareneinkaufs hier getätigt, im Lebensmittelbereich sind es 3/4 des Sortiments. Aber die Dienstleistungsgesellschaft hat auch jene Lieferanten gelistet, bei denen die Filialen direkt einkaufen. Solche Einkaufskontingente beziehen sich hauptsächlich auf Frischwaren wie Fisch, Feinkost oder Brot. Von der Dienstleistungsgesellschaft werden mit den Lieferanten dieser Produkte die Bestellungen koordiniert und die Konditionen ausgehandelt. Indem die einzelnen Warenhandelsgesellschaften, die in der Holding zusammengefaßt sind, die Einkaufskontingente ihrer Filialen nicht nur selbst bündeln, sondern nochmals auf der Ebene der Holding zentral zusammenfassen, erreichen sie eine für die einzelnen Gesellschaften allein nicht durchsetzbare Position auf den Beschaffungsmärkten.

Die zentrale Bündelung von Funktionen bedeutet nicht nur eine Stärkung der

Marktposition und damit eine Reduktion organisationsexterner Unsicherheitszonen, sie bietet auch Potentiale für eine Verbesserung der Effizienz von Betriebsabläufen. So werden Teile der Verwaltungsarbeit auch von der Dienstleistungsgesellschaft durchgeführt. Deutlich wird die betriebliche Effizienzsteigerung an der zentralen Organisation der Warenbewegungen. Sämtliche Warenbewegungen, von der Bestellannahme der Märkte über Dispositionen bei Lieferanten, der Wareneingangskontrolle bis hin zur Kommissionierung der Eingangsmengen für die Märkte und die Zustellung der Ware durch den eigenen Fuhrpark, werden von dieser Gesellschaft abgewickelt.

Im Zuge der informationstechnischen Abbildung dieser Warenbewegungen wird die Entwicklung und der Ausbau der Datenverarbeitungssysteme von der Dienstleistungsgesellschaft betrieben. Auch im Funktionsbereich EDV−Entwicklung geht die Stärkung der einzelnen Gesellschaften durch die Bündelung ihrer Nachfrage gegenüber den EDV−Herstellern einher mit der Optimierung der Nutzung von Datenverarbeitungssystemen durch zentrale Koordination.

Die Beschreibung zentraler Bündelung von Funktionsbereichen läßt sich auf der Ebene der einzelnen Gesellschaften fortsetzen.

Fall C ist eine noch junge Vertriebslinie mit acht Filialen. Die Vertriebslinie versteht sich als Anbieter für die Nahversorgung, der eine preisgünstige Versorgung der Verbraucher mit Nahrungsmitteln des täglichen Bedarfs − inklusive eines Frischwarenangebotes im Bereich Fleisch und Wurst sowie Obst und Gemüse − gewährleisten soll. Schon von Anfang an wurde mit EDV−gestützter Warenwirtschaft gearbeitet. Die Vertriebslinie hat 1986 auf einer Gesamtfläche von 8.000 qm einen Gesamtumsatz von 31 Mio. DM erzielt. Der Personalkostenanteil betrug durchschnittlich 6%. Fall C bildet zusammen mit einer zweiten, älteren Vertriebslinie eine Warenhandelsgesellschaft. In der Geschäftsführung der Warenhandelsgesellschaft sind die Vertriebs−, Verkaufs− und Bezirksleitung für Fall C angesiedelt. In der Warenhandelsgesellschaft, also der Zentrale für die acht Filialen, wird das Sortiment zusammengestellt und werden Entscheidungen über die Werbekampagnen und Sonderaktionen gebündelt. Sie werden zwar mit den einzelnen Filialen abgestimmt, aber vom Verkaufsleiter einheitlich für alle Filialen gesteuert. In gleicher Weise sind weite Teile der Personalverwaltung zentral beim Bezirksleiter der Warenhandelsgesellschaft gebündelt. So führt der Marktleiter z.B. die Einstellungsgespräche und Gespräche bei drohenden Entlassungen und unterbreitet dem Bezirksleiter seine Vorschläge; die Entscheidungen über Einstellungen und Entlassungen werden letztlich aber vom Bezirksleiter getroffen.

Fall D ist die älteste zur Holding gehörende Gesellschaft. Sie unterhält 15 Bau− und Gartencenter in Selbstbedienung mit einer Gesamtverkaufsfläche von 195.852 qm sowie auf weiteren 5.700 qm einen Bekleidungs− und zwei Textil−Fachmärkte. Der Vertriebsschwerpunkt liegt aber auf den 21 SB−Verbrauchermärkten, in denen neben einem Lebensmittelanteil von etwa 50% auch ein breiter Non—Food—Bereich angeboten wird. Der Gesamtumsatz lag 1986 bei 1.2 Mrd. DM. Die einzelnen Märkte, die Filialen, sind in der zentralen Geschäftsführung der Gesellschaft mit einem eigenen Standort zusammengefaßt. In dieser 'Zentrale' sind eine Organisationsabteilung, die auch für EDV zuständig ist, eine Abteilung Objektplanung und Projektplanung sowie die Geschäftsgruppenleitung angesiedelt. Ebenfalls arbeiten hier die Zentraleinkäufer, die für D zuständig sind. Sie sind aber Angestellte der Dienstleistungsgesellschaft.

Obwohl Fall C ein "moderneres" Vertriebskonzept durchführt, ist das Spannungsverhältnis von Zentralisierung und Dezentralisierung in beiden Fällen vergleichbar. Der Schwerpunkt der zentral organisierten Funktionsbereiche liegt in der Sortiments— und Vertriebssteuerung, der Organisations— und EDV— Entwicklung und dem Einkauf. Ausschlaggebend hierfür ist der unternehmenspolitisch vorgegebene hohe Wiedererkennungswert der Filialen durch gleiche Ausstattung, zentrale Preispolitik und — in Fall D gestaffeltes — Pflichtsortiment. Diesen zentralisierten Funktionen stehen auf der anderen Seite die Filialen als Profit—Center gegenüber. In diesen dezentralen Funktionsbereichen finden wir Teile der Personalverwaltung, insbesondere aber das eigentliche, auf den Absatzmarkt bezogene Verkaufsgeschehen.

Dezentralisierung: Abbau von Gestaltungsspielräumen in den Filialen

Die durchgängigen Zentralisierungstendenzen werfen die Frage auf, welche Gestaltungsspielräume in den Filialen, die ja immerhin als Profit—Center eine konzeptionell starke Organisationseinheit bilden, vorhanden sind. Anhand der Organisation der Sortimente läßt sich diese Problematik veranschaulichen.

Aus dem zentralen Artikelstamm der Dienstleistungsgesellschaft wird in Fall C ein Sortiment von 2.500 Artikeln gewählt. Dieses Sortiment ist für alle Filialen als Pflichtsortiment zu führen. Auf Filialebene sind daher die Gestaltungsspielräume beim Sortiment sehr begrenzt. Dennoch kann der Filialleiter — wenn auch in beschränktem Maße — mit Gestaltungsvorschlägen auf das Sortiment Einfluß nehmen.
   Der Aufbau des Sortiments in Fall D ist als Baukastensystem konzipiert. Ein A—Sortiment ist das Pflichtsortiment, das in allen Filialen geführt wird und den Wiedererkennungswert der Vertriebslinie gewährleisten soll. Der Lebensmittelbereich wird vollständig als Pflichtsortiment geführt. Das B—Sortiment wird ab einer gewissen Filialgröße geführt, während das C—Sortiment variabel gehandhabt wird, also für eine Sortimentsgestaltung durch die Filialleitung weitgehend offen ist.

In den Filialen werden Gestaltungsspielräume über eine Mitgestaltung der Sortimente hinaus dort eingeschränkt, wo durch die rigide Listung der Artikel in der Dienstleistungsgesellschaft für den Zweck einer zentralisierten Einkaufspolitik und Logistik eine dezentrale Sortimentspolitik behindert wird. Zwar wird durch die Zentralisierung die Unsicherheit der Beschaffungsmärkte abgepuffert; andererseits erfordert ein zunehmender Grad an Zentralisierung auch einen zunehmenden Grad an Standardisierung in der Sortimentspolitik. Nun mag das für das Vertriebskonzept der Discounter kein grundsätzliches Problem darstellen, da sie vertriebspolitisch von vornherein auf enge und flache Sortimente ausgerichtet sind. Die Flexibilität auf den Absatzmärkten, also die Reaktionsfähigkeit durch die Gestaltung von Sortimentsvariationen vor Ort, droht aber durch starke Zentralisierung einzufrieren. Die Führung eines schlechtgehenden Artikels in einem Pflichtsortiment kann filialintern nur über Warenplatzierung und geringe Abweichungen in der Disposition beeinflußt werden. Die Funktionen, die auf der Filialebene wahrzunehmen sind, sind vor allem auf die organisatorische Abwicklung des Verkaufsvorgangs bezogen. Sie konzentrieren sich "auf die Moderation der Kundenbeziehung vor Ort"; wie aber gestaltet sich die Moderation der Kundenbeziehung vor Ort, wenn der Verkaufsvorgang in Selbstbedienung abgewickelt wird?

Im Fall C wird im gesamten Sortimentsbereich die Ware in Selbstbedienung verkauft. Während im übrigen Sortimentsbereich die Selbstbedienung und Regalauszeichnung vom Kunden akzeptiert ist, sind im 'Frischebereich' Grenzen gesetzt. Insbesondere in der Fleisch− und Wurstabteilung nehmen die Kunden einen Verzicht auf den Bedienungsverkauf nicht an. Die Umsatzanteile dieser Abteilung weisen deutlich auf den Vorzug des Bedienungsverkaufs hin: während bei einer Fleisch− und Wurstwarenabteilung in Selbstbedienung der Umsatzanteil am Gesamtumsatz der Filiale etwa 3−4% beträgt, erreicht die Abteilung im Bedienungsverkauf einen Umsatzanteil von 18−20%. Versuche, in der Obst− und Gemüseabteilung mit Hilfe von Datenwaagen auf Selbstbedienung umzustellen, sind ähnlich problematisch gewesen. Hier wurde kurzzeitig ein Bedienungsverkauf eingerichtet, der aber erneut auf Selbstbedienung umgestellt wurde.

Obwohl die Vertriebslinie bis auf Ausnahmen im Frischebereich das Selbstbedienungskonzept fährt, gibt es bei den Verkäuferinnen Auffassungsunterschiede über den Stellenwert der Beratungsanteile in ihrer Tätigkeit. Einerseits heißt verkaufen in Selbstbedienung ja gerade, daß dem Kunden keine Beratungsleistungen angeboten werden, andererseits sollen die Verkäuferinnen aber bei Nachfragen der Kunden beratend zur Verfügung stehen. Dieser letzte Rest von Verkaufsarbeit soll nicht unterbunden werden, weil es bei den Kunden Bedarf danach gibt. Diese Reststücke von Verkaufsarbeit im eigentlichen Sinne werden auch von den Verkäuferinnen als wichtige Bestandteile ihrer Arbeit gesehen.

Zwei Grenzen der Selbstbedienung werden hier am Beispiel von Fall C deutlich. Auf der Seite der Kunden gibt es bei bestimmten Produkten, die erklärungsbedürftiger sind als andere, oder bei Produkten aus dem Frischesortiment eine Akzeptanzgrenze, jenseits derer die Verkaufsform der Selbstbedienung nicht mehr angenommen wird. Andererseits erhalten sich Verkäuferinnen, die im Selbstbedienungskonzept arbeiten, eine Auffassung über ihre Tätigkeiten, die einen Restbedarf an Verkaufstätigkeit beim Kunden verortet. Diese Art von Verkaufstätigkeit ist aber kaum noch mit der Beratung im Bedienungsverkauf vergleichbar. Letztlich ist hiermit nur das Auskunftgeben über die Regalorganisation u.ä. Auskünfte gemeint. Das harte Selbstbedienungskonzept weicht an diesen zwei Grenzen auf. In der Personaleinsatzpolitik der Discounter wird diese Weichzone der Selbstbedienung, in der durch das Selbstverständnis der Verkäuferinnen ein Rest an Verkaufsarbeit geleistet wird, explizit erwartet und gezielt genutzt.

Bevor nun im einzelnen auf Aspekte des Technikeinsatzes, der Arbeitsorganisation und der Nutzung weiblicher Arbeitskraft in den Filialen der Discounter eingegangen wird, sollen die von uns untersuchten Filialen kurz vorgestellt werden.

Der untersuchte Filialbetrieb C setzte 1986 auf 800 qm ca 1.5 Mio. DM bei einem Personalkostenanteil von ca. 7% um. Die Filiale ist entlang der Warengruppen nach Abteilungen gegliedert. Bei einem Sortimentsumfang von 2.500 Artikeln ist diese Filiale weitaus kleiner als die Filiale im Fall D. Dies läßt sich auch an der flachen Hierarchie sehen: in dieser Filiale sind den Verkäuferinnen und Kassiererinnen lediglich ein Substitut und der Filialleiter übergeordnet. Die Filiale verfügt über eine 'Lagerfläche' (einschließlich Büro— und Verwaltungsbereich) von ca. 150 qm; es wird aber keine Lagerhaltung im Markt betrieben, sondern die Gesamtmenge der Warenlieferung wird in den Regalen des Verkaufsraums zugänglich gemacht und visualisiert.

Die 21 Verbrauchermärkte im Fall D bieten auf einer durchschnittlichen Verkaufsfläche von 3.000 qm ein gemischtes Food— und Non—Food—Angebot von ca. 45.000 Artikeln an. Zum größten Teil werden diese zu dauerhaften Niedrigpreisen angeboten. Auf aufwendige Verkaufsraumausstattung und Warenpräsentation wird weitestgehend verzichtet, und die Ware wird in Selbstbedienung angeboten. Die Ausstattung der Filialen ist identisch, ebenso wie der organisatorische Aufbau der Filialen identisch ist. Die einzelnen Abteilungen werden in 5 Geschäftsgruppen zusammengefaßt: Lebensmittel (3 Abteilungen), Hartwaren (u.a.: 'Elektro', Wasch— und Putzmittel, Drogerie, Haushaltswaren), Textil (u.a.: Oberbekleidung, Heimtextil, Schuhe, Freizeit), Baumarkt/Freizeit (u.a.:

Camping, Sport, Auto, Garten, Werkzeug), Verwaltung (u.a.: Wareneingang, Kassenverwaltung, EDV, Tankstelle, Video). Die Hierarchie ist differenzierter als in Fall C, das Sortiment und die Verkaufsfläche sowie der Personalstamm sind aber auch weitaus größer. Der Geschäftsleitung der Filiale unterstehen die Geschäftsgruppenleiter, denen die einzelnen Warengruppenleiter zugeordnet sind. Als weitere hierarchische Differenzierung folgen die Abteilungsleiter, die Substituten und schließlich die Verkäuferinnen/Warenauffüllerinnen bzw. die Kassiererinnen.

Die von uns untersuchte Filiale D ist eine der ältesten der Gesellschaft. Sie ist im Vergleich zu den übrigen Filialen der Gesellschaft eher eine untypische, da sie mit ihrem Standort sehr stark stadtbezogen ist und damit zum Teil im Rahmen des Konzeptes Nahversorgung gefahren wird. Dennoch verfügt sie über ein ebenerdiges Parkplatzangebot sowie über ein Parkdeck. Eine weitere Serviceeinrichtung ist die Tankstelle, die das Benzin zu einem der niedrigsten Preise der näheren Umgebung anbietet. Die Filiale bietet 32.000 Artikel an, von denen 8.120 zum A−Sortiment gehören. Allein im Lebensmittel−Bereich werden 10.000 Artikel angeboten. Die Filiale verfügt über 5.800 qm Verkaufsfläche und 980 qm Lagerfläche. Die gesamte Nutzfläche beträgt 8.000 qm. 11% dieser Nutzfläche sind an Konzessionäre vermietet, die gegenüber der check−out Kassenzone im Eingangsbereich angesiedelt sind. Das Angebot der Konzessionäre erstreckt sich über Friseur, Schuhservice, Cafeteria, Blumen, Imbiß, Fisch, Backwaren, und Käse. Alle Konzessionäre sind Unternehmen im Bedienungsverkauf. Sie bieten so eine Alternative zur Selbstbedienung des Marktes an. Die Kassen sind aus dem Verkaufsraum ausgegliedert und bilden eine check−out Zone im Eingangsbereich. In einem eigenen Raum werden Videofilme zum Kauf angeboten.

Zusammenfassung: Zum Problem der Trennung von Einkauf und Verkauf

Beide Discounter weisen eine rigorose Trennung von Einkaufs− und Verkaufsfunktionen auf. Diese Trennung ist eine Folge der sortimentspolitischen Ausrichtung der Discounter auf hoch preiskompetitive Beschaffungsmärkte. Um die dortigen Unsicherheitszonen bewältigen zu können, werden insbesondere die auf den Einkauf bezogenen Funktionen zentralisiert. Wenn wie in Fall D die Sortimentsstruktur breiter ausfällt, weil Artikel im Non−Food−Bereich angeboten werden, weist der Einkauf zusätzlich eine segmentäre, nach den Produkten bzw. Sparten differenzierte Struktur auf. Durch die gezielte Zentralisierung einiger Funktionsbereiche zielen die Discounter darauf ab, organisationsexterne Unsicherheiten abzubauen, indem sie externe Märkte organisationsintern abzubilden versuchen.

Solchermaßen zentralisierte Einkaufseinheiten sind darauf angewiesen, ihre Einkaufsentscheidungen aufgrund vermittelter Daten aus den dezentral organisierten Filialen zu treffen. Je stärker die Zentralisierung ausgebildet ist, desto problematischer wird sich diese Informationsvermittlung gestalten. Die Zentral-einkäufer müssen dann nicht nur größere Informationsmengen verarbeiten und bündeln, sie sind auch zunehmend weniger in das aktuelle Verkaufsgeschehen in den Filialen eingebunden. Sie können sich also zunehmend weniger auf direkt vermittelte Daten verlassen. In dieser Situation wächst das Erfordernis verstärkter Transparenz der organisationsinternen Kommunikationswege.

Durch die marktstrategisch zentrale Bedeutung, die dem Einkauf in dieser Situation zukommt, gewinnt der Informationsfluß aus den Filialen in die Zentrale der Gesellschaft bzw. in die Dienstleistungsgesellschaft ein besonderes Gewicht. Umgekehrt ist der Bedarf an Steuerungsinstrumenten informatorischer Art in den Filialen geringer, von daher dünn auch der Kommunikationsfluß in diese Richtung aus. Anders gesagt entsteht in den Zentralen ein zunehmender Kontrollbedarf der dezentralen Verkaufsabwicklung, während in den Filialen das Steuerungspotential eingeschränkt und auf die Steuerung von Restfunktionen reduziert wird. Diese Entwicklung verweist auf die grundsätzliche Problematik eines Profit—Center Konzeptes, in dem die Filialen zwar betriebswirtschaftlich voll verantwortlich für den Absatz sind, auf der anderen Seite aber auf weitgehende Steuerungsinstrumente wie etwa eine eigene Sortimentspolitik verzichten müssen. Insofern sind die Filialen um ihre Einkaufsfunktionen bereinigt. Für die Gesamtorganisation schiebt sich mit der Trennung von Einkauf und Verkauf das Transparenzproblem in den Vordergrund. Der Gefahr einer aus dieser Trennung resultierenden informatorischen Abkopplung von Einkauf und Verkauf begegnen die Discounter, indem sie versuchen, durch die Nutzung von Informations— und Kommunikationstechnologie der Anforderung an Transparenz nachzukommen.

4.1.2 Technikeinsatz: Informatisierung der Warenwirtschaft

Betriebliche Warenwirtschaft im Einzelhandel bezeichnet die Steuerung der Warendistribution. Zentrale Stationen des Warenflusses sind der Wareneingang, die Logistik im Sinne von Lagerhaltung und Bestellwesen sowie der Warenausgang. Die Warenwirtschaft als Steuerungsinstrument steht vor dem Problem, dem Management eine marktaktuelle Sortimentspolitik zu ermöglichen, bei einem Sortiment mit mehreren tausend Artikeln eine möglichst hohe Lagerumschlaggeschwindigkeit zu gewährleisten, durch ein optimales Bestellwesen keine Angebotslücken, aber auch keine Restbestände entstehen zu lassen, Bestandsdaten zu generieren, Auszeichnungsfehler zu minimieren bzw. Fehlerquellen zu kontrollieren und schließlich einen bedarfsgerechten flexiblen Personaleinsatz zu ermöglichen (vgl. Tietz 1985: 1170f). Die hierzu notwendige Information basiert auf den Warenbewegungen. Je genauer die Abbildung der Warenbewegungen wird, desto präziser ist die Information als Entscheidungsgrundlage in den Problembereichen.

Die Präzisierung der Informationsgenerierung kann durch einen höheren Grad an Formalisierung der Kommunikationswege erreicht werden. Die Formalisierung bezieht sich hier auf die Standardisierung von Abverkaufsdaten und deren Vermittlung, die nicht nur quantitativ in Kategorien zusammengefaßt werden, sondern dadurch gleichzeitig für eine automatische Datenverarbeitung programmierfähig werden. Die Formalisierung ist also die Voraussetzung für eine Informatisierung der Kommunikation. Indem umfangreiche Bestellvorgänge in der Warenwirtschaft formalisiert werden, sinkt der Verbrauch an Ressourcen im Kommunikatonsprozeß: je weniger Symbole generiert werden, desto mehr Kapazität wird frei für die Informationsverarbeitung (Galbraith 1977: 99f). Mit der Informatisierung der Warenwirtschaft wird ein Grad an Formalisierung erreicht, auf dem nicht nur hoch aggregierte Warengruppendaten, sondern die artikelgenaue Warenflußerfassung vom Wareneingang bis hin zum Abverkauf ermöglicht werden soll. Da auf eine artikelgenaue Warenflußerfassung 'per Hand' wegen des enormen Aufwandes weitgehend verzichtet wurde, wird durch den Einsatz informatisierter Warenwirtschaft eine Optimierung der betrieblichen Informationsprozesse ermöglicht. Der Investition der Discounter in solche Warenwirtschaftssysteme standen lange Zeit drei Risiken entgegen:

1. Der Einsatz von Warenwirtschaftssystemen erfordert Investitionsentscheidungen über erhebliche Geldsummen. Die Einführung eines "kostengünstigen" Systems mit suboptimaler Funktionserfüllung kann teuer werden: nach einer gescheiterten Testphase kann es erforderlich werden, das vorhandene System abzuschaffen und sich schließlich doch für ein kostenintensives System zu entscheiden. Die Marktkette oder den Konzern im Blick, muß auch berücksichtigt werden, daß kostengünstige Insellösungen zu Kompatibilitätssperren im Unternehmensverbund führen können. In personeller Hinsicht ist es eine Frage, ob jeder Filiale oder nur der Betriebszentrale, oder ob überhaupt qualifiziertes EDV−Personal (Systembetreuer, Programmierer usw.) bereitgestellt werden soll. Die Alternative dazu wäre die Inanspruchnahme von Serviceleistungen der EDV−Hersteller, also eine Externalisierung von Wartungsleistungen. Bei Funktionsstörungen des Systems muß eine solche Externalisierung aber mit Zeitverzug bezahlt werden, denn der Betreuer ist nicht 'vor Ort'.

2. Ein zweites Risiko, das den Einsatz von artikelgenauer Erfassung durch Warenwirtschaftssysteme kritisch beleuchtet, ist die Gefahr der Informationsüberflutung. Vor dem Einsatz von EDV−Systemen sollte zum Schutz derjenigen, die sich in ihrer Entscheidungsarbeit auf computergenerierte Daten stützen wer-

den, die notwendige Menge und das Spektrum an Information, die das System an den einzelnen Schnittpunkten auszugeben hat genau geprüft werden. Denn es ist nicht notwendig, den gesamten technisch möglichen Datensatz pro Artikel an jeder Stelle des Informationsprozesses auszuwerten. Hier sind die Betriebe darauf verwiesen, situationsspezifisch erforderliche Verwendungs – und Nutzungsprogramme auszuwählen, um nicht vor einem Datenfriedhof zu stehen. Die Informationsüberflutung der Mitarbeiter würde deren Entscheidungsarbeit nicht verbessern, sondern gerade verschlechtern.

3. Drittens ist die artikelgenaue Information in technischer Hinsicht nicht unproblematisch. Auch wenn EDV – Hersteller optimale Lösungen für jede erdenkliche Vertriebs – und Betriebsform unter Zuschnitt auf spezifische Sortimente anbieten, so bestehen auch weiterhin technische Grenzen der artikelgenauen Erfassung. Wesentliche technische Voraussetzung ist hier die maschinelle Lesbarkeit von Artikelinformationen. Dazu gehört neben warenbegleitenden Papieren vor allem die Etikettierung des einzelnen Artikels. Obwohl die Discounter aus Kostengesichtspunkten nicht die Vorreiter des Technikeinsatzes sind, bieten die discount – fähigen Waren aufgrund ihrer Verpackung optimale Chancen zur unmittelbaren Auszeichnung an der Ware.

Zwei Etikettierungsverfahren sind derzeit weitverbreitet: die OCR – Schrift und die EAN – Codierung. Die OCR – Schrift (Optical Character Recognition) ist sowohl für das menschliche Auge lesbar als auch über Lesepistolen maschinenlesbar. Die Codierung und Lesbarkeit der OCR – Schrift unterliegt einigen Restriktionen (Richtungsabhängigkeit, Lese – Entfernung, Feldgröße), eignet sich aber "vor allem bei Etiketten mit mehreren Informationsfeldern, wie sie z.B. im Non – Food – Handel (Textilien, Elektro usw.) üblich sind" (Schiffel 1984: 79). Die EAN – Codierung (Europäische – Artikel – Nummer) ist ein maschinenlesbarer Balkencode mit visuell lesbarem Zahlenstring. Verbunden mit der EAN – Codierung ist die Registrierung der Etiketten per Scanning. Der Scanner basiert auf einem Laser – Abtastverfahren, das das Etikett richtungsunabhängig lesen kann. Das Lesegerät muß on – line mit einer Speichereinheit verbunden sein, von der die Artikeldaten (Preis, Warengruppe, Warenbezeichnung usw.) dem Artikel zugeordnet werden. Scanning und EAN bieten sich insbesondere für die discount – fähigen Waren an, zumal wesentliches Element der EAN – Codierung die Auszeichnung durch den Hersteller auf der Verpackung ist. Im Lebensmitteleinzelhandel liegt z.B. die Auszeichnung durch den Hersteller mittlerweile bei über 90%.

Beiden Etikettierungs – und Leseverfahren sind technische Grenzen gesetzt. Abgesehen von einer sortiments – und kundenspezifischen Einsatzentscheidung für die Systeme ist insbesondere deren Lesefähigkeit beschränkt. Immer wieder treten an den Kassen Lesefehler auf, die zur Verzögerung des Kassiervorgangs führen. Als Dienstleistungsunternehmung können die Discounter Risiken der Kundenverärgerung durch lange Warteschlangen nur begrenzt eingehen. Dies ist u.a. auch ein Grund für das zurückhaltende Engagement bei der Einführung von Warenwirtschaftssystemen (vgl. Baethge/Oberbeck 1986: 125). Die Discounter zeigten sich hier, solange die artikelgenaue Erfassung nicht einigermaßen technisch abgesichert schien, ganz und gar nicht risikofreudig.

Nicht alle Artikel sind zur artikelgenauen Auszeichnung geeignet. Insbesondere der Frischebereich hat sich in den letzten Jahren einer Formalisierung des Kaufvorgangs widersetzt. Datenwaagen in Selbstbedienung sowie verschweißtes Obst und Gemüse wurden durch den Kunden nicht voll akzeptiert, so daß selbst Lebensmittel – Discounter auf Bedienungsinseln zurückweichen mußten. Darüberhinaus sind Formalisierungssperren dort zu verorten, wo modische Ware oder Sonderposten, Aktionsware usw. vertrieben wird. Die hierzu notwendige flexible Preisgestaltung und Artikelinformation kann durch die EAN – Codierung in Verbindug mit einer zentralen Entscheidungsvorgabe tagesaktuell realisiert werden.

Die Möglichkeiten und Grenzen der Informatisierung der Warenwirtschaft tragen dazu bei, daß die Discounter sich für einen auf ihr jeweiliges Vertriebskonzept zugeschnittenen Einsatz und ein Design des technischen Systems entscheiden. Die wesentlichen Elemente der in den Fällen C und D eingesetzten Warenwirtschaftssysteme sollen nun anhand der Nutzungskonzepte von Informations – und Kommunikationstechnologie in diesen Unternehmen, anhand der zentralen Serviceleistungen durch die Dienstleistungsgesellschaft, der Auslegung der Systeme in den Filialen sowie dem Implementationsprozeß dargestellt werden.

Nutzungskonzepte

Bei der Begründung der Forcierung des Einsatzes von Neuen Technologien in Form eines Warenwirtschaftssystems wird in Fall C immer wieder auf die staatlichen Restriktionen zur Größe von Märkten nach der Baunutzungsverordnung verwiesen. Die gesetzlichen Restriktionen der Baunutzungsverordnung zwingen in dieser Situation den Konzern zur Suche nach neuen Wegen für Umsatzsteigerungen und Expansionspotentiale der Vertriebslinie. Da die Türen für die langjährig betriebene Flächenexpansion endgültig verschlossen sind, wird nun neben dem wiederaufgegriffenen Konzept der Nahversorgung in kleineren Filialeinheiten auch auf das Warenwirtschaftssystem gesetzt. Laut Vertriebsleitung bietet das Warenwirtschaftssystem vor allem Chancen für eine Optimierung der Raumausnutzung der Filialen durch die Erhöhung der Warenumschlaggeschwindigkeit. Das bedeutet die Verringerung von Lagerflächen bis hin zum sogenannten 'lagerlosen Bestand' sowie die Verringerung der Regalstellfläche pro Produkt. Zunächst einmal bedeutet der Einsatz eines vollständig automatisierten Warenwirtschaftssystems, das bestehende Sortiment noch straffer zu gestalten und vor allem einen höheren Standardisierungsgrad zu erreichen. Die Sortimentsstraffung zielt primär auf das Problem ab, bei gleichbleibenden — bzw. hier: kleineren — Verkaufseinheiten, bzw. Filialen, das Umsatzvolumen zu halten oder zu steigern. Die Sortimentsstandardisierung stützt sich auf die Notwendigkeit einer Codierung der Ware — etwa mit EAN —, die die Voraussetzung für eine exakte Sortimentsbestimmung und —findung über computergestützte Datenverarbeitung bildet.

Eine exakte, sprich artikelgenaue Sortimentsbestimmung über computergestützte Datenverarbeitung kann darüberhinaus die Transparenz für den Konzern erhöhen. Zeitraubende und aufwendige Inventuren, deren Resultat letztlich doch eine getrübte, ungenaue und ungenügende Informationsgrundlage ist, sollen der Vergangenheit angehören. Fehlbestände aufgrund von verdorbener oder gestohlener Ware, die immer ein Dunkelfeld bilden, sollen tagesaktuell und artikelgenau sichtbar gemacht werden. In diesem Sinne stellt sich jedenfalls auch in Fall C die Vision vom 'Wundermittel' Warenwirtschaftssystem.

Der Einsatz von Informationstechnologie ist auch in Fall D keine brandneue Entwicklung. So sind schon seit über 8 Jahren auf der Filialebene zusammengefaßte Daten aus der Filiale verfügbar. Diese beziehen sich aber bislang primär auf die Verwaltung. Die Nutzungsvorstellungen bezüglich des Warenwirtschaftssystems beziehen sich vor allem auf eine Erhöhung der Bestandstransparenz, eine Erhöhung der Gesamttransparenz zur Rationalisierung der Entscheidungsproduktion, eine Erleichterung der Steuerung der Betriebswirtschaft sowie eine Erhöhung der Gestaltungsspielräume aufgrund verbesserter Informationsgrundlagen und die Straffung der Sortimente. Zentrales Nutzungsziel ist auch hier die Optimierung der Dispositionsdaten des Warenflusses und damit die Erhöhung der Reaktionsfähigkeit im Einkauf. Die Entwicklung eines Warenwirtschaftssystems steht dabei derzeit im Vordergrund. Das läßt sich auch daran ablesen, daß Anwendersoftware, die von der Dienstleistungsgesellschaft entwickelt wird, für die Wareneingangserfassung und die warenbezogene Auswertung, also für die Abbildung der Warenbewegungen zur Verfügung steht. Standardsoftware hingegen wird für die Rechnungskontrolle, Kassenabwicklung und die Personalplanung, im gröberen Sinne also für Verwaltungsfunktionen als ausreichend angesehen. Mittelpunkt des derzeitigen Technikeinsatzes sind somit die warenwirtschaftlichen Funktionen. Hiervon sind insbesondere die Kassen betroffen. An den Kassen werden die Warenausgangswerte erfaßt, sie haben im EDV – gestützten Warenwirtschaftssystem eine zentrale Funktion.

Als Auswahlkriterium für die Hard – und Software rückt die Bedienerfreundlichkeit in den Vordergrund: "Augenmerk ist: die EDV muß so einfach sein und bleiben, so daß die Information weiterhin in den Märkten verarbeitet werden kann, weil doch unsere Geschäftsgruppenleiter Verwaltung keine EDV – Fachleute sind. Und deshalb muß die Software so einfach überschaubar sein, und die Hardware muß so bedienerfreundlich sein, also operatorlos".

Die Zentrale wünscht, daß die Geschäftsgruppenleitung und Abteilungsleitung die EDV – Listen als Führungsinstrument nutzt. Sie sollen bis auf die Verkaufsebene hinunter die Beschäftigten über die betriebswirtschaftlichen Daten informieren. Dadurch soll ein hoher Informationsgrad sowie Kreativität des Personals erzielt werden. Die Daten, die hier verwandt werden sollen, beziehen sich insbesondere auf Kennwerte der Flächenproduktivität, der Leistungskennziffern, Bedarfsrechnung und Personalkosten. Als weitere relevante Daten gelten Ertragsspannen, Planungsspannen, Bestand (Umschlag und durchschnittlicher Lagerbestand) also jene Daten, die die Abteilungsleitung am ehesten über Disposition und Warenplazierung beeinflussen können. Gleichzeitig wird betont, daß die Listen nur ein "Notwendiges technisches Hilfsmittel" sind, neben dem ein Vertrauen in das Erfahrungswissen, in "Gefühl und Initiative" aufrecht bleiben müsse: "Wer seine Regale nicht kennt, gehört nicht in dieses Unternehmen". Die Zentrale fordert so einerseits die Nutzung computergestützter Auswertungen, andererseits wird aber auch der begrenzte Nutzen von ausdifferenzierten Auswertungen betont. Für Fall D offenbart sich hier ein Widerspruch im Nutzungskonzept. Einerseits sollen die EDV – Listen auch in den Mitbestimmungskonferenzen dieses traditionell konsumgenossenschaftlichen Unternehmens argumentativ genutzt werden, andererseits bieten diese Listen nur geringe Informationen, die in solchen Gremien verwandt werden könnten. Die traditionellen Mitbestimmungskonferenzen stellen vor dem Hintergrund dieser Informationspolitik Residuen dar, die wohl in Zukunft über die Informatisierung abgebaut werden.

Hier wird noch einmal deutlich, daß mit dem Einsatz von Warenwirtschaftssystemen der Informationsfluß von der Filiale in die Zentraleinheiten an Gewicht gewinnt, es um eine Transparenz 'nach unten' geht. Die strategischen Entscheidungen werden 'nach oben' verlagert, während die Filialen an Steuerungspotentialen verlieren. In Fall D stößt dieses verstärkt zentralistische Konzept aufgrund der traditionellen Mitsprachemöglichkeiten auf Widerstand in den Filialen. Die Filiale bemängelt die EDV – Entwicklung in der zentralen Dienstleistungsgesellschaft, in der "nur Computerfachleute" arbeiten, die das Verkaufsgeschehen vor Ort nicht beurteilen könnten. Die Filialleitung pocht auf alte Gestaltungsräume. Dies führt dazu, daß paradoxerweise gerade von den Filialen aus die Interessen an einem Warenwirtschaftssystem formuliert werden, das artikelgenau arbeitet. Sie versprechen sich davon eine genauere Informationslage und damit auch ein größeres Steuerungspotential bezüglich der Abverkaufsbewegungen. Es offenbaren sich so unterschiedliche Nutzungsinteressen und −akzente in den Filialen und der Zentrale, da die Zentrale sich beim Einsatz eines Warenwirtschaftssystems zurückhaltender verhält, während von den Filialen der Wunsch nach artikelgenauer Verkaufsdatenerfassung und damit einem verstärkten Innovationsschub forciert wird.

Warenwirtschaftssystem und Dienstleistungsgesellschaft

Wie sieht nun der EDV−Service der zentralen Dienstleistungsgesellschaft für die Filialen aus? Am Beispiel der Filiale C, die über eine artikelgenaue Verkaufsdatenerfassung verfügt kann diese Dienstleistung geschildert werden.

Die Dienstleistungsgesellschaft unterhält die zentrale EDV−Anlage für den Konzern und führt bis auf wenige Ausnahmen den gesamten Artikelstamm der Vertriebslinie. Die Dienstleistungsgesellschaft hat ihr rechnergestütztes Informationssystem für den Einkauf ausgebaut. Hierzu gehört die Entwicklung eines Bestellsystems für Frischwaren sowie eine Konzeption für die innerbetriebliche Kommunikation. Der spezielle Programmbedarf wird von den verschiedenen Gesellschaften der Holding formuliert. Von der Dienstleistungsgesellschaft wird das Programm dann so angelegt, daß eine Grundvariante von allen Gesellschaften der Holding genutzt werden kann, so daß alle Gesellschaften an das EDV−System der Dienstleistungsgesellschaft angeschlossen sind.

Eine solche Standardisierung stößt einerseits auf technische Schwierigkeiten, da die unterschiedlichen Vertriebsstrukturen eine spezifische Schwerpunktsetzung in der Datenverarbeitung verlangen. Andererseits sind Programm−Modifizierungen bewußt vorgesehen, um einen optimalen Zuschnitt auf die jeweilige Vertriebs− und Betriebslösung zu erzielen. Darüberhinaus soll ein neuer Systemschlüssel im Warenwirtschaftssystem innerhalb der Vertriebslinie auch Optionen für individuelle Nutzungsformen der Filialen eröffnen.
Die in der Dienstleistungsgesellschaft gerechneten Daten werden der Zentrale der Vertriebslinie in einem monatlichen Überblick, in Artikelverkaufslisten, die die Wertigkeit einzelner Artikel nach Warengruppen ausweisen, zur Verfügung gestellt. Dem Bezirksleiter dienen solche Bewegdaten des Abverkaufs zur Sorti-

mentssteuerung, Beobachtung der Umsatzentwicklung und der Personalplanung.

Die benötigten Daten werden im automatischen Warenwirtschaftssystem über ein automatisiertes Dispositionssystem generiert. Die Daten des Wareneingangs, −ausgangs und die Bestandsfortschreibung werden in den Filialen erfaßt. Die marktindividuellen Abverkaufsdaten von 6 Wochen sollen eine genügende Grundlage bilden, um das Bestellwesen der Filiale zu automatisieren und die Bestellmenge auf der Basis eines wöchentlichen Mindestbestandes zu errechnen. Die benötigten Bestellmengen werden einmal wöchentlich an die Dienstleistungsgesellschaft per Datenfernübertragung übermittelt. Die Lieferung der Ware erfolgt einmal pro Woche. In der Filiale erfolgt die Wareneingangskontrolle, bei der Differenzen zwischen bestellten und gelieferten Artikeln gleich am Bildschirm korrigiert werden können.

Das Design des Warenwirtschaftssystems in den Filialen

Die Ausstattung der Filialen mit den Elementen eines Warenwirtschaftssystems soll zunächst am Design des Warenwirtschaftssystems in Fall C geschildert werden.

Die Kassen sind als Informationsgeber der Abverkaufsdaten der technische Kern des automatischen Warenwirtschaftssystems. In der Filiale sind die Kassen an ein Hintergrundsystem geknüpft, wodurch ein sofortiger Soll−Ist Vergleich möglich ist. Der Filialrechner speichert die aktuellen Artikelinformationen und Preise, die von den Kassen beim Kassiervorgang abgerufen werden. Die Warenflußdaten werden im Speicher sowie aus Sicherungsgründen im Hintergrund abgebildet. Diese EDV−Einheit ersetzt das früher vorhandene Kassenverbundsystem, bei dem eine Master−Kasse die Leitfunktion für die anderen Kassen bildete. Eine 'intelligente' Hauptkasse als Steuereinheit mit Möglichkeiten der Datenfernübertragung gibt es nicht mehr, alle Kassen arbeiten als direkte 'Informanten' für den Filialrechner. Die Kassen lesen sowohl die EAN, als auch die PLU−Nummern und die traditionelle Preisauszeichnung. Das ist notwendig, da trotz einer 95−98% Umstellung der Warenauszeichnung auf EAN durch die Hersteller noch Restbestände geführt werden, die über andere Auszeichnungsverfahren erfaßt werden. Insbesondere im Frischebereich und bei den Haushalts− und Schreibwaren überwiegen die 'price look up'− (PLU−) Nummern und die Einzelauspreisung. So arbeitet das im Frischebereich installierte Waagenverbundsystem mit PLU−Nummern, die beim Wiegen der Ware ausgedruckt und dann auf die Ware geheftet werden. Von den Kassiererinnen werden diese Kurznummern in die Kasse eingegeben und die notwendigen Artikelinformationen werden durch die Kasse vom Speicher abgerufen. Mit der morgendlichen Inbetriebnahme der Kassen werden per Datenfernübertragung vom Zentralrechner der Dienstleistungsgesellschaft aus automatisch die tagesaktuellen Artikelpreise auf den Filialrechner eingespielt. Entsprechend den Veränderungen gegenüber dem Vortag werden neue Regalauszeichnungen, die Regaletiketten, ausgedruckt, die gegen die alten Etiketten vom Filialleiter ausgetauscht werden. Die Übereinstimmung der Regaletiketten mit den aktuell im Filialrechner gespeicherten Preisen kann anhand des Datenfernübertragungs – Protokolls und des auf dem Regaletikett aufgedruckten Datums jederzeit kontrolliert werden. Die Regalauszeichnung wird notwendig, insofern die einzelnen Artikel statt der vom Kunden optisch lesbaren Preisauszeichnung die strich – codierte EAN Auszeichnung tragen. Die Regaletiketten informieren den Kunden insbesondere über den Artikelpreis. Während der Vorphase der automatischen Disposition boten die Regaletiketten darüberhinaus auch die Möglichkeit, die zusätzlich aufgedruckte Strich – Codierung des jeweiligen Artikels in das Mobile – Daten – Erfassungs – (MDE –) Gerät einzulesen, mit dem die wöchentliche Dispositionsmenge aufgenommen und an die Dienstleistungsgesellschaft gegeben wurde. Die Kassenzone kann erst dann eröffnet werden, wenn die Verarbeitung der zentralen Preisvorgaben sowie der Etikettenausdruck abgeschlossen ist.

Die über Scanner – Kassen erfaßten Abverkaufsdaten werden täglich beim abendlichen Kassenabschluß per Datenfernübertragung an die Dienstleistungsgesellschaft übermittelt. Dort werden diese Informationen gerechnet, verdichtet und als Artikelverkaufsliste, i.S.v. 'Renner – Penner – Listen' an die Filiale monatlich rückübertragen. Vergleichslisten zwischen den Filialen, die als Informationsinstrument vom Management in der Vertriebsgesellschaft genutzt werden, werden den Filialen nicht zur Verfügung gestellt. Über die monatlich verdichteten Daten aus der Dienstleistungsgesellschaft stehen der Filiale die täglichen, artikelbezogenen Verkaufsdaten, etwa der Gesamtumsatz, der prozentuale Anteil einzelner Artikel am Gesamtumsatz, der Umsatz nach Warengruppen etc. zur Verfügung. Sowohl die monatlich erstellten Verkaufslisten verschaffen eine brauchbare Übersicht über die Umsatzentwicklungen der Abteilungen, als auch die täglichen, artikelbezogenen Verkaufsdaten, die die Filiale selbst erzeugt und ausdrucken kann, bieten einen Überblick darüber, welche Artikel gut gehen und deshalb auch ständig im Laden geführt werden müssen. Der Filialleiter schätzt diese Listen: "Da ist so eine EDV – Anlage ganz neutral, die sieht wirklich nur die harten Fakten und man braucht sich nicht auf irgendwelche persönlichen Belange zu verlassen" (C1M1). So wird bei Sonderaktionen z.B. sofort erkennbar, ob der Kunde den Artikel annimmt oder ob die Aktion fehlschlägt.

Die Frage ist, ob diese Informationslisten mehr als reines 'in – Kenntnis – setzen' bedeuten. In der Filiale werden die Listen nur vom Filialleiter oder seinem Substituten genutzt. Bei zwar zeitlich geringem Auswertungsaufwand entsteht hier eine Fülle von Informationen, deren große Menge zum Sondieren und zur Selektion zwingt. Die Detailliertheit der Information bedeutet für den Filialleiter eine kaum handhabbare Überflutung. Desweiteren stellt sich die Frage, ob die Informationen auf der Filialebene sinnvoll nutzbar sind. Die monatlich verdichteten Daten aus der Dienstleistungsgesellschaft etwa werden zwar zur Kenntnis genommen, aber als Planungsgrundlage werden sie nicht genutzt, sondern lediglich abgeheftet. Bei der starken Zentralisierung des Einkaufs in diesem Vertriebs— und Betriebstyp läßt sich fragen: welche Gestaltungsspielräume sind denn noch da, für die die Informationen genutzt werden könnten? Die Verkaufsinformationen bestimmter Artikel, die auch bei regionalen Konkurrenten angeboten werden, bieten z.B. Reaktionspotentiale für den Filialleiter, eine dezentrale, filialspezifische Vertriebsvariation zu fahren, er könnte schnell auf solche Marktbewegungen etwa durch Preisvariationen reagieren. Die zentrale Preisvorgabe erlaubt dies aber nicht. Da nutzen auch die detailliertesten Informationen nichts, denn dem Filialleiter bleiben kaum Reaktionsspielräume.

Ganz ähnlich verhält es sich mit der Dezentralisierung der geplanten Warenabrechnung. Vorgesehen ist, daß etwa ab 1989 die Rechnungen dezentral von den Märkten zur Begleichung angewiesen werden. Die auf der Filialebene zu verarbeitende Informationsmenge würde sich auch dadurch erhöhen, aber Steuerungskompetenzen erweitern sich dadurch nicht. Die dezentrale Warenabrechnung bedeutet eine Abgabe routinisierbarer Aufgaben nach unten, eine Entlastung der Zentralverwaltung. Sie umfaßt keine strategisch nutzbaren Informationen.

In der Zielversion des automatischen Warenwirtschaftssystems sollen alle Warenbewegdaten auch in der Filiale aktuell abrufbar sein. Damit wird der Zugriff auf die Informationen über den Artikelstamm in der Filiale etwa fünfmal höher sein als in der Vergangenheit. Der Nutzen dieser erhöhten Informationsmenge ohne eine dezentrale Ausweitung der Gestaltungsspielräume für die Filiale ist jedoch nicht erkennbar.

Fall D verfügt über ein weit weniger ausgeprägtes computergestütztes Warenwirtschaftssystem. Neben dem Verwaltungsbereich, der vorwiegend mit Standardsoftware ausgestattet ist, ist durch die Ausdifferenzierung der Kassenzone vor allem der Kassenbereich von der Einführung des Warenwirtschaftssystems direkt betroffen. Der Stand des Systems im Fall D kann zwar als geschlossen, aber nur in geringem Umfang artikelgenau bezeichnet werden.

Zwischen den Filialen und der Dienstleistungsgesellschaft besteht eine EDV— gestützte Vernetzung per Datenfernübertragung. Diese besteht nicht zwischen Filiale und Zentrale bzw. zwischen Zentrale und Dienstleistungsgesellschaft. Die Übermittlung von Daten geschieht hier per Disketten.

Der Filiale gehen monatlich von der Dienstleistungsgesellschaft verdichtete Daten zu, während die Zentrale diese ständig zu Verfügung hat. In der Filiale werden teilweise jedoch auch von der Filialverwaltung selbst Auswertungen angefertigt. Hierfür steht der Filiale ein eigener Personal—Computer (mit einem zusätzlichen Terminal für den Videoverkaufsraum) zur Verfügung. Im Lebensmittelbereich sind Datenwaagen für den Frischebereich (Obst/Gemüse) installiert. Der Abverkauf in den Filialen ist nur begrenzt artikelgenau erfaßt. Die Disposition wird über per Hand geführte Ordersätze durchgeführt. Die Bestandserfassung und −fortschreibung muß über einen optischen Vergleich des Regalbestandes mit den manuell erstellten Ordersätzen gemacht werden. Ebenso muß die Rechnungskontrolle im Wareneingang manuell erstellt werden, was primär an dem Auswertungsniveau auf der Ebene von Warengruppen liegt. So erfassen auch die Kassen keine artikelgenauen Daten, sondern operieren mit Warengruppentasten. Zur Disposition werden MDE−Geräte genutzt.

In der Kassenzone sind 15 Kassen und 4 Nebenkassen vorhanden, die über eine Masterkasse zusammengeschlossen sind. Die Kassen sind POS− ('point of sale'−) Banking fähig, sie werden jedoch noch nicht für diesen Zahlungsverkehr genutzt, da derzeit die Kosten für POS−Banking noch dem Handel zufallen. Die Warenerfassung geschieht über PLU−Nummern und Funktionstasten, je nach Auszeichnungsart und Warengruppen: Textil wird z.t. einzeln, z.T. über PLU ausgepreist, Obst/Gemüse wird ebenso über Funktionstasten ausgezeichnet wie Hartwaren und Lebensmittel. Bei den Lebensmitteln exitistiert darüberhinaus auch eine Regalauszeichnung. Die Kassen verfügen über einen Speicher für 300 PLU−Nummern. Die Kassen erfassen außer dem Abverkauf nach Warengruppen die Kundenfrequenz, die Artikelzahl pro Kunde, die Artikelzahl insgesamt, die Einkaufsbeträge absolut und im Durchschnitt, und die Uhrzeit des Verkaufsvorgangs. Die Kassendaten können jederzeit vom Geschäftsgruppenleiter in der Verwaltung abgerufen, gespeichert werden. In der Regel geschieht das mittags und nachmittags nach den verstärkten Kundenphasen.

Die Kassen: 'Informanten' im Warenwirtschaftssystem

In beiden Discountern sind die Kassen der Ort, von dem aus die Abverkaufsdaten an die Disposition generiert werden: die Kassen haben die Rolle des 'Informanten' für das Warenwirtschaftssystem. Indem die Kassen in einem eigenen check−out Bereich zusammengefaßt werden, kommt es zu einer räumlichen − und in Fall D auch funktionalen − Trennung der Warenzone von der Kassenzone. An der Kassenzone wird nunmehr der check−out vollzogen, bei dem der Warenkorb nach der Geldübergabe in das Eigentum des Kunden übergeht. Die Kaufentscheidung des Kunden vollzieht sich verbindlich nicht mehr am Warenregal, sondern in der Kassenzone. Anders als im Bedienungsverkauf, in dem die Verkäuferin auf den Kunden zugeht, sucht der Kunde in der Selbstbedienung eine Kasse, an der er die gewünschte Ware gegen Geld eintauschen kann. Der Kunde wartet nicht an der Kasse jeder einzelnen Abteilung, sondern kann seine Wartetätigkeit auf einen check−out bündeln. Vorrangiges Ziel der Discounter wird hier die Gewährleistung einer ständig besetzten Kasse. Diese wird leichter durch die räumliche Konzentration von Kassen in einer Kassenzone. Zudem bedeutet diese Konzentration einen Zugewinn an Ordnung und Transparenz im Personaleinsatz. Unabhängig von den Anforderungen in einzelnen Abteilungen können die Kassen allein nach den Kundenfrequenzen besetzt werden: die Verknappung der Personaldecke wird hierdurch möglich. Die Kassiererinnen sind durch die Ausdifferenzierung räumlich enger an ihren Funktionsbereich gebunden. Dadurch erhöht sich die Intensivierung ihrer Tätigkeit. Schließlich erzielen die Discounter einen Kontrollgewinn durch die Ausdifferenzierung der Kassenzone sowohl gegenüber den Kassiererinnen (obwohl in beiden Discountern keine EDV—gestützten Leistungskennziffern als Kontrollinstrument eingesetzt werden), als auch gegenüber den Kunden bzw. seinem Warenkorb.

Der Implementationsprozeß

Der Implementationsprozeß, der der Einrichtung des geschilderten Standes des Warenwirtschaftssystems in den Discountern voranging, ist in beiden Unternehmen nicht abgeschlossen. Vielmehr handelt es sich in beiden Fällen um einen Prozeß, der in weiten Teilen Stückwerk ist. Hier läßt sich kaum von einer Implementation "in einem Zug" (Baethge/Oberbeck 1986) sprechen.

Im Fall C lag mit der Gründung der jungen Vertriebslinie vor wenigen Jahren das Konzept des EDV—Einsatzes in seinen Grundzügen bereits vor. Zunächst sind konzeptionell drei Implementationsschritte vorgesehen gewesen: (1) Die Ausrüstung der Filialen mit Filialrechnern und die Einstellung der Kassenfunktionen auf die neue Software; (2) Die Automatisierung der Disposition und deren Multiplikation in alle Märkte; (3) Die Dezentralisierung der Warenabrechnung. Insgesamt gab es erhebliche zeitliche Verzögerungen in diesem Prozeß. Konnte der erste Schritt mit drei— bis viermonatiger Verspätung erfolgreich abgeschlossen werden, so ergab sich insbesondere in der zweiten Phase immer wieder die Notwendigkeit zu Probe— und Kontrolläufen mit zwei bis dreimonatiger Verspätung. Häufig waren Änderungen des Programms, Anpassungen oder Verbesserungen notwendig, die zunächst nicht absehbar waren. Solche Programmänderungen betrafen immer wieder andere Programmteile. Bei einer Grundinventur wurden etwa Programmteile oder auch schon erfaßte Teilbestände zerstört. Auch die Dispositionsvorschläge des Systems mußten angepasst und verbessert werden. Die Kontrollfunktion für die Dispositionsvorschläge lag hauptsächlich beim Filialleiter, der über zwei bis drei Monate die ausgedruckten Bestellvorschläge mit Bestellisten, die er mit dem MDE—Gerät erstellt hatte, verglichen hat. Solche Verzögerungen lagen aber nicht nur an solchen immanenten Problemen eines Implementationsprozesses, sondern auch daran, daß von der Dienstleistungsgesellschaft für die Software—Entwicklung nicht genügend Experten für die zu etwa 2/3 selbst in Zusammenarbeit mit den Software—Herstellern erstellten Programme zur Verfügung gestellt wurden.

Die Implementation bezieht sich in erster Linie auf die Informatisierung der Warenwirtschaft, in deren Zentrum die automatische Disposition steht. Dieser Technikeinsatz ist warenfluß–orientiert. Die Kopplung an bestehende Technologie im Verwaltungsbereich bzw. der Aufbau von computergestützten Systemen dort ist bei C konzipiert, aber noch nicht realisiert.

Ein dritter Bereich, die Nutzung von IuK im Personalbereich, z.B. die EDV–gestützte Personaleinsatzplanung, steht auf der Prioritätenliste ganz unten. So wird die Personaleinsatzplanung und die Arbeitszeiterfassung vom Filialleiter 'per Hand' gemacht. Eine EDV–gestützte Planung und Erfassung der Arbeitszeiten ist für einen späteren Zeitpunkt geplant, die Software für diese Nutzungsvariante liegt noch nicht vor. Es gibt aber noch andere, grundlegendere Gründe für einen bewußten Verzicht der Nutzung von IuK im Personalbereich. Die Gründe für ein zurückhaltendes Konzept nach dem Motto: "Was technisch machbar ist, wird noch längst nicht realisiert" (ZC1M1) liegen in den strategischen Pufferbereichen der Personalflexibilisierung. Hier wird mit dem bewußten Verzicht auf zentrale Personalsteuerung auf die Ressourcen der Führungskräfte in den Filialen zurückgegriffen: die Führungskräfte in den Filialen können flexibler mit den Einsatzzeiten umgehen, als es der Zentrale möglich wäre. Diese Art der Ressourcennutzung wird im nächsten Abschnitt näher geschildert.

Auch im Fall D unterliegt der Technikeinsatz keiner langfristigen Konzeption von der Art, die in einem Zug umgesetzt werden könnte. Eher muß von einer zögerlichen, iterativen Nutzung gesprochen werden.

Die Implementation der Kassensysteme etwa setzte mit Pilotprojekten ein. In einer Testphase in nur einer Filiale wurden 2–3 Monate lang die Daten parallel verbucht. Erst nach einem sicheren Laufen der Kassensysteme wurden diese in alle Filialen vervielfältigt. In der Testfiliale wurden die Verwaltungsleiter der anderen Filialen informiert und geschult. Auch hier mußten anfangs fehlerhafte Auswertungen durch die von der Dienstleistungsgesellschaft entwickelten Software in Kauf genommen werden. In wiederholten Versuchen mußten Dateien geprüft und die Software neu angepaßt werden. Die Dauer der Testphasen betrug für den Tankstellenbetrieb in 2–3 Filialen z.B. etwa 1/2 Jahr.

Zusammenfassung: Das Warenwirtschaftssystem als Verstärker des Vertriebs– und Betriebskonzeptes

Zwei Punkte seien hier vorläufig festgehalten. Der Einsatz des Warenwirtschaftssystems hat die Bedeutung der Kassen aufgewertet, da den Kassensystemen eine zentrale Rolle für die Generierung der Abverkaufsdaten zukommt. Diese 'Aufwertung' der Kassen wirkt sich aber keineswegs dahingehend aus, daß die Tätigkeitsstrukturen der Kassiererinnen oder die Gestaltungsspielräume der Führungskräfte eine Aufwertung erfahren. Trotz zum Teil erweiterter Informationsbasis beruht die Verantwortlichkeit der Profit–Center auch weiterhin auf Steuerungspotentialen, die um die Einkaufsfunktionen beschnitten wurden und auf die Organisation des Abverkaufs und den Personaleinsatz reduziert wurden. Die Tendenz zur funktionsbereinigten Kaufstation hat sich für die Filialen mit dem Einsatz des Warenwirtschaftssystems verstärkt.

Dieser Wandel ist jedoch nicht das Ergebnis eines eindeutigen Kausalzusammenhangs zwischen dem Einsatz der Warenwirtschaftssystems und der Organisationsstruktur: Die Organisationsstruktur der Discounter hat sich nicht ursächlich durch den Einsatz der Warenwirtschaftssysteme verändert. Vielmehr ergibt sich ein Rationalisierungsschub auf einem neuen Niveau, auf dem die extensive Nutzung der Rationalisierungsstrategien im Einzelhandel durch die Discounter – also im wesentlichen der Einsatz der Selbstbedienung, der Konzentrationsprozeß und die Zentralisierung sowie die Flexibilisierung des Personaleinsatzes – wechselseitig mit dem Einsatz von Informations– und Kommunikationstechnologien verschränkt werden. Die typischen Merkmale dieses Vertriebs– und Betriebstyps und der Einsatz von Warenwirtschaftssystemen bilden eine Komplementärbeziehung, in der die rigorose Trennung von Einkauf und Verkauf als Wegbereiter für z.B. den Einsatz der Kassen i.S.v. 'Informanten' gesehen werden kann, gleichzeitig aber der Einsatz von Warenwirtschaftssystemen einen Verstärkereffekt auf die bereits bestehende Ausprägung dieses Vertriebs– und Betriebstyps hat.

In den folgenden Abschnitten sollen die Veränderungen in den Tätigkeitsstrukturen, die durch den Aufbau eines Warenwirtschaftssystems hervorgerufen wurden, geschildert werden. Es geht dabei in beiden Discountern nahezu ausschließlich um die Tätigkeitsstrukturen von Frauen. Wir werden die Veränderungen entlang der Funktionsbereiche der Führungskräfte, des 'Verkaufs' sowie der Kassenarbeitsplätze vorstellen. Es folgt – gleichzeitig resümierend – die Schilderung des personalpolitischen Konzepts der Discounter.

4.1.3 Die Führungskräfte: 'Operateure' für die Kaufstationen

Leitende Funktionen haben im Fall C der Filialleiter und sein Substitut. Aufgrund der Größenordnung der Filialen im Fall D ist die Leitungsebene in die Filialleitung, die Geschäftsgruppenleitung und die Abteilungsleitung differenziert. In beiden Filialen werden die Leitungsfunktionen mit traditionellen Titeln bezeichnet, wodurch ein breiteres Spektrum an Entscheidungskompetenzen suggeriert wird. Die Gestaltungsspielräume beziehen sich aber im wesentlichen auf die Organisation des Abverkaufs und den Personaleinsatz in den Filialen.

Das Tätigkeitsspektrum des Filialleiters im Fall C kann in zwei Aufgabenbereiche gegliedert werden. Zunächst gibt es Aufgaben, die im engeren Sinne an die Warenbewegungen geknüpft sind. Dazu gehören die Warendisposition, in beschränktem Umfang der Einkauf bei Direktlieferanten, die Regalauszeichnung sowie Gestaltungsvorschläge bezüglich des Sortiments beim Bezirksleiter. Daneben ist er mit Teilen der Personal— und Verwaltungsorganisation befaßt, soweit sie seine Filiale betrifft. Seine Aufgaben beziehen sich im wesentlichen auf die Gewährleistung eines reibungslosen Arbeitsablaufs. Dazu gehört nach seinem Selbstverständnis auch, daß er und sein Substitut nach Bedarf an der Kasse arbeiten, Ware einräumen und für Ordnung und Sauberkeit in den Regalen sorgen.

Mit der Einführung der automatisierten Disposition im Fall C entfällt für den Filialleiter der Spielraum für die Sortimentsgestaltung, denn die Standardisierung des Pflichtsortiments wird stärker gestrafft. Außerdem entfällt die Verantwortung und die Entscheidungskompetenz über die wöchentliche Disposition. Lediglich bezüglich der Liefermenge bestehen begrenzte Eingreifmöglichkeiten durch den Marktleiter, die sich z.B. aus wetterbedingten Zusatz— oder Mindestverkäufen ergeben können.

Die Führungskräfte verlieren in hohem Maße Gestaltungsspielräume, die sich auf die Sortimentspolitik beziehen. Parallel treten solche Funktionen verstärkt in den Vordergrund, die sich auf die Datenpflege beziehen. Datenpflege heißt hier in erster Linie die Überwachung und Kontrolle der automatischen Dispositionsvorschläge. Der Hintergrund des Qualifikationskonzeptes, das in beiden Discountern durchgängig vorfindbar ist, wird in der Äußerung einer Abteilungsleiterin in Fall D deutlich. Für die Tätigkeit der Führungskräfte gibt es kaum explizite Anleitungen: "Wissen darüber wird von oben, von der Geschäftsleitung, nicht vermittelt ... Man soll das zwar wissen, aber woher, das ist egal" (D4F7, Substitutin). Die Discounter greifen hier darauf zurück, daß die Führungskräfte sich die notwendigen Kenntnisse — auch im Zuge der Implementation des Warenwirtschaftssystems — selbst in ihrer Arbeitspraxis aneignen. Es ist ein Konzept, das zentral auf 'learning by doing' beruht. Dieses Konzept läßt sich auch für die übrigen Funktionsbereiche in den Filialen finden.

Von dieser Funktionsverschiebung ist kein Qualifizierungsschub oder eine Aufwertung der Tätigkeit zu erwarten. Die EDV—Systeme sind — wie oben bereits angemerkt — so konzipiert, daß die Komponenten, die in der Filiale stehen, bedienungssicher und einfach zu handhaben sind. Die Technik soll so konzipiert sein, daß der Marktleiter "nichts falsch machen könne und damit auskommen muß, ein paar Knöpfe zu drücken" (ZC1M1, Vertriebsleiter). So sind für die Einarbeitungszeit des Marktleiters in die in der Filiale C installierten Systemkomponenten zwei Tage vorgesehen. Hier wird nicht die Kenntnis von EDV−Fachleuten zugrunde gelegt, und mit der begrenzten Nutzung von EDV−generierter Information auf der Filialebene ist eine solche Qualifikation auch gar nicht angestrebt.

Fragt man nach den verbleibenden Gestaltungsspielräumen, so kann letztlich nur die Personalorganisation genannt werden. Die Gewährleistung und Kontrolle eines möglichst effizienten Personaleinsatzes für die jeweilige Filiale wird zunehmend zu dem Führungsinstrument, mit dem die Filialleitungen die Kennzahlen ihres Profit−Centers zu effektivieren suchen. Bei einem schon vorhandenen Personalkostenanteil von weit unter zehn Prozent bedeutet dessen Senkung einen erneuten Flexibilisierungsschub im Personaleinsatz. Sowohl in der Personalführung als auch im warenbezogenen Aufgabenbereich konzentrieren sich die Tätigkeitsanteile der Führungskräfte auf Kontrollfunktionen. Die Führungskräfte erscheinen im Lichte von 'Operateuren', die einerseits das technische System überwachen und andererseits den (nicht EDV−gestützten) Personaleinsatzbereich organisieren.

4.1.4   Die Verkäuferinnen: Regalpflegerinnen in der Warenzone

Im Fall C sind die Frauen für feste Warengruppen und Regalbereiche zuständig, die i.d.R. aus vier Regalreihen bestehen. Diese Zuständigkeit umfaßt das Einräumen der Ware in die Regale, die Sorge für Ordnung und Sauberkeit und für die Beachtung der Frischedaten. Je nach Arbeitsanfall helfen sie in anderen Warengruppen aus. Darüberhinaus werden alle Verkäuferinnen hier auch an den Kassenarbeitsplätzen eingesetzt. Die Tätigkeitsanteile verteilen sich schwerpunktmäßig auf Packarbeiten am Vormittag und auf die Kassiertätigkeit am Nachmittag. Die warenbezogene Arbeit wird also auf den Vormittag gelegt, um Raum zu schaffen für die kundenbezogene Kassiertätigkeit in den kundenstarken Nachmittagsstunden.

Auch in der Filiale D konzentrieren sich die Haupttätigkeiten der Verkäuferinnen in der Warenzone auf Handlangerarbeiten wie Waren packen, auszeichnen, aufräumen und einräumen. Die Tätigkeiten sind ausschließlich auf die Regalpflege bezogen, und das Hauptaugenmerk der Frauen ist die Ordnung und Sauberkeit der Regale. Ein Großteil dieser Tätigkeiten wird auf den frühen Morgen, z.T. noch vor der Ladenöffnung, konzentriert, so daß morgens häufig mehr Personal als mittags da ist.

Während vor dem Einsatz des Warenwirtschaftssystems die Verkaufsarbeit im Rahmen der Selbstbedienung schon erheblich auf Regalpflege reduziert war, bestanden doch noch Tätigkeitsanteile, die die Rede vom 'Verkaufen' rechtfertigten. Mit dem Einsatz automatischer Disposition wird die Funktionsbereinigung verschärft. Die folgende Schilderung zeigt einige Charakterzüge dieses Wandels.

Im Vorstadium automatisierter Disposition verfügte Fall C über ein Dispositionsverfahren mit Mobilen – Daten – Erfassungsgeräten. Mit diesen Geräten wurden die am Warenregal angebrachten EAN – Warenetiketten per Lesestift eingelesen. Das Etikett ermöglichte die Verfügbarkeit artikelgenauer Informationen, die bei der Disposition am Regal um die erforderlichen Bestelldaten ergänzt wurden. Eingetippt wurde hier die Bestellmenge zumeist in Palettengröße. Ein wöchentlicher Bestellrhythmus war ausreichend, da die Warenanlieferung auf einen Termin pro Woche festgelegt war.

Die Disposition per MDE wurde von den Verkäuferinnen selbst gehandhabt. Die Zuständigkeit bezog sich auf die ihnen zugeteilte Warengruppe. Wenn die Verkäuferinnen die Bestelldaten eingetippt hatten, übergaben sie das MDE – Gerät dem Filialleiter. Dieser übermittelte die Daten per Datenfernübertragung an den Zentralrechner der Dienstleistungsgesellschaft des Konzerns, ohne daß er die Bestelldaten noch einmal kontrollierte. Der Bestellvorgang war gegenüber einer Warenaufnahme mit Listen, bei der die Zahlenreihen der Artikelnummern manuell erstellt und genau verglichen werden mußten, mit einem MDE – Gerät wesentlich schneller zu bewältigen.

Die Frauen zeigten sich in der Handhabung der MDE – Geräte zur wöchentlichen Warenbestandserfassung und zur Planung und Bestellung des nötigen Warenbedarfes unterschiedlich kompetent. Nach einer Einweisung in die technische Handhabung der Geräte durch den Filialleiter war ihnen die Funktionsweise des MDE – Gerätes nicht einsichtig, so daß sie Fehler in der manuellen Eingabe der Bestelldaten nicht korrigieren konnten und eine Kollegin oder den Filialleiter um Hilfe bitten mußten. Zum Teil ist ihnen nicht einmal die Bezeichnung 'MDE – Gerät' bekannt.

Bei einigen Frauen bestanden hohe Unsicherheiten bei der Disposition. Schwierigkeiten traten dort auf, wo es um die exakte Einschätzung des wöchentlichen Bedarfs ging. Einerseits haben diese ihre Ursache in der allgemeinen Distanz zu technischen Geräten, mit der die Frauen sich selbst ihre Unsicherheiten erklären. Andererseits verfügten sie als Teilzeitkräfte aber auch nicht über ausreichendes Erfahrungswissen bezüglich der zu ordernden Warenmenge. Die Befürchtungen der Frauen, den Bedarf an Ware nicht exakt genug einschätzen zu können, wurden durch die beschränkte Lagerkapazität im Markt verstärkt: Über die Regalfläche hinaus bestehen kaum Lagermöglichkeiten. Bestellmengen, die über die Regalfläche hinaus gingen, mußten daher im Kulissenbereich des Marktes gestapelt werden. Für den Marktleiter und alle Kolleginnen wurde dann die Fehlbestellung sichtbar: "Wir haben ja nichts auf Lager, weil die eigentlich überhaupt kein Lager haben wollen. Und wenn das immer so rumsteht — schön ist das irgendwie nicht" (C4F2, Verkäuferin/Kassiererin).

Die Verkäuferinnen antworteten auf dieses Problem mit zwei Strategien. Zur Vermeidung der unangenehmen, sichtbaren Fehlbestellungen reduzierten sie die Bestellmenge auf eine Untergrenze. Für eine kontinuierliche Absatzpolitik der Filiale bedeutet solch ein 'vorsichtiges Disponieren' die Gefahr von Bestandslücken. Das Dispositionsverfahren, das hier noch am Regal durch die für die Abteilungen zuständigen Frauen durchgeführt wurde, scheint auf den ersten Blick ein Verfahren zu garantieren, durch das eine optimal auf den Absatz 'vor Ort' orientierte Marktreagibilität gesicher werden kann. Paradoxerweise sieht sich aber die Filiale der Gefahr von Bestandslücken durch die Praxis des 'vorsichtigen Disponierens' gegenübergestellt.

Die Verkäuferinnen begegneteten ihren Problemen mit den MDE–Geräten mit einer zweiten Strategie. Bei Eingabe–Schwierigkeiten am Gerät stützten sie sich gegenseitig und halfen sich bei der Handhabung des Gerätes aus. Hier öffnen sich Kooperationsmuster auf der Verkäuferinnen–Ebene, die verhindern, daß größere Pannen bei den Bestellungen auftreten. Solche Kooperationsmuster fingen die Gefahr der Bestandslücken zum Teil wieder auf.

Mit dem Wegfall des MDE–Gerätes durch das automatische Dispositionssystem entfiel der von den Verkäuferinnen durchgeführte Bestellvorgang. Dieser Tätigkeitsverlust wurde zum Teil von ihnen mit Erleichterung aufgenommen, da die ständige Unsicherheit über die Folgen zu viel oder zu wenig bestellter Ware entfällt. Die Verkäuferinnen sind für die Disposition nicht mehr direkt verantwortlich. Gleichzeitig verweisen sie jedoch darauf, daß sie in der Einführungsphase der automatischen Disposition den Filialleiter darauf aufmerksam machen mußten, wenn ein Regal leer und die automatische Disposition verkehrt gelaufen war: "Wir überprüfen und kontrollieren, ob richtig bestellt worden ist". Die Frauen hatten während dieser Phase eine Beobachtungsfunktion, die sie in eine indirekte Verantwortung setzte. Z.T. förderte diese eine Identifizierung mit der Organisation, sie bedeutete aber vor allem eine zusätzliche Absicherung für den Filialleiter, die aber an Bedeutung verloren haben dürfte, sobald das System über die Testphasen hinweg war.

Die Gefahr von Bestandslücken durch vorsichtiges Disponieren hat zu einem guten Teil seine Ursache in der mangelnden Qualifizierung der Frauen; ein Argument, das bei der Einführung eines Warenwirtschaftssystems für die Discounter zentral ist.

Im Fall C wurden die Frauen zwar in Einzelgesprächen vom Filialleiter über die Bedeutung des automatischen Bestellwesens für die jeweilige Abteilung, für die eine Frau zuständig ist, informiert; und in einer Personalbesprechung mit dem gesamten Personalstamm der Filiale wurde über offene Fragen und Probleme gesprochen. In unseren Gesprächen zeigte sich aber, daß die Einarbeitung sich auf minimale Informationen und bei den Verkäuferinnen, die im Fall C auch an den Kassen eingesetzt werden, lediglich auf technische Handhabungsanweisungen beschränkte. Die Frauen konnten keine genauen Angaben über das EDV—System machen, obwohl sie angaben, über das System umfassend informiert worden zu sein. Ihnen wurde lediglich das Bewußtsein dafür geschärft, daß "jetzt viel genauer gearbeitet werden muß". Der Wandel der Verkaufsarbeit in der Warenzone durch den Einsatz des Warenwirtschaftssystems hin zu Regalpflege— und Packarbeiten wird begleitet von der Ideologie einer durch das technische System notwendig gewordenen größeren Genauigkeit in den Arbeitsprozessen; eine Ideologie, weil den Frauen keine wirkliche Aufklärung über die Bedeutung des Einsatzes eines Warenwirtschaftssystems gegeben wurde.

Von ihren Auffassungen ihrer eigenen Tätigkeit her vollziehen die Frauen diesen Wandel aber nicht mit: für sie bleiben Restanteile einer Verkaufstätigkeit wie Bedienung und Beratung der Kunden zentrales Moment ihrer Arbeit. Sie bleiben ihrem Bewußtsein nach Verkäuferinnen im klassischen Sinne. Obwohl der gegenwärtige Tätigkeitszuschnitt in der Warenzone kaum noch den Begriff 'Verkäuferin' als Berufsbezeichnung rechtfertigt, da im Vertriebskonzept Selbstbedienung zu geringe Anteile an Verkaufsarbeit enthalten sind, fällt auf, daß die befragten Frauen bei der Beschreibung ihrer Tätigkeiten immer wieder auf den noch bestehenden Beratungsbedarf der Kunden verweisen. Solche Beratungs— und Bedienungs—'Reste' lassen sich z.B. in der Konfektionsabteilung in Fall D zeigen.

Ob die Frauen lediglich zur Regalpflege eingesetzt sind oder ob sie als qualifizierte Verkäuferin arbeiten, die Kunden sprechen die Frauen häufig auf Wascheigenschaften, Größen, Material und modische Kombinationen der Artikel an und bitten um Beratung. Z.T. gibt es Stammkunden oder ältere Kunden, die einfach gerne beraten werden möchten. In der Wiederkehr solcher Kunden definieren die Frauen ihren Verkaufserfolg. "Wir werden ja weiterhin gefragt. Es wird auch oft [von der Geschäftsführung] gesagt, daß es Selbstbedienung ist, aber trotzdem sind immer Kunden da, die beraten werden wollen. Da wird aber auch gesagt, wir sollen auf die Kunden zugehen, sie ansprechen und beraten" (D5F11, Verkäuferin).

Dieser Restanteil von Verkaufstätigkeit wird also auch explizit von der Geschäftsführung gefordert. Die Frauen sind aber bezüglich des notwendigen Fachwissens auf das eigene Alltagswissen verwiesen. Das notwendige Fachwissen für die Beratung der Kunden wird von der Geschäftsleitung nicht vermittelt: "Fachwissen spielt keine Rolle. Wir wissen wenig über die Sachen; wir können uns das nur ... selber angucken und versuchen, den Kunden das zu sagen, was man weiß" (D3F5, Abteilungsleiterin). Während die Discounter vertriebspolitisch auf Selbstbedienung umstellten und den Bedienungsverkauf verbannten, greifen sie hier auf die Ressourcen weiblicher Arbeitskraft ihrer Verkäuferinnen zurück.

Durch die Funktionsbereinigung in der Warenzone konzentriert sich die Tätigkeit der Verkäuferinnen auf Regalpflege— und Packarbeiten. Dort, wo wie in Fall D die Frauen nicht in der Warenzone und auf den Kassenarbeitsplätzen zugleich eingesetzt werden, sondern Kassenzone und Warenzone getrennte Personaleinsatzbereiche bilden, werden die beiden Funktionsbereiche verstärkt entkoppelt. Die geringe direkte Betroffenheit der Warenzone durch die Einführung des Warenwirtschaftssystems, wie etwa durch die sichtbare Anwesenheit von Scannerkassen im Kassenbereich, und die geringe Qualifizierung der Frauen in dieser Hinsicht führt dazu, daß ein Teil der Frauen nicht mehr über die Zusammenhänge von Etiketteninformation und Erfassungsmodi an der Kasse oder den Stand der Implementation überhaupt informiert ist: "Ich glaube, daß die Kassen noch nicht entsprechend ausgerüstet sind" (D5F11). Hintergrundinformationen werden ihnen kaum vermittelt.

4.1.5 Die Kassiererinnen: Bedienungsfreundliche Leistungsverschärfung

Die Scanner—Kassen sind der Dreh— und Angelpunkt eines Warenwirtschaftssystems, da hier die artikelgenauen Abverkaufsdaten als Grundlage zur automatischen Disposition gewonnen werden. Obwohl — oder gerade weil — die Scanner—Kassen einige Erleichterungen für die Bedienung der Geräte bieten, verschärfen sich die Tätigkeitsstrukturen der Kassiererinnen. Gleichzeitig fehlt den Kassiererinnen eine der zentralen Bedeutung der Kassenzone adäquate Qualifikation über das technische Gesamtsystem. Fehlende Qualifizierung insbesondere in Form von unzureichender Information und Schulung an den technischen Arbeitsgeräten verursacht Paradoxien, die z.T. von den Frauen durch eigene Strategien aufzufangen versucht werden (MDE—Beispiel). Anhand des Kassiervorgangs an den Scanner—Kassen kann ein ähnliches Problem am Fall C verdeutlicht werden.

Die meisten Frauen in Fall C hatten in früheren Tätigkeiten mit traditionellen Registrierkassen gearbeitet. Für die Arbeit an Scanner—Kassen mußten sie also eingearbeitet werden. Bei ihrer Einstellung erhielten die Frauen eine Liste derjenigen im Markt geführten Artikel, die noch nicht mit EAN—Code sondern mit internen PLU—Nummern versehen sind. Diese Nummern sollten vor dem ersten Arbeitstag auswendig gelernt werden. Die Einarbeitung an der Scanner—Kasse wurde vom Filialleiter durchgeführt, der die Handhabung der Tastatur und Funktion und Umfang des Kassenspeichers erklärte. Im nächsten Schritt wurden die Frauen einer bereits eingearbeiteten Kassiererin zugeordnet und konnten deren Arbeit über mehrere Stunden an der Kasse beobachten. Die Kassiererin war angewiesen, die Neulinge auf Besonderheiten aufmerksam zu machen und Hinweise für die Handhabung der Kasse zu geben. Während der ersten eigenen Kassiertätigkeit wurde den Frauen ebenfalls eine erfahrene Kassiererin zugeordnet, damit sie auch weiterhin die Möglichkeit für Rückfragen hatten. Nach zwei Tagen war diese Einarbeitung beendet, und die Frauen mußten selbständig kassieren. Die Kassen können nur per Eingabe der Personalnummer sowie einer weiteren persönlichen Geheimnummer von den Frauen in Betrieb genommen werden. Anhand dieser Nummern sind alle Kassenbewegungen während der Arbeitszeit einer Kassiererin zurechenbar. So kann bei Kundenreklamationen anhand des Kassenbons festgestellt werden, wer kassiert hat. Die Kassenabrechnung wird von den Kassiererinnen selbständig am Ende der Arbeitszeit durchgeführt. Dazu wird der Kasseninhalt gezählt und die Summe des Geldes nach Sorten, Schecks, Pfandmarken am Bildschirm in den Rechner eingegeben. Allerdings wird von den Frauen lediglich die Tastatur bedient, eine Tätigkeit vergleichbar mit dem Tippen an der Schreibmaschine. Das Programm und die Verarbeitungsbefehle für das System werden vom Marktleiter aufgerufen bzw. eingegeben. Der Kassiervorgang selbst verläuft folgendermaßen:

Die Ware selbst wird vom Kunden auf das Kassenband gestellt und bis vor den Scanner, ein Sichtfenster im Boden des Kassiertisches, transportiert. Die Kassiererin hebt dann die Ware hoch, führt sie mit dem EAN—Code nach unten über das Fenster und läßt sie in die Auffangeinrichtung hinter der Kasse gleiten. Die Ware kann nicht in jeder beliebigen Stellung über den Scanner geführt werden, sondern muß eventuell von der Kassiererin noch auf dem Band in die richtige Position gedreht oder gehoben werden. Wird der EAN—Code beim ersten Drüberziehen der Ware eingelesen, ertönt ein akustisches Signal und der nächste Artikel kann herangeführt werden. Wird der Code nicht beim ersten Mal eingelesen, muß die Ware erneut — eventuell in einer anderen Position — drübergezogen werden. Die Rückgeldgabe erfolgt manuell mit der Übergabe des Kassenbons.

Fehler in der Dateneingabe bzw. —aufnahme an der Kasse scheinen ausgeschlossen, zumal selbst bei manueller Eingabe der PLU—Nummern bzw. des EAN—Codes 'Zahlendreher' vom System nicht aufgenommen werden und der Registriervorgang bis zur korrekten Eingabe wiederholt werden muß. Die Fehlerquellen reduzieren sich im wesentlichen auf das Vergessen der Registrierung von Verpackungstüten oder auf die Wechselgeldrückgabe.

Die konkrete Arbeitssituation an der Kasse fordert jedoch den Frauen ein hohes Maß an Konzentration und Schnelligkeit ab, wobei das Scanning nicht durchweg eine Arbeitserleichterung darstellt, wie auf den ersten Blick angenommen werden könnte.

Das Scanning schafft zwar eine Erleichterung, indem der Registriervorgang der mit EAN–Code versehenen Waren wesentlich flüssiger vollzogen werden kann. Allerdings ist diese Erleichterung nur dann optimal gewährleistet, wenn der EAN–Code unbeschädigt und deutlich aufgedruckt ist. Nimmt der Scanner trotz mehrfachen Drüberziehens die Codierung nicht an, muß sie manuell eingetippt werden. Die erhöhte Sorgfalt und Konzentration, die dann aufgebracht werden muß, verlangsamt den Kassiervorgang. Die Ungeduld der wartenden Kunden überträgt sich dann häufig auf die Kassiererinnen, wenn "der erlösende Piepton nicht gleich kommt" (C4F2). Solche technischen Fehler der Codierung schränken jedoch die Möglichkeiten eines flüssigen Registriervorgangs ein. "Mal geht alles ruckzuck und dann wieder sitzt man da und weiß nicht, wie man weiterkommen soll. Die Scanner–Kasse ist keine Erleichterung" (C4F2, Verkäuferin, Kassiererin).

Zudem bedeutet die größere Schnelligkeit, mit der der Registriervorgang bei sofortiger Scanner–Erfassung abgewickelt werden kann, daß die Frauen erhöhten Konzentrationsanforderungen ausgesetzt sind. Noch ein Beispiel:

Mit den neuen Kassensystemen entfällt das umständliche Führen von Stornolisten per Hand. Andererseits muß aber jetzt notiert werde, wenn der Scanner den EAN–Code falsch oder gar nicht liest. In diesen Fällen muß sogar noch der Filialleiter gerufen werden, da nur dieser die Kassen auf manuelle Preiseingabe umstellt. Zudem notiert die Kassiererin auf einem Formblatt Artikelbezeichnung, Preis, Zahlenreihe des EAN–Codes und die betriebseigene Registriernummer der Dienstleistungsgesellschaft, die vom Regaletikett abgelesen werden muß. Diese Angaben werden vom Filialleiter mit dem Computerausdruck verglichen, kontrolliert und gegebenenfalls korrigiert.

Zwar sind in Fall D keine Scannerkassen installiert, seit der Einführung neuer Kassensysteme, die auf Warengruppenbasis arbeiten, ergab sich aber ein vergleichbares Bild zu C. PLU–Tasten können Falschregistrierungen reduzieren, aber Fehlerquellen bei der Geldannahme bleiben bestehen. Durch die mögliche Zunahme der Schnelligkeit verschärft sich der Leistungsdruck und die Arbeitsintensität. Die Konzentrationserfordernis auf die Dateneingabe ist gestiegen. In

Verbindung mit einer äußerst knapp bemessenen Personaldecke bleibt auch keine Zeit für die Beratung von Kunden, deren Bedarf sich im Rahmen des Selbstbedienungskonzeptes bei fehlendem Verkaufspersonal auf die Kassiererinnen konzentriert.

"Die Kassen werden heute immer mehr auf Schnelligkeit ausgerichtet, ... früher hat man Warengruppen einzeln eingegeben, ... da hat man also Zahlen, die die Warengruppen bedeuten, und dann hat man eine Taste gehabt, wo man drauf drücken mußte, und dann hat man den Preis eingegeben. Heute hat man ja überhaupt keine Zahlen mehr für die Warengruppen, sondern man hat nur noch die einzelnen Tasten. Es geht also viel schneller von der Zeit her, auf jeden Fall schneller. Ja, dann kommt es ja dazu, daß man immer weniger Personal hat. Es wird ja immer mehr eingespart. Und das Personal, das da ist, muß ja dann automatisch immer mehr arbeiten und schaffen, muß also immer schneller werden, um diesen Ansturm überhaupt bewältigen zu können, das kommt ja auch noch dazu" (D, Kassiererin). "Man hat überhaupt keine Zeit mehr, großartig zu beraten an den Kassen. Das schafft man einfach nicht. Und man hat ja auch gar nicht den Überblick. Wir wissen wohl, was für Waren wir im Markt haben, aber da noch eine Beratung zu machen, von wegen: Nehmen Sie hier das oder das, oder das Produkt ist günstiger und hat genauso gute Qualität oder so, kann man gar nicht an der Kasse" (D, Kassiererin).

Durch die Ausdifferenzierung der Kassenzone wird es in Fall D möglich, die Frauen gezielt und ausschließlich an den Kassen einzusetzen. Die Frauen an den Kassen sind auf diese Arbeit hin spezialisiert. Die Trennung von Waren− und Kassenzone ermöglicht in beiden Bereichen einen flexibleren Personaleinsatz. Das führt in der Kassenzone dazu, daß verstärkt weibliche Teilzeitkräfte eingesetzt werden, die von ihrem Qualifikationsstand nur noch geringe warenkundliche Kenntnise besitzen müssen. In der Warenzone können für die Packarbeiten verstärkt Teilzeitkräfte mit einzelhandelsfremder oder gar keiner formalen Qualifikation eingesetzt werden.

Die Erwartungen an eine Fachausbildung im Einzelhandel tendieren somit gegen Null. Im gleichen Zuge treten für die Kassiererinnen Anforderungen an extrafunktionale Qualifikationselemente hervor: an den Kassen, dem einzig verbleibenden Punkt mit Kundenkontakt, kommt es besonders auf Freundlichkeit an. "Da liegt es natürlich im Naturell des Menschen, der eine ist ein bißchen aufgeschlossener und kommt schneller damit zurecht, beim anderen dauert es ein bißchen länger" (ZD2M1, Leiter Organisation). Hier schaffen sich die Discounter wiederum einen Pufferbereich, den sie nicht durch Qualifizierung abdecken, sondern der auf extrafunktionale Qualifikationen der Frauen zurückgreift. Dieses Bild wird bestätigt, schaut man auf den Ausbildungsstand der Frauen in D und nimmt diesen als Tendenzaussage: knapp die Hälfte der teilzeitbeschäftigten Frauen ist angelernt, ein knappes Drittel verfügt über eine branchenfremde Ausbildung, ein Viertel über eine Fachausbildung im Einzelhandel. Von den vollbeschäftigten Frauen besitzen mehr als die Hälfte eine Fachausbildung im Einzelhandel, eine Frau einen Hochschulabschluß, der Rest ist angelernt oder branchenfremd ausgebildet.

Vor dem Hintergrund der Leistungsverschärfung an den Kassen schaffen sich die Frauen bei Komplikationen eigene Problemlösungsstrategien, die sie aus traditioneller Kassiertätigkeit an den Registrierkassen kennen. Vor dem Hintergrund mangelnder Qualifizierung für das Verständnis der Bedeutung von Kassen im Warenwirtschaftssystem finden solche Strategien prinzipiell in beiden Discountern Raum.

Bei der Einarbeitung der Frauen an den Kassen in C ist die erklärte Absicht des Filialleiters, daß die Frauen "auch ein tieferes Verständnis davon kriegen und nicht nur wissen: ich muß die Ware drüberziehen". Die Vermittlung eines tieferen Hintergrundverständnisses schlägt jedoch — wie schon für die Warenzone — fehl.

Eine Kassiererin (Fall D) beurteilt die Einarbeitung an den Kassenarbeitsplätzen in ihrer Filiale so:

"Da werden nur erklärt: die Funktionstasten, die PLU—Taste, dann haben wir eine Warengruppentaste, da geht Textil drüber, da wird also erst eine Nummer eingegeben, dann muß diese Warengruppentaste gedrückt werden, dann wird der Preis eingegeben, eben die Preistaste. Und dann haben wir noch Lebensmittel aufgeteilt in drei Fächer, und dann Hartwaren, Drogerie, Schreibwaren — was haben wir denn noch: Foto, ja das ist es schon. Erklärt wird da eigentlich nur, daß es in die EDV läuft, und das wird dann eben immer gesagt, das wird später für die Inventur ausgewertet. Dafür muß es richtig eingegeben werden, also was da wirklich draus wird, nun das ... (Achselzucken)".

Dieser Fehlschlag führt zu Strategien, wie uns im folgenden Beispiel aus Fall C geschildert wurde:

Ein Kunde kauft drei verschiedene Sorten Puddingpulver zum gleichen Preis. Die EAN—Codierung einer Sorte wird vom Scanner sofort angenommen, von den anderen ist bekannt, daß sie so gut wie nie über den Scanner gehen. Von

der Kassiererin wird nun nicht der Code für die anderen Sorten manuell eingegeben, sondern angesichts des gleichen Preises für alle drei Sorten tippt sie
Anzahl der Artikel ein und zieht lediglich eine Sorte über den Scanner. Die
Kasse registriert dementsprechend nur den Verkauf einer Sorte Puddingpulver
und multipliziert ihn. Damit sind weder die Daten des Ist—Bestandes exakt
vorhanden, noch können auf der Basis der Daten des Abverkaufs die exakten
Dispositionen gerechnet werden. Die Folge ist die Notwendigkeit einer wöchentlichen Inventur.

Auch der Betriebsrat unterschätzt die Veränderungen, die mit der Arbeit an den
Scanner—Kassen einhergehen. Aufgrund eigenen fehlenden Hintergrundwissens
wird die Kasse als ein technisches Gerät angesehen, bei dem die systemischen
Folgen bezüglich der Disposition übersehen werden.

"Im wesentlichen hat es sich ja nur darum gehandelt, die vorhandenen
Kollegen, die bislang im Kassenbereich tätig waren, mit einem etwas geän-
derten manuellen Ablauf bekannt zu machen. Ansonsten ist es für sie keine
Veränderung. Alle anderen Veränderungen sind ja mehr oder weniger innerhalb der Kasse gelegen (Speicherung etc.), die von außen für den Einzelnen
gar nicht von Bedeutung sind" (ZD3M3, Betriebsratsvorsitzender des
Gesamtbetriebsrat).

4.1.6   Teilzeitkraft als Beruf: flexibel, jung und ungelernt?

Der Kern der Personalpolitik der Discounter ist die Flexibilisierung des Personaleinsatzes. Dabei geht die Tendenz eindeutig hin zum verstärkten Einsatz von
Teilzeit— und Pauschalkräften, die je nach dem situativen Bedarf gleichsam
'portioniert' abgerufen werden.

Im Fall D wird von den Abteilungsleiterinnen zumeist ein Wocheneinsatzplan
festgelegt. Für den Einsatzplan gibt es aber bis auf Minimalvorgaben keine
einheitlichen Verfahren. In jeder Filiale und Abteilung wird der Personaleinsatz
abhängig von der Abteilungsleitung mit einem fixen Plan oder ohne erstellt. Bei
der dünnen Personaldecke werden die Frauen in anderen Abteilungen der
Warenzone eingesetzt. Da in der Warenzone der Anteil der Vollzeitkräfte noch
relativ hoch ist, bestehen hier beim Personaleinsatz Flexibilitätsgrenzen: Die
Arbeitszeiten sind ebenso vertraglich geregelt, wie der freie Tag und der Einsatz
in Nachmittags— und Vormittagsschichten. Anders sieht dies in der Kassenzone
aus.

Die Kassenzone wird nach dem Kriterium der Kundenfrequenzen besetzt. Das bedeutet einen Arbeitseinsatz auf Abruf, der als kapazitätsorientierter variabler Arbeitseinsatz bezeichnet werden kann. Hier ergibt sich aus einem Stand von fast 100% Teilzeitkräften, von dem wiederum 75% Aushilfs— oder Pauschalkräfte sind, ein hoher Flexibilitätsspielraum. Für die Frauen bedeutet das natürlich eine extrem hohe Anpassungsleistung an die Flexibilitätsanforderung. In der Praxis des Personaleinsatzes führen diese Flexibilitätsanforderungen dazu, daß der Wocheneinsatzplan nur selten mit dem aktuellen Einsatzstand übereinstimmt: bei den Frauen gehört es zur täglichen Ordnung, daß die Arbeitszeiten untereinander abgestimmt und getauscht werden. Unregelmäßige und kurzfristige Einsatzzeiten als Flexibilitätsanforderungen des Betriebes werden so komplementiert durch die informellen Absprachen zum Tausch der Einsatzzeiten der Frauen. Die informellen Absprachen stören die Personaleinsatzpolitik des Betriebes nicht, eher wird dadurch ein höheres Flexibilitätspotential gewonnen. Solche Flexibilisierungen, die auch innerhalb von Abteilungen in der Warenzone entstehen, können erneut als Pufferbereiche der Discounter bezeichnet werden, in denen sie sich zusätzliche (Flexibilitäts—) Ressourcen schaffen.

Die Flexibilitätsanforderungen der Discounter reichen darüberhinaus bis in die Familien der Frauen hinein, wo von den Familienmitgliedern Rücksichten auf die variierenden Arbeitszeiten gefordert werden. Am Beispiel von Frau 'X' wird die Situation anschaulich:

Frau X ist verheiratet und hat ein dreijähriges Kind. Frau X war froh, nach dem Mutterschaftsurlaub von einem halben Jahr wieder einer Erwerbstätigkeit nachgehen zu können. Für sie bedeutet berufstätig zu sein, viel Freiheit zu haben und unter Leute zu kommen. Obwohl sie genug Arbeit im Haushalt hat, sei ihr während des Mutterschaftsurlaubs zu Hause die Decke auf den Kopf gefallen, sie vermißte hauptsächlich die Kommunikation mit Kolleginnen. Eine Teilzeitbeschäftigung als Verkäuferin anzunehmen wurde ihr dadurch möglich, daß ihre Schwiegermutter, die mit im Hause der jungen Familie lebt, die Versorgung des Kleinkindes übernommen hat. Die Schwiegermutter ist noch sehr rüstig, hat viele Interessen und unternimmt selbst noch viel. Daher war es notwendig, die Arbeitszeiten mit den Unternehmungen der Schwiegermutter abzustimmen, um die Betreuung des Kindes sicherzustellen. Frau X: "Ich sehe dann zu, daß ich an dem Tag nachmittags freikriege. Meist klappte das auch. Sonst richtete sie [die Schwiegermutter] sich danach und ging erst in ihren Altenclub, wenn mein Mann nach Hause gekommen war".

Das familiäre Flexibilitätspotential hat aber seine Grenzen dort, wo z.B. kein helfendes Familienmitglied bereit steht, der Ehemann keine Flexibilitäten mittragen will oder kann oder der Wunsch nach weiteren Kindern besteht.

Frau X sieht, daß sie bei einem zweiten Kind ihre Erwerbstätigkeit aufgeben müßte. Die Versorgung von zwei Kindern könne sie ihrer Schwiegermutter nicht zumuten. Ohne die Hilfe der Schwiegermutter hätte sie bereits bei der Geburt des ersten Kindes zu Hause bleiben müssen.

Die Flexibilisierung des Personaleinsatzes wird begleitet von zwei weiteren Strategien, der Verjüngung des Personalstamms und dem Einsatz von zunehmend geringer qualifizierten und ungelernten Arbeitskräften. In erster Linie zielen alle drei Strategien auf die Minimierung des Personalkostenanteils ab.

Um den Personalstamm 'abzuhobeln', wird in beiden Discountern auch im Zuge des Warenwirtschaftssystems kaum mit dem Instrument der Entlassung gearbeitet, sondern eher auf die natürliche Fluktuation gesetzt: frei werdende Stellen werden nicht wiederbesetzt. Die natürliche Fluktuation wird ergänzt durch eine stark eingeschränkte Neueinstellungspolitik. Erst dann, wenn aufgrund höherer Kundenfrequenzen in der Filiale größere Wartezeiten für die Kunden entstehen, und/oder Packarbeiten und Regalpflege zurückgestellt werden müssen, da die Kassenzone besetzt werden muß, werden Überlegungen zur Neueinstellung von Personal angestellt. Die Kassenzone rückt somit auch in der Personalpolitik in das Zentrum, sie wird zum zentralen Entscheidungskriterium für den Personaleinsatz.

Die hohe Arbeitsintensität aufgrund der knappen Personaldecke bedeutet für die älteren Verkäuferinnen insbesondere in der Kassenzone zunehmende Probleme in der Arbeitsbewältigung. "Jetzt ist hier alles auf junge Leute eingestellt, da ist keine ältere Verkäuferin dabei, weil die den Druck nicht aushalten" (ZC3M3, Betriebsratsvorsitzender). Sie werden zusehends den Aufgaben nicht mehr gerecht. An den Kassen wird jungen Frauen eine schnellere Auffassungsgabe zugeschrieben, während ältere Mitarbeiterinnen eine längere Einarbeitungszeit benötigten. Während für solche Verkäuferinnen in einer funktionsintegrierten Filialorganisation Abschiebe— bzw. Ausweichpositionen u.a. in der Verwaltung oder Warenabrechnung zur Verfügung standen, stehen die Discounter jetzt vor dem Problem: wohin mit den älteren Verkäuferinnen?

Bei den Führungskräften eröffnet sich durch die Verjüngungskur der Discounter in der Personalpolitik ein ganz anderer Problembereich. Junges Personal gilt als flexibler, anpassungsfähiger, strebsamer, interessierter für neue Dinge. Problematisch wird der Einsatz von jungen Führungskräften, da ihm oft die berufliche Erfahrung fehlt, und Führungsprobleme dort entstehen, wo junge Führungskräfte älteren Verkäuferinnen gegenübergestellt werden. Die Führungskräfte in der Filiale C beispielsweise sind zwischen 20 und 30 Jahre alt. Ein Aufstieg innerhalb weniger Jahre von der Lehre als Einzelhandelskaufmann zum Marktleiter und weiter ist keine Seltenheit. Als Führungskraft ist dieses Personal dann schnell überfordert: "Zum Teil übernehmen junge Leute viel zu früh Marktleiterpositionen und fallen dann auf die Nase, weil sie bspw. Aufgaben wie Menschenführung nicht gewachsen sind" (ZC3M3, Betriebsratsvorsitzender). Diese Personalpolitik führt zum Verlust eines qualifizierten Führungskräftepotentials.

Auch die Tendenz zu ungelernten Arbeitskräften läßt sich in beiden Discountern finden. Das Selbstbedienungskonzept, das den Einsatz von qualifizierten Verkäuferinnen in geringerem Maße erforderte, wird vom Einsatz des Warenwirtschaftssystems unterstützt. Im Fall C, wo die Frauen sowohl im Warenbereich, als auch an den Kassen eingesetzt werden, zeichnet sich ab, daß die Frauen "allround Kräfte sein müssen, die überall einsatzfähig sein müssen, in jeder Abteilung auspacken ... können, kassieren und abrechnen können" (C1M1, Marktleiter). Auch die Trennung von Waren− und Kassenzone im Fall D erlaubt es, verstärkt branchenfremde Frauen einzusetzen. Sowohl für die Regalpflege, als auch für die Kassentätigkeit wird eine einzelhandelsspezifische Ausbildung zunehmend überflüssig: die Fachverkäuferin hat ausverkauft.

Insgesamt werden die dargestellten Tätigkeitsstrukturen in den drei Funktionsbereichen Führungskräfte, 'Verkauf' und Kassenarbeitsplätze durch den Einsatz des Warenwirtschaftssystems in ihrer Breite reduziert: die Führungskräfte verlieren Elemente ihrer Führungsaufgaben, die Verkäuferinnen verkaufen nicht mehr und die Kassiererinnen erledigen den Waren−check−out. Die Arbeitsinhalte konzentrieren sich auf Kontroll− und Routinetätigkeiten. Gleichzeitig wird von den Frauen ein situationsflexibler Arbeitseinsatz erwartet, der ähnlich dem Tausch von Einsatzzeiten zu intensivierten Kooperationsmustern auf der operativen Ebene führt. Die Automatisierung ermöglicht vielfach Erleichterungen im Arbeitsprozeß: die mobile Daten−Erfassung erleichterte in Fall C die Disposition per Hand, mit Scannerkassen wird der Registriervorgang flüssiger und es müssen nicht mehr alle Preisgruppen auswendig gelernt werden. Gleichzeitig ermöglichen solche Erleichterungen eine Leistungsverschärfung und Funktionsbereinigung des Arbeitskräfteeinsatzes, was an den Kassen deutlich wird. Typischerweise wird die Leistungsverschärfung im Zuge der Automatisierung begleitet von Qualifizierungsdefiziten, die zu paradoxen Effekten führen, wie sie in den Beispielen der mobilen Daten−Erfassung und der Pudding−Registrierung veranschaulicht wurden. Das Qualifizierungskonzept 'learning by doing' verschiebt die betriebliche Investition in eine Qualifizierung der Frauen auf deren Selbstqualifikation. Die Frauen sind auf ihr Interesse und Engagement angewiesen, sich selbst weiterzubilden: Sei es bezüglich der Kassenfunktionen, der PLU—Nummern, die sie lernen, sei es für die Führungskräfte das Aneignen der Software zu Hause. Solange diese Art von Ressource als Pufferbereich erhalten bleibt, können die Discounter ihr ausgedünntes Betriebs— und Vertriebskonzept ausbauen. Wenn solche Pufferbereiche aber ihre Funktion nicht aufrecht erhalten, müssen die Discounter eigene Qualifizierungsleistungen aufnehmen. So ist mittlerweile im Fall C aufgrund solcher Effekte, wie sie im Beispiel der Pudding—Registrierung geschildert wurden, dazu übergegangen worden, die Frauen intensiver für die Kassen zu schulen und sie umfassender zu qualifizieren.

4.2 Warenhäuser: Neue Sparten — technisch integriert?

Die Entwicklung der Warenhäuser zu Warenhauskonzernen und führenden Großbetrieben auf dem Handelssektor der Bundesrepublik ist an anderer Stelle ausführlich dargestellt worden (Schwerin von Krosigk, 1963; Scheibe—Lange 1976). Wir wollen daher hier primär auf den *Vertriebstyp* Warenhaus eingehen und die Veränderungen von Strukturmerkmalen der Betriebs— und Organisationsform unter den Bedingungen von Rationalisierungprozessen, wie sie möglicherweise durch die Einführung von Neuer Technologie hervorgerufen werden, analysieren.

Der "klassische" Vertriebstyp Warenhaus präsentiert in seinen Warenbereichen einen textilen Kern, der durch längerlebige Gebrauchsgüter und Waren des täglichen Bedarfs wie Nahrungs— und Genußmittel ergänzt wird. Das Organisationsprinzip des "Alles unter einem Dach" enthält eine systematische Differenzierung nach Abteilungen, in denen Waren nach Warengruppen zusammengefaßt sind. Die Kombination der verschiedenen Warengruppen umfaßt sowohl ertragsschwache wie umsatzstarke Sortimente, höherwertige Ware wie Niedrigpreisangebote. Dem Vertriebskonzept liegt zugrunde, den Kunden mit der Ware nicht nur den puren Grundnutzen, sondern auch möglichst viel Zusatznutzen in Form von Bedienung, Beratung und Service zu kostendeckenden Preisen zu verkaufen. Damit steht der Vertriebstyp Warenhaus primär in Konkurrenz zum Facheinzelhandel; seit den 60er Jahren werden auch zunehmend Reaktionen auf die neuen Betriebsformen der Discounter erforderlich.

Den Rationalisierungsbewegungen im Handel in den letzten 20 Jahren sind die Warenhäuser in allen Richtungen gefolgt:

— Einführung der Verkaufsform Selbstbedienung,
— Konzentration von Einzelbetrieben zu Konzernen und Zentralisierung von

Funktionsbereichen,
- Einführung von Personaleinsatzplanung,
- Einsatz von EDV—Technologien.

Konzentration und Zentralisierung bildeten die Hauptaktivitätspotentiale der Warenhäuser bei diesen Rationalisierungsbewegungen. Die übrigen Rationalisierungsprozesse wurden dagegen von den Konzernen nur in begrenztem Umfang realisiert, da der Vertriebstyp Warenhaus mit seiner speziellen Betriebsform einer intensiven Nutzung dieser Rationalisierungspotentiale entgegenstand. Das Hauptproblem der Warenhäuser bestand darin, ohne "Identitätsverlust" bei Form und Umfang des Sortiments und der Verkaufsserviceleistungen eine angemessene Kombination von Vertriebstyp, Betriebsform und Rationalisierung zu realisieren.

4.2.1   Rationalisierungsdilemmata im Ver— und Betriebstyp Warenhaus

Der im folgenden angedeutete Verlauf der Rationalisierungsprozesse im Warenhausbereich macht dieses Dilemma deutlich:

1.   Die Einführung von Selbstbedienung in Warenhäusern, eine Rationalisierungsbewegung die Ende der 50er Jahre einsetzte, stieß vor allem an die Grenzen stofflicher Besonderheiten in bestimmten Warenbereichen. Bei höherwertigen Verbrauchs— und längerlebigen Gebrauchsgütern schien bspw. eine fachliche Beratung und Bedienung im Verkauf weiterhin erforderlich zu sein. Selbst als durch neue Betriebsformen wie SB—Warenhäuser/Discounter demonstriert wurde, daß die Beschaffenheit einer Ware ihre Vertriebsform nicht grundsätzlich bestimmt, sondern organisatorische Entscheidungen die Vertriebsform festlegen, wurde in den Warenhäusern das Vertriebskonzept von Bedienung und Beratung nicht vollständig durch Selbstbedienung abgelöst. Die Verkaufsform in den Warenhäusern stellt sich heute auf einem Kontinuum von Selbstbedienung, Vorauswahl und Beratung/Bedienung dar. Eine ausschließliche Selbstbedienung wurde allein in den Lebensmittelabteilungen der Warenhäuser durchgesetzt. Entscheidend für die Organisierung des Verkaufs war dabei neben dem Funktionsabbau eine Funktionsbereinigung der verschiedenen operativen Tätigkeiten. Dazu zählte in erster Linie die Verselbständigung der Funktionen von Kassieren und Auffüllen/Sortieren der Ware und die organisatorische Trennung des Kassen— und Verkaufsbereichs. Für die übrigen Warengruppenbereiche wurde weitgehend die Verkaufsform "Vorauswahl" realisiert, die organisatorisch durch die Form der Warenpräsentation möglich wurde. Die Funktionen von Bedienung/Beratung und Kassieren sind dabei in der Regel nicht getrennt. Die Vor-

auswahl führt jedoch zu einem Teilabbau der Beratungs – und Bedienungsintensität. Die Kaufentscheidung der Kunden ist in dieser Form prinzipiell auch ohne Interaktion zwischen Verkäufer und Käufer, also in Selbstbedienung, möglich.

2. Obwohl Konzentration und Zentralisierung der Funktionsbereiche die Hauptrichtung der Rationalisierungsbewegung der Warenhäuser in den 60er Jahren darstellt, wurden diese Bemühungen durch das Filialsystem der Warenhäuser eingeengt. Einer strikten Zentralisierung des Einkaufs, durch die das Einkaufsvolumen sämtlicher Filialen auf dem Beschaffungsmarkt gebündelt werden konnte, stand das Prinzip einer standortspezifischen Sortiments – und Absatzpolitik der Filialen entgegen. Den Zentralen lagen nur in begrenztem Umfang differenzierte und aktuelle Informationen über die Absatzchancen der Filialen vor. So lange diese Informationslücke nicht geschlossen werden konnte, blieb die Autonomie der Filialen für große Teile des Einkaufs erhalten, da die Flexibilität und Reagibilität der einzelnen Teilbetriebe auf Änderungen der regionalen Nachfrage weitgehend eine positive Umsatzentwicklung bestimmte.

Die Zentralisierung der Lagerhaltung/Logistik stieß im Filialsystem der Warenhauskonzerne auf ähnliche Probleme. Nicht Lagerung der Ware, sondern physische Distribution nach zeitlichem und mengenmäßigen Bedarf der Filialen und eine Steigerung der Lagerumschlaggeschwindigkeit sollte durch die Zentralisierung erreicht werden. Ein erster Schritt auf dem Weg zur Zentralisierung der Lagerfunktion stellte die Hierarchisierung der Filialen nach Kopf – und Anhängefilialen dar. Allein der Kopffiliale wurde ein umfangreiches Lager überlassen, während die Anhängefilialen nach Bedarf darüber beliefert wurden.

Diese Differenzierung nach Kopf – und Anhängefilialen wurde auch auf den Bereich der Verwaltungsfunktionen ausgeweitet. Bürokommunikation und insbesondere Finanz – und Lohnbuchhaltung waren dabei die ersten Funktionen, die EDV – gestützt abgewickelt wurden.

3. Ende der 60er Jahre setzten sich in allen größeren Betriebsformen des Einzelhandels Verfahren der Personaleinsatzplanung durch. Das erklärte Ziel dieser Verfahren besteht in der exakten zeitlichen und mengenmäßigen Anpassung der Arbeitskräfte an zu erwartende Umsätze der Betriebe. Neben dem für alle Betriebsformen des Handels geltenden Problems der Arbeitsmengenschwankung infolge unterschiedlichen Kundenaufkommens, erwies sich vor allem die Vielgestaltigkeit der Verkaufsformen in den Warenhäusern als Problem, ein effektives Niveau der Personalbemessung zu bestimmen. Grundlage der zeitlichen Steuerung der Arbeitskräfte bildet eine detaillierte Umsatzerfassung vorangegangener Perioden und die darauf bezogenen Prognosen künftiger Umsatzentwicklungen. Die mengenmäßige Ausrichtung der Arbeitskräfte stützt sich vornehmlich auf Leistungskennziffern, die sich entweder nach dem "Soll – Um-

satz pro Arbeitskraft", der "Stundenleistung" oder dem "Personalkostenanteil am Umsatz" bemessen. Problematisch sind bei der Bestimmung der Personalbemessungswerte vor allem diese Leistungskennziffern, die auf der Grundlage von Arbeitsstudien und Leistungsmessungen nur unvollkommen berechnet werden können (vgl. Engfer, 1984).

Gleichwohl konnte mit dem Einsatz von Personaleinsatzverfahren auch in den Warenhäusern ein differenziertes Arbeitszeitsystem implementiert werden, vor allem aber der Anteil von Vollzeitarbeitskräften zugunsten von Teilzeitarbeitskräften in erheblichem Umfang verringert werden. Eine mit Teilzeitarbeit verbundene Flexibilisierung der Arbeitszeiten, die den zeitlichen Einsatz der Arbeitskräfte exakt den Kundenfrequenzen und damit den erwarteten Umsätzen anpaßt, stieß in den Großbetrieben der Warenhauskonzerne auf den Widerstand betrieblicher und gewerkschaftlicher Interessenvertretung der Arbeitnehmer. Die Institution der Arbeitsverträge mit fest vereinbarter Dauer und Lage der Arbeitszeit ebenso wie der in bestimmten Warenbereichen vorherrschende Bedienungsverkauf setzte den Flexibilisierungsbestrebungen der Warenhäuser engere Grenzen als in anderen Be— und Vertriebsformen des Einzelhandels.

4. Erst der massive Umsatzrückgang der Warenhäuser ab Mitte der 70er Jahre, der auf die verschärfte Konkurrenzsituation gegenüber den Discountern auf der einen und dem Fachhandel auf der anderen Seite zurückzuführen war, gab in den Warenhauskonzernen den entscheidenden Anstoß zum Aufbau warenbezogener technischer Informationssysteme. Es galt, zur Optimierung der Sortimentspolitik die Informationslücke zwischen zentraler Beschaffung und dezentralem Absatz der Waren zu schließen und die betrieblichen Ablaufprozesse, insbesondere in der Lagerhaltung und Logistik zu effektivieren. Die Hauptschwierigkeiten lagen dabei zunächst in der Menge der zu generierenden artikelgenauen Daten. Es mußten u.U. Auszeichnungssysteme für mehr als 80.000 Einzelartikel, die eine mittelgroße Filiale eines Warenhauskonzerns führt, entwickelt werden. Hinzu kam, daß die von den Herstellern technischer Systeme angebotene Standardsoftware den Anforderungen der Warenwirtschaft in der Regel nicht entsprach und die Entwicklung von Programmen durch eigens dafür aufgebaute EDV—Abteilungen der Warenhauskonzerne übernommen werden mußte. Ein eher internes Problem bestand darin, daß sich die Planungsvorgaben für die Implementation ausgereifter EDV—gestützter Warenwirtschaftssysteme für einen Teil der Konzerne als zu kurzzeitig erwiesen. Die Folge bestand nicht selten im Abbruch eingeschlagener Entwicklungspfade und im Austausch bereits installierter Hardware—Konfigurationen, was wiederum in einigen Fällen zu erheblichen finanziellen Verlusten führte.

5. Generell hat sich in den Warenhauskonzernen in den letzten Jahren ein Wandel der Organisationsstruktur vollzogen, der sowohl auf die Zentralisierung von Funktionsbereichen zurückzuführen ist, wie durch den Einsatz von IuK − Systemen unterstützt wurde. Durchgesetzt hat sich in allen Unternehmen ein Spartenaufbau und eine betriebswirtschaftliche Führung der Filialen als eigenständige Profit − Center. Die übliche betriebswirtschaftliche Mischkalkulation, bei der ertragsschwache Warenbereiche durch erfolgreiche subventioniert werden, wurde weitgehend aufgegeben. Ähnlich wie in anderen Betriebsformen, z.B. bei den Discountern, die bereits wesentlich früher mit Hilfe von Deckungsbeitragsanalyse Konsequenzen für den Ausbau oder Abbau bestimmter Warenbereiche oder Sortimente zogen, wird auch in den Warenhäusern zunehmend der wirtschaftliche Erfolg weniger nach Umsätzen, als nach Deckungsbeiträgen und Renditen bemessen. Zwei Ansatzpunkte zur Ertragsoptimierung stehen dabei im Vordergrund:

1. Der Abbau der Fixkosten mit Hilfe von Gemeinkostenwertanalysen und
2. eine Handelsspannenoptimierung, die zum einen für das Grundnutzensortiment auf eine Minimierung des Einstandspreises mittels zentraler Beschaffung und Standardisierung setzt und zum anderen beim Zusatzsortiment, das vorwiegend standort − und kundenspezifisch ausgerichtet ist, auf eine Maximierung des Verkaufspreises zielt.

Unter dem Druck der Marktbehauptung und unterstützt durch die Informatisierung veränderten sich auch die Strategien der Sortiments − und Absatzpolitik. An strategischen Variationen stehen den Warenhäusern die folgenden Optionen offen:

− eine *Fokussierung* auf bestimmte Sortimente oder Kundensegmente bei Verringerung von Sortimenten und Verkaufsfläche;
− eine *Intensivierung*, die zur Sortimentsbereinigung mit Erweiterung der Sortimentstiefe bei gleicher gleichbleibender Verkaufsfläche führt,
− eine *Spezialisierung*, die durch die fachgeschäftsadäquate Sortimentstiefe und Vergrößerung der Verkaufsfläche erreicht wird.

Strategien, die bei gleichbleibender Sortimentsbreite auf eine Rationalisierung im Personal −, Lager − oder Verkaufsflächenbereich setzt, scheinen zugunsten der genannten stärker in den Hintergrund zu treten.

4.2.2 Organisationsstruktur und interne Differenzierung

Bevor wir auf den warenwirtschaftsorientierten Einsatz der neuen IuK — Technologien in den beiden von uns untersuchten Warenhäusern eingehen, möchten wir zunächst die jeweilige Organisationsstruktur der Warenhauskonzerne und insbesondere die interne Gewichtung von zentralen Funktionen und dezentralen Kompetenzen darstellen.

Beide Warenhauskonzerne zählen zu den umsatzstärksten Einzelhandelsunternehmen der Bundesrepublik. 1987 zählten zum Unternehmen A 58 Verkaufsniederlassungen (Warenhäuser) mit einer Gesamtbeschäftigtenzahl von 16.870 und einem Gesamtumsatz von 3,280 Mrd. DM (1979 belief sich der Umsatz auf ca. 3,730 Mrd. DM bei einer Beschäftigtenzahl von 34.021).

Das Unternehmen B ist Teil einer Unternehmensgruppe, die in einer Holding Dienstleistungs—, Industrie—, Versand— und stationären Handel vereinigt. 1987 umfaßte der stationäre Handel 188 Verkaufsniederlassungen, davon 30 als Warenhäuser und 158 als Verkaufsstellen. Im Gegensatz zum Unternehmen A zählt B nach der amtlichen Wirtschaftsgliederung im Einzelhandel als Versandhandelsunternehmen. Für die Verkaufsniederlassungen war daher bis 1985 charakteristisch, daß sie ausschließlich das Sortiment des Versandhandels (Katalogware) führten. Erst eine Umstrukturierung der Unternehmensgruppe führte 1986 zur vollständigen Abkoppelung des stationären Handels vom Versand. Im Zuge dieser Umstrukturierung wurde für den stationären Handel des Unternehmens B eine Spartenorganisation, wie sie im Unternehmen A bereits seit Beginn der 80er Jahre besteht, realisiert. Mit dem Spartenaufbau für die verschiedenen Warengruppenbereiche ist die Zentralisierung bestimmter Funktionen verbunden. Beschaffung, Sortiments— und Preispolitik sowie Beeinflussungspolitiken für den Verkauf werden in direkter Linie von den zentralen Spartenleitungen zu den einzelnen Verkaufsniederlassungen verantwortet. Im Fall A sind ebenfalls Beschaffungs— und Absatzfunktionen in der jeweiligen Sparte integriert; allerdings besteht für die Filialen ein höherer Grad an Autonomie im Bereich der Disposition der Sortimente und bei der Preispolitik als im Fall B.

Eine Klammerfunktion bzw. Mittlerrolle zwischen zentraler Spartenleitung und filialisiertem Verkauf wird von Regionalleitern wahrgenommen, die zur einen Seite die zentral vorbereiteten Leistungen durchsetzen und kontrollieren und zur anderen Seite die dezentralen, regionalspezifischen Probleme und Wünsche artikulieren. In begrenztem Umfang ist darüber ein Einfluß der Filialen auf zentralseitige Entscheidungen möglich, gleichzeitig aber auch eine Kontrolle vor Ort abgesichert.

Eine zweite einschneidende Veränderung im Rahmen der Umstrukturierung des Unternehmens B liegt in der Abkehr vom Vollsortiment des klassischen Warenhauses. Der Fokus liegt jetzt auf den Sortimenten, die bisher die "Stärken des Unternehmens" darstellten.

Während vor der Trennung von Versand und stationärem Handel das Sortiment der Verkaufsniederlassungen exakt dem Katalogangebot entsprach, führen sie jetzt gerade noch 20% der Katalogware. Dabei handelt es sich vorwiegend um die Artikel, die bisher über den Versandhandel besonders erfolgreich abgesetzt wurden. Die neue Sortimentspolitik des stationären Handels zielt konsequent auf ein "trading up", das neben höherwertigen Waren in höheren Preislagen auch das Warensegment sogenannter Markenartikel umfaßt.

Durch eine fachgeschäftsadäquate Sortimentstiefe und −breite in den ausgewählten Warenbereichen sucht das Unternehmen B die Konkurrenz um bestimmte Kundensegmente mit dem Fachhandel. Im Vordergrund dieser Sortimentspolitik steht der Ablösungswunsch des stationären Handels vom Image des Billiganbieters des Versandhauses.

Die Neuschneidung der Sortimentsstruktur beinhaltet den Ausbau bisher starker Sortimente (aus dem Versand), vorzugsweise in den Bereichen Technik/Elektronik und Textil/Mode. Im Hinblick auf Aktualität, Qualität und Preis der Waren wird eine fachhandelsähnliche Sortimentspolitik verfolgt. Bis hin zum Laden−Layout, das für sämtliche Filialen zentral vorgegeben ist, wird der Fachgeschäftscharakter betont.

Diese Neustrukturierung des stationären Handels in Form von Spartenorganisationsaufbau und Fokussierung bzw. Spezialisierung der Sortimente verschafft dem Unternehmen ein höheres Potential an Flexibilität und Reagibilität auf Schwankungen am Absatzmarkt. Aufgrund der separaten und ökonomisch eigenständig operierenden Organisation der Sparten können bspw. bei Marktveränderungen bestimmte Sparten aufgelöst oder ausgebaut werden, ohne daß dadurch die Kapazität der anderen oder die Struktur des Gesamtunternehmens gefährdet würde. Gleichzeitig bietet dieses "Bausteinkonzept" der eigenständigen Sparten die Möglichkeit, regionalbezogen bestimmte Sparten in einer Filiale zu kombinieren bzw. Filialen mit nur einer Sparte zu errichten, die zwar über die volle Breite und Tiefe des Sortiments verfügen, jedoch nicht den Raumbedarf eines Warenhauses haben.

Das Unternehmen A deckt dagegen das volle Warenangebot eines Warenhauses ab. In diesem Fall wird die Sortimentsstruktur in den Filialen durch ihre jeweilige Größe bestimmt. Das Grundsortiment mit geringer Breite und Tiefe (Pflichtartikel) wird von allen Filialen geführt; für mittlere und größere Häuser wird es durch zwei weitere Elemente ergänzt, deren innere Differenzierung wiederum von der Abteilungsgröße der verschiedenen Warenbereiche abhängig ist.

Bereits seit Anfang der 80er Jahre ist das Niveau der Sortimente am "trading—up" Konzept ausgerichtet, um mit einem höherwertigen Warenangebot ein eher traditionell dem Fachhandel zugewandtes Kundensegment zu erreichen.

Sortimentspolitik und Beschaffung werden von der zentralen Spartenleitung festgelegt. Die Filialen sind jedoch in begrenztem Umfang an der Sortimentsentscheidung beteiligt. Auf Hauptmusterungen stellt eine Kommission aus Abteilungsleitern verschiedener Filialen zusammen mit dem Spartenleiter das Sortiment zusammen, das im folgenden sämtlichen Filialen vorgegeben wird. Diese Vorgabe umfaßt etwa 70% des Sortiments einer Filiale; ca. 30% können von den Abteilungsleitern im Rahmen ihres Limits über externe Lieferanten und Hersteller zugekauft werden. Absatzchancen auf den standortspezifischen Regionalmärkten können daher von den Abteilungsleitern sowohl über ihren Einfluß auf Entscheidungen zur zentralen Sortimentszusammenstellung wie über eine eigenständige Disposition wahrgenommen werden.

Gleichzeitig wird jedoch versucht, einer zu großen standortbezogenen Differenzierung der Filialen untereinander entgegenzuwirken, indem über Sonderverkäufe und konzernweite Aktionen zentrale Sortiments— und Absatzsteuerungsstrategien eingesetzt werden.

Seit Mitte 1988 werden im Konzern neue Führungs— und Organisationsstrukturen aufgebaut. Eine strategische Neuausrichtung des Warenhaus—Filialnetzes sieht den Aufbau einer neuen Vertriebslinie für 13 von insgesamt 52 Filialen vor. Mit dieser zweiten Vertriebslinie ist eine Abkehr vom "Alles unter einem Dach"—Angebot verbunden. Stattdessen wurde eine Konzeption für "Nahversorgungs—Warenhäuser" entwickelt, wobei in diesen Häusern ausschließlich ein ortsspezifisches, auf die Wettbewerbssituation am Standort bezogenes Sortiment geführt werden soll.

Für das Vertriebskonzept der übrigen 39 Filialen soll demgegenüber ein anspruchsvolles, fachgeschäftsähnliches Sortiment mit zusätzlichen Dienstleistungsangeboten bestimmend sein. Abweichend von der bisherigen Spartenorganisation ist bei einer zukünftigen funktionalen Gliederung der *Zentraleinkauf* für die Sortimentsbestellung und —beschaffung allein zuständig. Der Entwicklung und Nutzung von Einkaufskooperationen wird stärkeres Gewicht zugewiesen und durch die Schaffung einer zentralen Betreuungsstelle für die Kooperationspartner im Einkauf unterstrichen.

Für den *Verkauf* wurde ebenfalls eine zentrale Betreuungsstelle eingerichtet; zentrale Bereichsleitungen sind zuständig für die Entwicklung von neuen Vertriebs— und Sortimentskonzepten, die in direkter Zusammenarbeit mit den

Geschäftsführungen der Filialen umgesetzt werden sollen.

Die Filialen werden künftig als eigenständige Profit—Center geführt. D.h. den Geschäftsführungen der Filialen verbleibt, das operative Geschäft standortbezogen zu führen und die Ergebnisse der Häuser — nach Umsatz, Bruttogewinn und Kosten — vor Ort zu verantworten.

Für die Filialen des Unternehmens B sind ähnliche Möglichkeiten der standortspezifischen Sortimentszusammenstellung nicht gegeben. Ein Zukauf über externe Lieferanten oder Hersteller ist ausgeschlossen. Den Geschäftsleitern der in einzelnen Verkaufsniederlassungen vertretenen Sparten wird im Rahmen ihres Limits lediglich ein Zukauf zum zentral vorgegebenen Warenvolumen beim unternehmenseigenen Zentrallager zugestanden. Im Gegensatz zu Fall A ist im Unternehmen B der Einfluß der Filialen auf die Sortimentsentscheidungen so gut wie ausgeschlossen. Mit der Zentralisierung der Sortimentspolitik und Beschaffung sind sowohl Entscheidungen über Sortimentsbildung, Sortimentsgröße und Absatz für das Gesamtunternehmen wie für jede einzelne Verkaufsniederlassung verbunden.

4.2.3 Technikeinsatz: Informatisierung der Warenwirtschaft

In beiden untersuchten Unternehmen fielen die Entscheidungen zum Aufbau eines EDV—gestützten Warenwirtschaftssystems bereits Anfang der 70er Jahre. Die erklärten Ziele zur Nutzung der Informations— und Kommunikationstechnik können als ausgeprägt betriebsspezifische bezeichnet werden. Während für das Unternehmen A die Generierung von Daten für Beschaffungsentscheidungen im Vordergrund stand, verfolgte das Unternehmen B, das in der Zeit über seine Verkaufsniederlassungen allein die Sortimente aus dem Versand vertrieb, bereits die Möglichkeiten einer Steuerung der Warenbewegungen über eine automatische Disposition. Vorrangiges Ziel war hier die Senkung der Bestände bei gleichzeitiger Erhöhung der Präsenz der Ware in den Verkaufsniederlassungen.

Dieses weitergesteckte Ziel im Fall B hatte eine Voraussetzung in den bereits vorliegenden detaillierten Artikelinformationen pro Einzelstelle aus den Grunddaten des Versandhandels, der bis Mitte der 80er Jahre die Hauptvertriebslinie des Unternehmens darstellte. Für die geplante automatische Disposition konnte auf Nachfragekurven und Hochrechnungen aus Katalogbestellungen zurückgegriffen werden und für Modellrechnungen von Saisonverläufen genutzt werden. Ab 1975 wurde über einen Zeitraum von mehr als 10 Jahren sämtliche Warenbewegdaten aus den Verkaufsniederlassungen einschließlich der Orderbestandsführung artikelgenau erfaßt und beobachtet. Zeitweise waren bis zu 300 Mitarbeiter des Unternehmens mit technischen und software—ergonomischen Entwicklungen befaßt. Mitte 1986 wurde per "Knopfdruck" das automatische Dispositionssystem in Betrieb genommen.

Die Entwicklungs— und Implementationsprozesse im Fall A zeigen dagegen exemplarisch die Probleme und Risiken einer Informatisierung der Warenwirtschaft für den Betriebstyp Warenhaus, der bei großer Sortimentsvielfalt sämtliche Warendaten aufbereiten, standardisieren und erfassen muß: Hohe Investitionskosten standen einer störanfälligen Technik, Datenerfassungs— und Verarbeitungsproblemen und Beharrungstendenzen in der Organisationsstruktur gegenüber. Zunächst wurden in 2 von 58 Filialen des Unternehmens Datenkassen installiert, über die auf der Basis einer intern entwickelten Codierung die Ausgangserfassung für sämtliche Artikel erfolgte. Nach Angaben der Unternehmensleitung wurde dieser Versuch nach relativ kurzer Zeit eingestellt, da der finanzielle und personelle Aufwand gegenüber dem realen Informationsgewinn zu hoch ausfiel.

Erst die Reorganisierung des Unternehmens, die 1981 mit dem Aufbau einer Spartenorganisation durchgeführt wurde, führte zu einem neuen Einstieg in die Informatisierung. Ausschlaggebend war dafür die stärkere Zentralisierung des Einkaufs und infolgedessen die stärkere Notwendigkeit der Informationsgewinnung für zentrale Beschaffungsentscheidungen.

Im Gegensatz zum ersten Anlauf, bei dem in 2 Filialen sämtliche Warenbereiche zugleich EDV—mäßig erfaßt werden sollten, wurde der neue Versuch des Aufbaus eines Warenwirtschaftssystems in nur zwei Sparten über alle Filialen begonnen. Mittlerweile werden die Daten aus sechs Sparten (Sport, Boutique, Herrenkleidung (HaKa), Damenoberbekleidung (DOB), Textil, Pelze) rechnergestützt verarbeitet. Bei diesen Warengruppen handelt es sich um Sortimente, die innerhalb kürzester Zeit starken Veränderungen in bezug auf Farbe, Form, Größe etc. unterworfen sind. Generell ist in diesen Sortimenten das Interesse an aktuellen Warenbewegdaten und genauen Informationen über Abverkäufe, Angebotslücken, Lagerumschlaggeschwindigkeit, Restbestände etc. besonders hoch, da die Risiken sortimentspolitischer Entscheidungen mit der Saisonabhängigkeit der Artikel steigen. Der Nutzungseffekt der Information liegt kurzfristig in der schnellen Reaktion zur Steuerung des Wareneinsatzes wie in der Beeinflussungspolitik über Werbung und Präsentation. Mittel— und langfristig können Konsequenzen für zukünftige Dispositionsentscheidungen gezogen werden.

Die Beschaffungsvorgänge in den Filialen sind nicht über ein automatisches Bestellsystem oder ein Bestellvorschlagsystem organisiert, sondern erfolgen manuell. Die EDV—gestützte Wareneingangserfassung, Rechnungs— und Konditionenkontrolle und Auszeichnung sind dezentralisiert. Dem filialeigenen

Rechner ist ein Etikettendrucker angeschlossen. Sämtliche Daten, einschließlich der elektronisch gelesenen und gespeicherten Kassendaten werden täglich per Datenfernübertragung (DFÜ) an den Zentralrechner übermittelt.

Die Lagerhaltung, als weitere Station in der Ablauforganisation des Warenwirtschaftssystems im Fall A, ist auf Minimalbestände beschränkt. Üblicherweise wird die Ware nach der Eingangserfassung und Auszeichnung direkt in die Verkaufsräume gebracht. Unvorhersehbare Abverkaufsschwankungen führen jedoch zwischenzeitlich immer wieder zu einer Erhöhung der Lagerbestände. Warenbewegungen zwischen den Lagern verschiedener Filialen bspw. aufgrund regional unterschiedlicher Abverkaufsverläufe, sind nicht üblich, daher ist eine Erfassung interfilialer Warenbewegungen auch nicht vorgesehen.

Im Fall A wird das Informationssystem höchst asymmetrisch genutzt. Der zentralen Spartenleitung stehen täglich die aktuellen Daten sämtlicher Filialen zur Verfügung. In Form von Warenabflußstatistiken werden Informationen über die Gängigkeit der Sortimente, bspw. nach einzelnen Sorten (Farbe, Verpakkungseinheit), nach einzelnen Artikeln, Lieferanten, Preislagen und nach Zeitpunkt der Nachfrage von Artikeln bereitgestellt. Die Warenabflußanalyse in Form der "Kurzfristigen Erfolgsrechnung" (KER), die über Größen wie Umsatzentwicklung, Wareneingang, Wareneingangskalkulation, Lagerbestand, Lagerumschlaggeschwindigkeit, Preisänderungen, Warenausgangskalkulation und Rohertrag informiert, wird im 14−Tage Rhythmus auch den Filialen zugeleitet. Die Filialen verfügen damit zwar über warengruppengenaue, jedoch nicht über artikelgenaue Informationen. Ein Zugriff auf die Kassendaten (just in time Flexibilität) ist den Abteilungsleitern zwar möglich, wird allerdings von ihnen nicht genutzt.

"Die Abteilungsleiter betrachten das System als aufwendiges Kassensystem, wissen, daß die Daten in die Zentrale gehen und dann vielleicht in guten Händen sind. Aber selbst reagieren sie nicht entsprechend darauf, vertrauen darauf, daß die Rückkoppelung erfolgt" (A1 M2, Geschäftsführer Filiale).

Die artikelgenauen Informationen, die die Grundlage für regionalspezifische Absatzstrategien liefern könnten, sind infolgedessen allein der Spartenleitung vorbehalten, die somit auch die absatzpolitischen Instrumente und Mittel zentral bestimmt.

Gleichwohl bleibt die zentralisierte Absatzpolitik z.Z. noch auf die Mitwirkung der Abteilungsleiter in den Filialen angewiesen. Die Funktion des Sensors für regionale Marktentwicklungen, die die Abteilungsleiter aufgrund ihres Erfahrungswissens aus Kundenkontakten wahrnehmen und nutzen, ist noch nicht vollständig auf die Zentrale übergegangen. Die Spartenleitung verfügt zwar über fortlaufende Informationen aus dem System über den Verkauf, die Grenzen werden jedoch erkannt:

"Es wäre schlimm, wenn man nur aus dieser Information heraus arbeiten müßte und könnte, das brächte uns nichts" (Z A2 M2, Spartenleiter).
"Wir sind abhängig von der Front, davon, ob ein Artikel forciert wird oder nicht, ob er gut präsentiert wird" (Z A3 M3, Zentraleinkäufer).

Diese deutliche benannte Abhängigkeit der Zentrale von der Filiale und die scheinbare Anerkennung der Funktion der Abteilungsleiter wird jedoch nicht über erweiterte Spielräume in der "platzspezifischen" Sortimentsgestaltung honoriert. Im Gegenteil: Die Tendenz geht dahin, bisher noch bestehende Spielräume durch das neue Konzept der "Integration von Einkauf und Verkauf" weiter zu minimieren. Die Abteilungsleiter stehen vor dem Problem, aufgrund der zentral vorgegebenen Sortimente sowohl Dispositionsfunktionen aufgeben zu müssen wie gleichzeitig Absatzstrategien vorgeschrieben zu bekommen.

Die Asymmetrie von Nutzen und Belastung des Informationssystems, die der Leiter der zentralen Organisationsabteilung benennt:

"Die ganze Arbeit im System machen die Filialen, den ganzen Nutzen aus dem System zieht die Zentrale" (ZA1 M1).

zeigt sich in der Filiale in einem "Riß der Leistungsmotivation" auf der mittleren und unteren Führungsebene. Ihre Befürchtungen gehen dahin, daß sie bei einem kompletten Ausbau des Systems "nur noch die besseren Verkäufer und Kassierer" seien, da ihre Funktionen letztlich überflüssig und die Stellen abgebaut werden könnten.

Bislang ist die zukünftige Ausbaustufe des Systems noch ungeklärt. Offen ist einmal die Entscheidung über den Einbezug sämtlicher Warengruppen/Artikel in das EDV—gestützte Warenwirtschaftssystem und zum anderen die Frage einer ausschließlich zentralen oder auch dezentralen Verwendung und Nutzung der Informationen.

In der Zentrale besteht ein grundlegendes Dilemma zwischen der Überzeugung, daß ohne den Einsatz von IuK—Technologien als Management—Informationssystems der Handel seine Funktion nicht rational wahrnehmen kann:

"Sicher ist, daß ohne eine mengenmäßige vernünftige Information, eine vernünftig verdichtete Information und vernünftig interpretierte Information keine Geschäfte mehr im Handel betrieben werden können" (ZA1 M1, Organisationsleitung).

und der Ansicht, daß trotz des Einsatzes von IuK−Technologien auf das Wissen und die Erfahrung der Arbeitskräfte − zumindest in sensiblen Warenbereichen − nicht verzichtet werden kann:

"Es wird sich nicht ganz ändern lassen, daß weiterhin auch Erfahrungen die Entscheidungen beeinflussen und EDV nicht ausschließlich die Grundlage ist. Komplette positive Entscheidungen durch die EDV sind eine schiere Illusion. Gerade die Entscheidungen im Vorfeld, dieses Gespür für Mode, dieses Gespür, im richtigen Zeitpunkt auf die richtigen Dinge zu setzen, kann der Computer uns nicht abnehmen. Dafür brauchen wir die Leute" (ZA2 M2, Spartenleitung DOB).

Die "Machbarkeit" der Informatisierung wird von zwei Bedingungen abhängig gesehen. Einmal von der Auswahl situationspezifischer Verwendungs− und Nutzungsprogramme, die die notwendige Menge und das Spektrum an Informationen an den Schnittstellen des Systems bereitstellt, wo sie erforderlich sind und zum zweiten von der Qualifikation der Arbeitskräfte und ihrer Akzeptanz des Systems.

In der Tendenz zeigt sich jedoch im Unternehmen A eine Präferenz für die bisherige ausschließliche zentrale Nutzung des Systems. Die Gründe dafür werden in den Bedingungen der Beschaffungsmärkte gesehen. Die Internationalisierung der Märkte, deren Produktions− und Lieferkonditionen lassen kurzfristige, auf regionale Absatzmärkte bezogene Reaktionen kaum noch zu, so daß der Nutzen der Informationen aus dem EDV−gestützten Warenwirtschaftssystem primär in den mittel− und langfristig exakten Prognosen von Trends und Absatzchancen liegt.

Der Abbau von Entscheidungsspielräumen auf der Ebene des unteren und mittleren Managements, also bei den Abteilungsleitern in den Filialen, scheint sich daher durchzusetzen.

Für den Warenhaussektor scheint es nicht untypisch zu sein, daß sich der Ehrgeiz der Unternehmen gerade und primär auf die zentrale Steuerung der Warendistribution bei nicht−standardisierten Artikeln richtet. Der Textilbereich, der starken Modeströmungen unterliegt, in dem bei jedem Beschaffungsvorgang erneut über Farbe, Form, Größe, Menge etc. einzelner Artikel entschieden werden muß und wo die Abhängigkeit von der prognostizierten Nachfrage für eine bestimmte Saison besonders hoch ist, ist in beiden untersuchten Betrieben das zentrale Einsatzfeld der Informatisierung.

4.2.4 Warendistribution

Im Fall B ist für zwei Warenbereiche (Textil, DOB, HaKa und Technik/Elektronik) ein vollständiges, geschlossenes Warenwirtschaftssystem realisiert. Integriert sind dabei die Sortimentsplanung, die zentrale Lagerwirtschaft und Logistik, die automatische Disposition und Systeme zur Personalsteuerung und Administration. Das strategische Programm basiert auf einer strikten Verlagerung sämtlicher Entscheidungskompetenzen in die Konzernzentrale.

Die zentrale Steuerung der Warendistribution läßt nur noch minimale Eingriffsmöglichkeiten von Seiten der Verkaufsniederlassungen zu: Die zentrale Saisonvorplanung, die zeitliche, quantitative und qualitative Größen zur Sortimentsgestaltung, Preispolitik und Absatzplanung enthält, wird den Verkaufsniederlassungen übermittelt. Ausschließlich in diesem Stadium ist eine relative Modifizierung der Zentralplanung durch die Filialen möglich. Bei standortspezifischem Bedarf können bspw. für einzelne Filialen spezifische Sortimentsteile eröffnet werden.

Im nächsten Schritt wird das gesamte Sortiment pro Einzelstelle und inklusive des Saisonverlaufs zentral festgelegt und ca. 60% der Saisonmenge beim Hersteller/ Lieferanten vorgeblockt. Zu Saisonbeginn erhalten die Filialen die für sie errechnete Erstmenge der Artikel direkt vom Hersteller. Der Rest wird zentral, in der sog. Verteilzentrale, gelagert. Die Filialen selbst verfügen über kein eigenständiges Lager, ihr Warenbedarf wird im Nachschubverfahren (automatisches Bestellpunktsystem) aus der Verteilzentrale geliefert. Der Dispositionsanstoß erfolgt über die täglich an den Zentralrechner übermittelten Abverkaufsdaten. Jeder Verkauf löst automatisch einen Nachschub aus, dessen Umfang innerhalb der Parameter der Saisonverlaufskurve für jede Filiale individuell ausfällt.

In 10tägigem Rhythmus findet ein Vergleich der Modellberechnungen mit den tatsächlichen Kurvenverläufen des Abverkaufs statt, wobei Abweichungen zu einer Korrektur der Modellkurven durch das System selbst führen. Das System deckt im Nachschub Schwankungen von 60% zwischen Plan— und Ist—Verkauf ab, indem die Nachlieferung von Ware bei verzögertem Abverkauf u.U. bis auf Null runtergefahren wird. Die Parameter der automatischen Disposition sind zum Ende einer Saison wesentlich feiner als zu Beginn. Nach der Lieferung der Erstmenge in die Filialen, die den Verkauf von etwa 4 Wochen abdeckt, kann auf einen sehr schnellen Nachschub verzichtet werden. Dagegen ist zum Ende der Saison die schnelle Reaktion der Nachlieferung entscheidend, um das Risiko von Lagerrestbeständen klein zu halten.

Mit der automatischen Disposition ist die Reorganisation der gesamten Lagerwirtschaft für die jeweiligen Warenbereiche verbunden. Die zentrale Lagerhaltung (Verteilzentrale) stellt die Voraussetzung für den "lagerlosen Warenbestand" in den Filialen dar. Im Warenbereich Textil, DOB, HaKa umfaßt dieser ausschließlich den zentral errechneten Sollbestand an Ware in den Verkaufsräumen. In den Warengruppen Technik/Elektronik besteht dagegen — ebenfalls im Umfang des zentral errechneten Sollbestands — eine geringe Lagerfläche für "mitnahmefähige" kleinere und mittelgroße Artikel. Dabei steht jedoch nicht die Funktion der Lagerhaltung im Vordergrund, sondern die direkte Versorgung des Verkaufs. Im Verkaufsraum befinden sich lediglich Demonstrations — Artikel. Für Großgeräte dieses Warenbereichs existiert ein Regionallager, von dem aus die Ware direkt an Kunden ausgeliefert wird. Sowohl beim Verkauf von mitnahmefähigen Artikeln wie bei Großgeräten wird über Personal Computer die Präsenz der Artikel am jeweiligen Lager nachgefragt und eventuelle Lieferzeiten und Tourenpläne abgerufen sowie Lieferscheine ausgedruckt. Jeder Kaufvorgang, der artikelgenau erfaßt wird, aktiviert das automatische Nachschubsystem der Zentrale.

Die Verteilzentrale bildet das Kernstück der gesamten Lagerwirtschaft sowohl im Hinblick auf die Straffung und Beschleunigung der logistischen Prozesse wie für die Codierung der Ware und die datentechnische innerbetriebliche Vernetzung. Etwa 80% der Ware wird in der Verteilzentrale bereits verkaufsfertig mit einem sog. "Kombi — Label" ausgezeichnet, der sowohl maschinell wie optisch lesbar ist. Mit den Auszeichnungstechniken sowohl in Magnet —, Strichcode — und OCRA — Schrift auf jedem Label wird eine hohe Kompatibilität beim Einsatz unterschiedlicher Lesegeräte erreicht. Der Automationsgrad der Verteilzentrale umfaßt die elektronische Verarbeitung logistischer Informationen und die automatische Sortierung nach Bestimmungsort, Filiale, Etage und Abteilung des Warenabflusses. Zusammen mit der physischen Warenbewegung werden die elektronisch erfaßten artikelgenauen Informationen an die jeweiligen Filialen übermittelt. Diese Absortierbelege stellen die Datenbasis für den in der Filiale installierten Drucker dar, um evtl. noch nicht verkaufsfertig ausgezeichnete Artikel zu etikettieren. Über eine Vernetzung der Systeme von Verteilzentrale und Rechnungswesen wird bei jeder Warenbewegung die jeweilige Kostenstelle der Filiale belastet. Von größter Bedeutung sind die Informationen jedoch für die zentrale Beschaffung, da eine Bündelung der artikelorientierten Absortierbelege einen genauen Überblick über Abfluß und Bestand der Artikelstückzahlen ergeben und ab einer bestimmten Reduktion der Lagerbestände Entscheidungen über Nachorder getroffen werden können.

Die innerbetriebliche Integration der Warendistribution umfaßt im Fall B auch Systeme zur Personalwirtschaft. Ganz offensichtlich werden im personalwirtschaftlichen Bereich noch Rationalisierungsreserven gesehen, die nicht mehr, wie in den vergangenen Jahren, durch Personalabbau sondern durch Personaleinsatzplanung und Flexibilisierung realisiert werden sollen. Hieß Personalplanung zunächst, daß so wenig Arbeitskräfte wie möglich eingesetzt werden, so meint flexible Personalplanung, daß bei geringem Arbeitskräftebestand noch in Spitzenzeiten ausreichend Personal vorhanden ist.

Das System zur quantitativen Personalwirtschaft im Fall B arbeitet auf der Grundlage der Abverkaufsdaten der Filialen, d.h. auf der Basis der Kassendaten zum Umsatzanfall im Zeitablauf des Vorjahres werden Modellkurven der zu erwartenden Kundenfrequenzströme gebildet. Neben der Orientierung an starken, mittleren und schwachen Zeiten des Kundenandrangs wird als Bezugspunkt für die quantitative Besetzung einer Abteilung die jeweilige Umsatzerwartung gewählt. Diese Grundlastanalyse, die monatlich für jeden individuellen Filialstandort zentral vorgegeben wird, leitet die wöchentliche Feinplanung des Personaleinsatzes in den Filialen. Die Feinplanung, die die Personalbesetzung für die tägliche Betriebszeit festlegt, wird in jeder Abteilung eigenverantwortlich durchgeführt. Sie ist verbunden mit sog. Basisplänen, die die Arbeitskräftestruktur der Abteilung nach Vollzeit –, Teilzeit – und Aushilfskräften abbilden und Leistungskriterien (Kundenanzahl pro Arbeitskraft pro Stunde) enthalten.

Änderungen der zentralen Vorgaben werden im Rahmen von 20% toleriert. Von der Zentrale wird die große Sicherheit des Systems betont: Während in den Zeiten vor Bereitstellung der EDV – gestützten Grundlastanalysen die Fehlerquote der wöchentlichen Personaleinsatzpläne bei 40 – 50% lag, sei mit der Vorgabe zur Feinplanung eine Abweichung von ca. 10% üblich geworden.

Wie gezeigt werden konnte, wird die Bildung von eigenverantwortlichen Geschäftsbereichen/Sparten charakteristischer Weise mit der Zentralisierung der Sortiments – und Einkaufspolitiken verknüpft. Mit der Nutzung EDV – gestützter Warenwirtschaftssysteme verschieben sich auch die internen Funktionsgewichte erheblich. Die fortgeschrittene innerbetriebliche Integration der Warendistribution im Fall B, die die Sortimentspolitik einschließlich Beschaffung, die Lagerwirtschaft und Logistik, die automatische Disposition und die Personalwirtschaft und Administration umfaßt, zeigt aber auch typische Folgeprobleme: Zwischen Einkauf und Verkauf öffnet sich eine strategische Lücke. Die Funktion des Sensors für Marktentwicklungen, die in den Filialen aufgrund von Erfahrungswissen aus Kundenkontakten wahrgenommen und genutzt werden konnte, geht auf den Zentraleinkauf über. Dieser verfügt zwar über fortlaufende Abverkaufsdaten aus dem Informationssystem, ist aber in der Steuerung einer vorausschauenden Sortimentspolitik stärker an den Trends der Beschaffungsmärkte als an den lokalen Absatzmärkten der Filialen orientiert.

Diese "strategische Lücke" wird vom kaufm. Geschäftsleiter einer Filiale des Unternehmens B exemplarisch geschildert:

"Die schicken uns tausend Hosen als Erstmenge, die wir nicht absetzen können. Besser wäre es gewesen, nur 100 zu liefern und wir hätten punktuell dazugekauft. Nachdisponieren ist ja sicher arbeitsintensiver − aber es hilft ja nichts, wenn tausend günstig gekaufte Hosen hier eingeliefert werden und am Ende liegen noch 800 unverkauft im Keller, die wir anschließend abschreiben müssen. Damit haben wir nichts verdient. Dann ist die Rechnung nur auf der einen Seite gut, bei dem, der die eingekauft hat. Bei der Abrechnung ist der dann nicht mehr dabei, denn abgerechnet wird ja hier vor Ort" (B1 M1).

Die automatische Disposition auf der Basis der Abverkaufsdaten sichert zwar knappe oder lagerlose Warenbestände in den Filialen, in mittel − und langfristiger Vorausplanung der Sortimente ist die Reaktionsfähigkeit auf regional unterschiedliche Entwicklungen jedoch eher schwach, da die Filialen an den Saisonplanungen nur marginal beteiligt sind. Es ergibt sich offensichtlich ein trade − off zwischen der Steigerung der Reagibilität auf Beschaffungsmärkten und der der Anpassung an dynamische Absatzmärkte. Beschaffungseffizienz und Absatzeffizienz weisen auseinander. Dieses Problem zeigt sich besonders gravierend bei der Steuerung der Warendistribution in modischen, in kürzester Zeit starken Veränderungen unterworfenen Sortimenten. Risikobehaftet sind hier nicht nur die Prognosen zur Marktentwicklung und damit die Beschaffungsentscheidungen, hinzu kommen die Risiken unterschiedlicher Trends auf lokalen Absatzmärkten, die eine schnelle und individuelle Reaktion erfordern.

Im Gegensatz zum Fall A, wo noch etwa ein Drittel des Sortiments von den Abteilungsleitern der Filiale auf regionalen Märkten beschafft werden kann und sie darüber hinaus in die zentralen Sortimentsentscheidungen einbezogen sind, ist im Fall B weder ein direkter Einfluß auf die Sortimentserstellung der Zentrale möglich noch können die Filialen in das System der automatischen Disposition eingreifen. Deutlich wird die Degradation der Filialen im Unternehmen B zu reinen Abverkaufsstellen von der zentralen Organisationsabteilung formuliert:

"Fachcenter−Leiter (vergleichbar mit Abteilungsleitern in den Filialen A, d.V.) sollen sich mit den Kunden beschäftigen und nicht damit, wo die Ware herkommt und wie sie kommt" (ZB1 M1).

Informationen aus dem System erhalten die Filialen/Abteilungen lediglich auf hochaggregiertem Datenniveau einmal monatlich; die entscheidende Form der Rückmeldung über Abverkaufserfolge wird in der täglichen Nachlieferung neuer Ware gesehen. Die Sicherheit der Sortimentsprogramme wird mit 95% angegeben. Stellt sich anhand der 10tägigen Hochrechnungen heraus, daß ein bestimmter Artikel eine andere Nachfrage erhält, als prognostiziert wurde, werden zunächst Vergleichsanalysen zwischen ähnlichen Filialen erstellt, die dann dazu führen können, daß direkte Vorgaben zur Warenpräsentation gemacht werden. Die Form der ungeselligen Kooperation zwischen Zentrale und Filiale, die dem "Fingerspitzengefühl" der Fachcenter–Leiter keinen Wert mehr beimißt, führt auf deren Seite zu einer weitgehenden Abgabe der Verantwortung für den Verkauf.

"Wir können im Haus nur dafür sorgen, daß die Artikel vernünftig aufgebaut und saisongerecht herausgestellt werden. Die letzte Verantwortung dafür, daß die Artikel verkauft werden, liegt bei der Spartenleitung. Wir sind nur bis zu einem bestimmten Grad für den Verkauf verantwortlich" (B2 F1, Geschäftsleiterin DOB).

Die bisherigen Erfahrungen in der Filiale mit der automatischen Disposition für den textilen Bereich einschließlich DOB und HaKa haben zu einer eher widerwilligen Akzeptanz des Systems geführt. Für bestimmte Warengruppen wie bspw. Standardartikel aus dem Kleinteilesortiment wird die automatische Disposition begrüßt. Durch das Nachschubsystem wird hierbei die ständige Präsenz der Artikel gesichert, ohne daß Lagerbestände vor Ort beobachtet werden müssen. Für den Verkauf modischer Sortimente aus der DOB und HaKa kann dagegen nach Ansicht der Fachcenter–Leiter auf das Erfahrungswissen aus dem Verkauf nicht verzichtet werden, da diese Erfahrungen "nicht in das System integriert werden können". Die Menge der Artikel, pro Saison ca. 12tausend aktuelle Artikelnummern einerseits, und das unvorhersehbare Kundenverhalten andererseits, werden als unüberwindliche Barrieren für eine prognostifizierbare Saisonverlaufskurve und realitätsgerechte automatische Disposition betrachtet. Das hohe Risiko, das aus der Vernachlässigung des Erfahrungswissens des Verkaufs über standortspezifische Absatzchancen, einer unrichtigen Saisonverlaufsprognose und der Starrheit der automatischen Disposition erwächst, macht das folgende Beispiel deutlich:

"Jetzt sind wir stark mit Reduzierungen beschäftigt bei Artikeln, die wir in der gesamten Saison nicht verkauft haben, weil die Größen für unser Kunden nicht stimmten. Die schreiben wir nun ab. Und nun, klar, rennt dieses Teil! Und es kommt zum alten Preis wieder nach, automatisch. Da ist man nicht begeistert" (B2 F1, Geschäftsleiterin DOB).

Mit der informationstechnisch gestützten Zentralisierung ist typischerweise eine Ausdünnung der vertikalen Kommunikation verbunden. Es kommt zu Formen der "ungeselligen Kooperation" zwischen Einkauf und Verkauf, da die zentral anfallenden Daten eine ausreichende Transparenz zu sichern scheinen. Es verfestigen sich dann in den unterschiedlichen Funktionsbereichen unterschiedliche Interpretations – und Deutungsmuster für die anfallenden gleichen Informationen. Ungenügend berücksichtigt wird, daß die Nutzung der Informationssysteme den Kommunikationsbedarf nicht herabsetzt sondern steigert. Darin kommt die stärkere wechselseitige Abhängigkeit der Funktionsbereiche voneinander zum Ausdruck.

4.2.5 Personalwirtschaft

Ganz allgemein kann festgehalten werden, daß veränderte Formen des Personaleinsatzes nur mittelbar auf den Faktor "Neue Technologien" zurückführbar sind. Es sind vor allem die veränderten Vertriebsformen und neuen Organisationsdesigns, die zu Veränderungen der Einsatzformen und des Aufgabenzuschnitts beitragen. Mit der Ausweitung der Verkaufsformen "Selbstbedienung" und "Vorauswahl" ging ein Arbeitskräfteabbau einher. Charakteristischer Weise bedurfte es im Einzelhandel nicht spektakulärer Massenentlassungen: die Senkung des Arbeitskräftevolumens erfolgte fast ausschließlich über die Nutzung der natürlichen Fluktuation. Ersatzbedarf auf der operativen Ebene des Verkaufs wurde durch Teilzeitarbeitskräfte gedeckt. Der Anteil an Teilzeitarbeitsplätzen, der vor Jahren noch mit 30% angegeben wurde, nähert sich mittlerweile einem Verhältnis von 50:50. Die Einsatzformen der Teilzeitarbeit im Warenhausbereich können im Gegensatz zu den hochflexiblen Einsatzformen in Discountbetrieben und Kaufhäusern als "klassische" Variante von Teilzeitarbeit gekennzeichnet werden. Üblich sind eine feste Lage und Dauer der Arbeitszeit, die i.d.R. über Betriebsvereinbarungen abgesichert sind. Teilzeitarbeitsplätze sind überwiegend mit weiblichen Arbeitskräften besetzt.

In der untersuchten Filiale des Unternehmens A wurde allein seit 1980 unter

Nutzung der natürlichen Fluktuation das Arbeitskräftevolumen um 25% reduziert; der Anteil an Teilzeitarbeitsplätzen liegt konzernweit bei ca. 36%, in der Filiale bei 30%. Bei einem Anteil an weiblichen Arbeitskräften von etwa 70% beträgt ihr Anteil an den Teilzeitbeschäftigten knapp 83%; zusätzlich zu den festangestellten Vollzeit− und Teilzeitarbeitskräften werden im Unternehmen in erheblichem Umfang (14%) und mit steigender Tendenz Aushilfskräfte für saisonbedingte Spitzenzeiten beschäftigt. Im Gegensatz zu den Teilzeitbeschäftigten, die im Fall A bei vertraglich fixierten Arbeitszeiten an 2 oder 3 Tagen in der Woche ganztags eingesetzt werden, besteht bei den Aushilfskräften die Möglichkeit des kurzfristigen Abrufs. Eine Verknüpfung des Kasseninformationssystems mit der Personaleinsatzplanung ist nicht vorhanden; die Nutzung der anfallenden Daten für die Personaleinsatzplanung wurde über eine Betriebsvereinbarung ausgeschlossen.

Die Personalpolitik des Unternehmens B war in den 70er Jahren, einer Expansionsphase auf dem Warenhaussektor, durch intensive Aus− und Weiterbildungsbemühungen gekennzeichnet. Die Rekrutierung von Führungskräften, die auf dem externen Arbeitsmarkt nicht zu beschaffen waren, erfolgte ausschließlich über den betriebsinternen Arbeitsmarkt. Ende der 70er Jahre, Anfang der 80er Jahre wurde das Arbeitskräftevolumen im Gesamtunternehmen drastisch reduziert. Allein in der von uns untersuchten Filiale sank die Anzahl der Beschäftigten um mehr als 2/3, von ca. 1000 auf 270 Beschäftigte im Jahre 1987 − bei gleichzeitiger Verkaufsflächenerweiterung um 10%. Auch im Fall B erfolgte die Reduzierung des Arbeitskräftevolumens allein über die Nutzung der natürlichen Fluktuation. Der Anteil an Teilzeitarbeitskräften liegt im Gesamtunternehmen bei ca. 40%, in der untersuchten Filiale durchschnittlich bei 30%. Im Warenbereich Textil, DOB, HaKa, einem Bereich mit traditionell hoher Frauenbeschäftigung, beträgt das Verhältnis von Vollzeit− zu Teilzeitarbeitskräften hingegen 50:50. Nach Aussagen der zentralen Personalleitung ist jedoch eine Steigerung bei Teilzeitarbeitsplätzen nicht vorgesehen. Die neue Sortimentspolitik des Unternehmens, die schwerpunktmäßig auf den Ausbau beratungsintensiver Sortimente setzt, zwinge nicht nur zu einer Grundbesetzung, sondern zu einer Steigerung des Anteils an Vollzeitarbeitskräften. Der Anteil an weiblichen Arbeitskräften in der Filiale liegt bei ca. 70%; Teilzeitarbeitsplätze sind ausschließlich mit Frauen besetzt.

Die Personaleinsatzplanung basiert auf den Daten des Kasseninformationssystems. Die Einsatzzeiten sind den Arbeitskräften i.d.R. 6 Wochen vorher bekannt.

Wie bereits angedeutet, sind die neuen Organisationsdesigns der Unternehmen ausschlaggebend für veränderte Arbeitsstrukturen und Aufgabenzuschnitte.

Während im Unternehmen A die Änderung der Organisationsstrukturen unter der Perspektive einer strikten Zentralisierung bestimmter Funktionen noch andauert, führte die Reorganisation nach Sparten und die Zentralisierung der Sortiments— und Einkaufspolitiken im Unternehmen B auch zu einer Umbildung der Filialorganisation bis hinunter auf die Ebenen der operativen Tätigkeiten. Kennzeichnend ist einmal eine stärkere vertikale Integration durch flachere Hierarchien im mittleren und unteren Management. Der damit verbundene Effekt zeigt sich in schnelleren und direkteren Entscheidungswegen und Informationsflüssen. Gleichzeitig entfallen mit den traditionellen mehrstufigen Hierarchien jedoch auch traditionelle interne Aufstiegspositionen, so daß mittel— und langfristig mit Motivationsproblemen bei karriereorientierten Arbeitskräften gerechnet werden muß.

Zum zweiten führt die Spartensegmentierung zu einer rigiden Trennung der einzelnen in den Filialen vertretenen Waren— und Funktionsbereiche und zu einer ausschließlichen Zuordnung der Arbeitskräfte in diese Bereiche. Die Personalbemessung wird von der zentralen Personalwirtschaft durch parameterische Größen wie Umsatz, Quadratmeter, Kundenfrequenzen vorgeben. Jeder Warenbereich ist im Rahmen dieser Vorgaben für den Einsatz der Arbeitskräfte eigenverantwortlich zuständig. Der Funktionsbereich "Verkaufsservice", der die Funktionen Verwaltung, Dekoration, Wareneingang/Auszeichnung und Kassen umfaßt, übt eine gewisse Verbindungsfunktion aus, indem er interne Dienstleistungsaufgaben für die Warenbereiche wahrnimmt. Die Dienstleistungen bestehen u.a. in administrativen Aufgaben, in der manuellen und informationsgestützten Warenmanipulation und in der Planung und Organisation des Einsatzes der Kassenarbeitskräfte. Eine Verknüpfung des Personaleinsatzes von Verkauf und Kasse erfolgt anhand der Umsatzplanungen der Warenbereiche. Die Folge der Trennung sämtlicher Funktionsbereiche macht sich zum einen in einem ausgeprägten Spartenindividualismus und in Mobilitätssperren beim Arbeitskräfteeinsatz bemerkbar.

Die doppelte Personaleinsatzsteuerung — der Einsatz der Arbeit im Verkauf erfolgt durch die jeweiligen Warenbereiche, der der Kassiererinnen durch den Funktionsbereich "Verkaufsservice" — führt nicht immer zur Idealbesetzung. Konflikte zwischen den Bereichen entstehen vor allem dann, wenn der Personalbedarf nicht den Kundenfrequenzen entspricht:

"Es kommt vor, daß ein hoher Umsatz mit entsprechender Kassenbesetzung geplant war. Und das tritt dann nicht ein. Dann stehen die Damen an der Kasse und drehen Däumchen. Den Verkaufsmitarbeiterinnen gegenüber ist das nicht gut, weil die immer beschäftigt sind, auch wenn der Umsatz nicht stark ist.... Da wäre es mir natürlich lieber, wenn ich sagen könnte: 'Kommen Sie mal rüber und bringen Sie den Ständer in Ordnung.' Aber das geht nicht, da gibt es immer Kompetenzrangeleien" (B2 F1, Geschäftsleiterin DOB).

Andererseits liegt der Gewinn für die Gesamtorganisation in der Verringerung des Arbeitskräftevolumens insgesamt bei gleichzeitiger höherer Auslastung und Verstetigung der Arbeitskapazität. Eine weitere Folge der veränderten Organisationsstrukturen ist nämlich die Herausbildung funktionsbereinigter organisatorischer Einheiten. Diese Tendenz markiert sich vor allem in der Trennung von Verkaufs– und Kassenzonen und in der Aufwertung vor– und nachgelagerter Kulissenbereiche. Anders als bei der Trennung von Verkaufs– und Kassenzonen der Lebensmittelabteilungen, wo Selbstbedienung mit checkout–Kassen verbunden ist, bilden die Kassen innerhalb der verschiedenen Abteilungen funktionsbereinigte Zonen. Die Kassiererinnen werden wechselnd in den Kassenzonen der verschiedenen Warenbereiche eingesetzt. Eine zeitliche Flexibilität wird über die ausschließliche Beschäftigung von Teilzeitarbeitskräften an den Kassen gesichert. Die Funktionsbereinigung kann als Ordnungsgewinn der Gesamtorganisation verstanden werden mit entsprechenden Ordnungsgewinnen für die Ebene der Arbeitsvollzüge. Die funktionsrationalisierten Bereiche haben den Vorteil, einen übersichtlicheren, Kompetenzen deutlicher absteckenden und deshalb instruktiveren Rahmen für Arbeitsaufgaben abzugeben.

Dies gilt nicht nur für die bereits genannte Trennung von Verkauf und Kasse, sondern in besonderem Maße für die Organisation des Verkaufs selbst im Warenbereich Technik/Elektronik. Die Arbeitsstrukturen sind hier abhängig von der "Lagerhaltung" der spezifischen Warengruppen: Kleinartikel wie Glühbirnen, Installationsmaterial, Fotoapparate etc. werden direkt im Verkaufsraum gelagert; von den Artikeln mittlerer Größe wie Staubsauger, Lampen, tragbare Fernsehgeräte etc. befindet sich jeweils nur ein Ausstellungsexemplar im Verkauf, während der weitere Bestand am internen Lager vorgehalten wird. Großgeräte wie Waschmaschinen, Kühlschränke, Herde etc. sind gleichfalls nur als Demonstrationsexemplar vorhanden, weitere Geräte werden im Regionallager oder im Zentrallager bereitgehalten.

Entlang dieser Warengruppen und ihrer speziellen Lagerhaltung sind die jeweiligen Arbeitsaufgaben des Verkaufs strukturiert:

– Kleinartikel erhält der Kunde direkt "über den Ladentisch" und zahlt an der Standortkasse;
– Beim Verkauf von Artikeln mittlerer, tragbarer Größe wird zunächst über

einen im Verkaufsraum installierten PC der Bestand am internen Lager abgefragt und bei Bestätigung ein Lieferschein ausgedruckt. Dieser Lieferschein enthält die artikelgenauen Daten der Ware, die bei Bezahlung an der Standortkasse eingelesen werden. Den Kassenbeleg bringt der Kunde zu einem getrennten Funktionsbereich, dem "Selbstabholer", und bekommt hier die Ware ausgehändigt.

— Der Verkauf von Großgeräten verläuft nach einem ähnlichen Schema wie bei den Geräten mittlerer Größe. Über den PC werden Präsenz des Gerätes im Regionallager, Lieferzeiten und Tourenplan abgerufen und der Lieferschein ausgedruckt. Der Kunde legt an der Standortkasse die Zahlungsmodalitäten (z.B. Barzahlung, Nachnahme, Rechnungskauf, Kundenkarte etc.) fest. Die weitere EDV−gestützte Bearbeitung der Lieferscheine wird von der Verwaltungsabteilung der Filiale übernommen. Nach Eingang der Auslieferungsliste und der Zahlungsbelege erfolgt die automatische Entlastung der offenen Konten.

Vor allem die zweite Form des Verkaufs stellt sowohl organisatorisch wie vom Einsatz der technischen Mittel eine Innovation im Unternehmen B dar. Interaktionen zwischen den funktionsbereinigten organisatorischen Einheiten (Verkauf, Kasse, Selbstabholer) sind allein über die informationstechnische Verknüpfung vermittelt: Parallel mit dem Ausdruck des Lieferscheins im Verkauf wird der Drucker im "Selbstabholer" aktiviert. Anhand dieser Informationen entnehmen die Arbeitskräfte im Selbstabholer die Waren aus dem internen Lager und händigen sie dem Kunden aus. Durch die Warenbewegung, die über die Standortkasse artikelgenau erfaßt wurde, wird gleichzeitig das automatische Nachschubsystem der Zentrale angestoßen.

Die Arbeitskräfte im Verkauf sind weder mit der Kassenabwicklung noch mit Lagerarbeiten beschäftigt, da diese Funktionen von speziellen Arbeitskräften übernommen werden. Ein Teil der Transportarbeiten wird darüber hinaus auf die Kunden überwälzt.

"Wir mußten sonst die Ware aus dem Lager holen, z.B. große Lampen, die schwer zu tragen waren. Das war manchmal sehr mühselig, die großen Teile über eine Etage in den Verkauf zu transportieren. Und damit ging auch Zeit verloren und die Kunden mußten warten" (B3 F2, Verkäuferin).

Beide Funktionsbereiche, Kasse und Selbstabholer, gehören zur Organisationseinheit "Verkaufsservice"; sie bilden jeweils strikt geschlechtsspezifische Arbeitsplatzsegmente. Während auf den Kassenarbeitsplätzen ausschließlich Frauen beschäftigt werden, ist der Selbstabholer grundsätzlich mit männlichen Arbeitskräften besetzt. Als Begründung für die geschlechtsspezifische Segmentation wurde genannt, daß die Tätigkeit im zweiten Bereich mit relativ schwerer körperlicher Arbeit verbunden sei und daher eher von Männern verrichtet werden sollte. Für den ersten Bereich, der lediglich Teilzeitarbeitsplätze beinhaltet, ließen sich dagegen keine männlichen Arbeitskräfte finden. Für die Arbeitskräfte im Verkauf entfallen durch diese Funktionsbereinigung die Teile der Arbeitsaufgaben, die mit hoher Konzentration (Kasse) und mit schwerer körperlicher Arbeit (Selbstabholer) verbunden sind. Bemerkenswert ist jedoch, daß sich im Verkauf eine neue Segregationslinie des internen Arbeitsmarktes herausgebildet hat.

Da zu den zentralen Punkten der Neukonzeption des Vertriebs auch die Abkehr zählt, sämtliche Warengruppen SB−fähig zu machen, entstand ein Nebeneinander unterschiedlicher Verkaufsformen nach Selbstbedienung, Vorauswahl und Beratung/Bedienung. Im operativen Bereich macht sich diese Trennung in einer ausschließlichen Zuordnung von Arbeitskräften zu den jeweiligen Sparten und in der Herausbildung unterschiedlich qualifizierter Arbeitskräftegruppen geltend. Zwischen diesen Gruppen besteht eine erhebliche Differenz nach Status und Einkommenschancen, die sich insbesondere zum Nachteil für die weiblichen Arbeitskräfte auszuwirken scheint:

Die Arbeitskräfte im *SB−Sortiment*, die überwiegend auf Teilzeitarbeitsplätzen beschäftigt sind, haben nicht nur äußerst geringe berufliche Aufstiegschancen, die SB−fähigen Sortimente lassen darüber hinaus auch die Gewährung verkaufsabhängiger Prämien nicht zu.

Für die Arbeitskräfte im *Vorwahl−Sortiment* sind die Chancen zur Erhöhung ihrer Einkommen mittels Prämien ebenfalls sehr begrenzt, obgleich von den Arbeitsanforderungen und Qualifikationserfordernissen her ein erheblicher Unterschied zur Selbstbedienung besteht. Das Konzept der Vorauswahl, überwiegend im Warenbereich Textil, DOB, HaKa, angewandt, basiert primär auf einer Kaufanreize bietenden Präsentation der Ware. Gestaltung und Aufbau der Ware, Abstimmung nach Farben und Accessoires zählen hier zu den Arbeitsanforderungen der überwiegend weiblichen Arbeitskräfte; ihren ästhetischen Qualifikationen wird ein wesentlicher Einfluß auf den Umsatzerfolg beigemessen. Da jedoch Verkäufe bei Vorauswahl nicht eindeutig und unmittelbar den individuellen Arbeitskräften bzw. der Warenpräsentation zugeordnet werden können, sind sie auch nicht individuell über Prämien zu honorieren.

Die Arbeitskräfte in den *beratungs− und bedienungsintensiven Sortimenten*, bspw. in der Warengruppe Technik/Elektronik, bilden die Arbeitskräftegruppe mit dem höchsten internen Status. Ihre Verdienstchancen liegen erheblich über denen der anderen Arbeitskräfte, da die Prämien bei entsprechend kalkulierter Ware relativ hoch bemessen sind. Der Anteil männlicher Arbeitskräfte ist in diesen Sortimenten traditionell wesentlich höher als in den übrigen.

Die Segmentation der Arbeitskräfte nach Qualifikation, Status, Einkommens-chancen – die außerdem noch mit einer geschlechtsspezifischen Zuweisung nach Sortimenten und Arbeitszeitformen verbunden ist –, erweist sich auch in der langfristigen Perspektive für das Unternehmen als ambivalent. Die Speziali-sierung der Arbeitskräfte, die einer Spezialisierung der autonomen Sparten entspricht, führt einerseits zu einer Betonung des Fachgeschäftscharakters und einer Imageverbesserung der Filialen. Andererseits nimmt mit der Spezialisie-rung die flexible Einsetzbarkeit der Arbeitskräfte im Verkauf ab. Während in der alten Organisationsstruktur ein "Durchbedienen" aller in allen Abteilung möglich war, wird ein abteilungsübergreifender Einsatz von Arbeitskräften aufgrund der Spezialistenfunktion wie der eigenverantwortlichen Personalpolitik der Sparten nicht mehr möglich. Um erneut Flexibilitätsreserven aufzubauen, werden von der zentralen Personalleitung Überlegungen zu finanziellen Anreiz-systemen für flexible Arbeitskräfte angestellt. Das Problem der geschlechtsspezi-fischen Sortimentszuweisung wird wesentlich auf die individuellen Interessen-lagen der Arbeitskräfte zurückgeführt und nicht als intendierte Folge von Ar-beitskräftesteuerung betrachtet. Während Frauen bereits in der Ausbildung die Warengruppen Textil/Mode präferierten, seien männliche Arbeitskräfte im Bereich Technik/Elektronik, in dem auch vom Unternehmen verstärkt in Quali-fizierung der Arbeitskräfte investiert wird, überrepräsentiert. Beim Eindringen von Frauen in technische Sortimente wie bspw. bei Haushaltsgroßgeräten, zeige sich das auch aus anderen Berufen bekannte Problem eines Prestigeverlustes der Arbeit in diesem Bereich. Männliche Arbeitskräfte seien dort selbst zur Aushilfe kaum noch bereit, wie uns die Personalabteilung des Unternehmens B versicher-te.

Ein neues Organisationsdesign war zum Zeitpunkt unserer Untersuchung der Filiale des Unternehmens A noch nicht realisiert. Die Gleichzeitigkeit von EDV – gestütztem Warenwirtschaftssystem für einige Warengruppen und eine traditionelle Warenwirtschaft für den größeren Teil des Sortiments findet seinen Niederschlag in traditionellen Einsatzformen und Aufgabenzuschnitte für die Arbeitskräfte beider Bereiche. Funktionsbereinigte Zonen, wie sie im Unterneh-men B bestehen, existieren nicht. Elektronische Datenkassen sind ebenso wie die mechanischen Registrierkassen in die jeweilige Abteilung integriert und werden abwechselnd von den Arbeitskräften im Verkauf bedient.

Die Wareneingangserfassung und Artikelauszeichnung für sämtliche Warengruppen wird in einem Außenlager vorgenommen; Artikel für Sonderverkäufe werden meist nicht artikelindividuell ausgezeichnet, sondern erhalten eine Plakatauszeichnung. Ein relativ niedriger Arbeitskräftestand im Wareneingang führt dazu, daß ein Teil der Auszeichnung von den Arbeitskräften im Verkauf mitübernommen werden muß. Spitzenbelastungen im Wareneingang, z.B. bei Saisonbeginn und Sonderaktionen, werden vor allem mit Aushilfskräften bewältigt.

Die EDV – gestützte dezentrale Erfassung und Auszeichnung der Ware führt, auch auf dem Hintergrund des vorausgegangenen Arbeitskräfteabbaus im Unternehmen, zu erhöhten Arbeitsanforderungen und – belastungen:

"Die EDV verlangt von uns mehr Arbeit; z.B. müssen die Belege jetzt sehr exakt vorbereitet werden. Mehr, als wenn wir jetzt eine ganz normale Auszeichnung hätten. Bei der brauchten wir nur zu kontrollieren, ob der Auftrag mit der gelieferten Ware übereinstimmt, dann wurden beide verbunden und in die Auszeichnung gegeben. Bei der EDV muß ich jetzt jedesmal die Kontrollsumme errechnen – die muß haargenau sein. Und in der Auszeichnung fällt auch mehr Arbeit an, weil wir jetzt größengenau kontrollieren müssen" (A2 M5, Leitung Wareneingang).

Gleichwohl wird von der Leitung des Wareneingangs gesehen, daß die Arbeiten im Wareneingang und in der Auszeichnung, "die früher als untergeordnete Tätigkeit angesehen wurden" und von gering qualifizierten Arbeitskräften ausgeführt werden konnten, durch die Informatisierung eine deutliche Aufwertung erfahren haben.

Der im Fall A praktizierte Zuschnitt des Informationssystems, der die dezentralen und operativen Stellen auf der einen Seite lediglich als Informationslieferanten vorsieht, um der Zentrale auf der anderen Seite eine Erhöhung der Entscheidungsfähigkeit zu ermöglichen, führt in der Filiale zu Praktiken, die einer parallelen Organisation einzelner Funktionen der Warenwirtschaft gleichkommt. So werden von einzelnen Abteilungen im EDV – gestützten Warenbereich HaKa weiterhin handschriftliche Listen zur Statistik über Abverkauf und Umsatz geführt, wie sie vor der Informatisierung üblich waren. Der Unterschied besteht nur darin, daß diese Listen früher der Zentrale zugeleitet wurden, heute dagegen in der Abteilung verbleiben. Das Niveau der Daten, die dem Warenbereich HaKa von der Zentrale übermittelt werden, erweisen sich aus der Sicht der Abteilungsleiter als zu hoch aggregiert. Ihr Aussagewert sei begrenzt, "weil sie grob sind und keine Details enthalten". (A2 M3) Für präzisere Informationen, die zur Nachdisposition und für den regionalen Einkauf genutzt werden können, werden also Funktionen der Warenwirtschaft doppelt ausgeführt — EDV — gestützt und manuell. Das gleiche gilt für die mehrmals jährlich anfallende Altwarennaufnahme, die "per Hand durchgeführt eine Aussagefähigkeit hat, wie sie sein sollte" (A1 M1, kaufm. Geschäftsleitung).

4.3 Kaufhäuser: Neue Technologien — im Kulissenbereich?

4.3.1 Entwicklung der Kaufhäuser

Der Strukturwandel im Einzelhandel betrifft verständlicherweise auch die traditionellen Be — und Vertriebsformen von Einzelhandelsfachgeschäften und Kaufhäusern. Die spezifischen Rationalisierungsformen werden vom Fachhandel jedoch nur bedingt genutzt.

In Konkurrenz zu den Warenhäusern auf der einen Seite — die u.a. mit einem gezielten "trading — up — Konzept" in die gehobenen Sortimente des Facheinzelhandels streben — und zu den Discountern und SB — Warenhäusern auf der anderen Seite — die zunehmend mit ihrem Marketingkonzept der Billigpreise in den exklusiven Bereich der Markenartikel drängen — sind der Facheinzelhandel und die Kaufhäuser unter Rationalisierungsaspekten ihrer Betriebs — und Vertriebsform in besonderer Weise verpflichtet: Das Profil des Fachhandels zeichnet sich traditionsgemäß durch die vollständige Breite und Tiefe spezieller Sortimente in einem dauerhaften Angebot aus; weiter durch Serviceleistungen in Form von Herstellungs —, Änderungs — und Reparaturleistungen, eine besondere Form der Präsentation und Dekoration der Waren und vor allem durch eine hohe Bedienungs — und Beratungsintensität.

Die ökonomische Rationalität des Vertriebskonzepts des Fachhandels liegt vor allem in der Mischstruktur von saisonabhängiger und saisonunabhängiger Warenbereiche. Die speziellen Sortimente ermöglichen bei größeren Preisspannen eine höhere Elastizität zwischen Warenbereichen mit homogener Nachfrageentwicklung und daher geringem Abverkaufsrisiko und Warenbereichen mit saisonabhängiger Nachfrage und damit höherem Abverkaufsrisiko.

Diese "spezialisierte Differenzierung" auf der Ebene der Waren findet ihren Ausdruck auch auf der Ebene der Beschäftigungsstruktur in Form von fachspezifischer Beratung und Bedienung durch qualifizierte Arbeitskräfte. Dieses solchermaßen durch "Kompetenz" markierte Profil des Fachhandels weist ihm eine Wettbewerbsposition zu, die zwischen den Anbietern standardisierter Massenartikel zu Niedrigpreisen und den Vollsortimenten aus unterschiedlichen Branchen unter einem Dach liegt. Als Parameter der Wettbewerbsfähigkeit in Konkurrenz zu Discountern und Warenhäusern bestimmt dieses Profil Art und Ausmaß der Nutzung von Rationalisierungspotentialen und −formen des Fachhandels vom Typ Kaufhaus.

Kaufhäuser haben sich in ihrer Entwicklung aus dem Status vergleichsweise kleiner Organisationen mit geringer funktionaler Differenzierung, hoher Komplexität der Arbeitsrollen und großer Kundennähe im Zuge von Rationalisierungsprozessen zu konkurrenzfähigen Unternehmen entwickelt. Dabei verkörpern sie weiterhin die traditionelle Betriebsform des spezialisiert organisierten Facheinzelhandels. Ihre relativ späten Rationalisierungsbemühungen ab Ende der 70er Jahre sind als Anpassungsreaktionen in zweifacher Hinsicht zu kennzeichnen: Zum einen sind sie Reaktionen auf die abnehmende Dynamik der Nachfrageentwicklung und zum anderen Reaktionen auf vollzogene Rationalisierungskonzepte anderer am Markt erfolgreicher Vertriebs− und Betriebsformen.

Die verschiedenen Rationalisierungsbewegungen im Handel wie Konzentration und Zentralisierung, Selbstbedienung, Flexibilisierung und der Einsatz technischer Informationssysteme, schlugen sich in den Kaufhäusern in vertriebs− und betriebsspezifischen Rationalisierungsformen nieder. Dabei bildet das Profil der "spezialisierten Differenzierung" sowohl Option wie Grenze für bestimmte, einzelhandelstypische Rationalisierungsformen:

−Die Form der Konzentration und Zentralisierung bestand für Ein−Betriebsunternehmen (mit bis zu vier Verkaufsstellen) primär im Zusammenschluß zu Einkaufsverbänden, um eine Steigerung der Beschaffungseffizienz zu erreichen. Filialbetriebe des Facheinzelhandels mit fünf und mehr Verkaufsstellen realisierten weitgehend eine Zentralisierung der Einkaufsfunktion innerhalb des Unternehmens. Für beide Betriebsformen bedeutete die Zentralisierung eine lokale Trennung von Einkaufs− und Verkaufsfunktion und zunächst eine Verringerung standortbezogener Informationen. Während die Integration der Funktionen von Einkauf und Verkauf in einem Haus und die Bündelung der Kompetenz von Einkauf und Verkauf in einer Stelle standortspezifische Reaktionen beinhaltete, trat mit der Trennung ein Informationsdefizit auf, das im Zuge weiterer Rationalisierungsprozesse technisch gelöst werden mußte.
−Die Einführung von Selbstbedienung stößt in den Kaufhäusern an die Grenzen ihres originären Vertriebskonzepts von intensiver Bedienung und Beratung. Eine Nutzungsform dieses Rationalisierungspotentials wurde in der Ausweitung des Konzepts "Vorauswahl" realisiert; primär jedoch wurde eine Verringerung des Arbeitsvolumens durch eine Anpassung des Arbeitskräfteeinsatzes in Form von Teilzeitarbeit an die Kundenfrequenzströme erreicht. Dieser Phase, die mit einem erheblichen Arbeitskräfteabbau, vergleichbar dem in anderen Vertriebstypen, verbunden war, schloß sich eine noch andauernde Phase der Flexibilisierung der Arbeitszeiten an, die mit Hilfe technischer Systeme optimiert wird.

Das Schwergewicht der Rationalisierungsbemühungen in Kaufhäusern liegt eindeutig auf personalwirtschaftlichem Bereich. Daneben zeigen sich betriebswirtschaftliche Umorientierungen als Trend einer Abkehr vom Umsatz – zum Ertragsdenken ab, die sich auch auf eine Änderung der Sortimentspolitik richten. Sortiments – und damit Ertragsoptimierungen werden durch den warenwirtschaftsorientierten Einsatz der neuen IuK – Technologien vorangetrieben.

4.3.2 Vertriebs – /Betriebstyp Kaufhaus

Betriebsform der Kaufhäuser

Die Rationalisierungskonzepte der beiden von uns untersuchten Kaufhäuser weisen über die Gemeinsamkeiten der vertriebsorientierten Rationalisierungsformen (siehe 2.3) hinaus unterschiedliche Entwicklungsschritte, Schwerpunkte und Verknüpfungen der eingesetzten Rationalisierungsstrategien auf. Während die Optimierung der warenwirtschaftlichen Entscheidungen im Fall F prozeßhaft verläuft und als Managementaufgabe verstanden auf die kontinuierliche Nutzung der am Markt angebotenen technischen Systeme herausläuft, setzte unter dem Druck der Bestandserhaltung der Rationalisierungsprozeß im Fall E erst vor wenigen Jahren mit dem Einsatz verschiedener Rationalisierungsformen zum gleichen Zeitpunkt ein. Der Optimierung des Verkaufs kommt dabei unter organisationsstrukturellen, personellen und logistischen Aspekten eine in beiden Fällen unterschiedliche Bedeutung zu. Die beiden von uns untersuchten Kaufhäuser stellen Beispiele für eine dezidierte Orientierung der Rationalisierungsformen an den vertriebs – und betriebsspezifischen Bedingungen des Facheinzelhandels dar. Die jeweils geschäftspolitisch präferierten Rationalisierungsformen sind dabei bestimmend für den potentiellen und faktischen Ausschöpfungsgrad der implementierten technischen Systeme.

Im *Fall F* handelt es sich um ein Textilkaufhaus (Ein – Betrieb ohne weitere Verkaufsstellen) in einer mittleren Großstadt mit ländlichem Einzugsgebiet. Die Gesamtbetriebsfläche beträgt ca. 8.000 qm, davon ca. 6.000 qm Verkaufsfläche und ca. 2.000 qm Lager –, Büro – und Sozialfläche. 1987 waren rund 180 Arbeitskräfte (einschließlich Teilzeitbeschäftigte) und ca. 120 Aushilfskräfte beschäftigt. Der Umsatz konnte im Zeitraum von 1974 bis 1986 verdoppelt werden; in den Jahren von 1984 bis 1986 ist er um knapp 10% (von 32,4 auf 35,6 Mill. DM) gestiegen. Der Personalkostenanteil am Umsatz stieg im gleichen Zeitraum von 20,4% auf 21,4%.

Das Unternehmen wird über drei Leitungsebenen mit jeweils zwei Geschäftsbereichen geführt. Die Eigentümer des Unternehmens selbst besetzen die beiden
Spitzenpositionen der Geschäftsleitung "Verkauf" und der Geschäftsleitung
"Verwaltung/Organisation/EDV". Die hierarchische Struktur weist danach die
Ebene der Bereichsleiter für den "Verkauf" sowie für die "Personalwirtschaft"
auf und als dritte Ebene fünfzehn Abteilungsleiter für insgesamt 18 Warengruppen. Die einzelnen Abteilungen des Warenverkaufs sind in hierarchischer Form
nach traditionellen Verkaufsfunktionen des Einzelhandels mit einem Substituten,
einer Erstverkäuferin und, je nach Größe der Abteilung, mit mehreren Verkäu-
fer/innen besetzt.

Innovationen in der Büroautomation und −kommunikation werden im Fall F
in "hauseigener Tradition" im 4jährigen Rhythmus für die bestehenden Verwaltungsfunktionen eingesetzt.

Der *Fall E* repräsentiert das Haupthaus (Zentrale) eines Filialunternehmens
(mit 5 Verkaufsstellen). Auch hierbei handelt es sich um ein Textilkaufhaus in
einer mittleren Großstadt. Die Verkaufsfläche des Haupthauses beträgt ca. 6.000
qm; beschäftigt waren 1987 ca. 200 Arbeitskräfte (einschließlich Teilzeitbeschäftigte).

Die Zentralisierung der Geschäftsleitung im Haupthaus führte zu einer Abfla-
chung der Hierarchie in den Filialen: Die Geschäftsleitung dreier Filialen ist mit
der der Zentrale identisch, die der zwei übrigen Filialen sind ihr direkt unter-
stellt. Ebenfalls zentralisiert sind die Bereiche Verwaltung (Organisation/EDV,
Lohn− und Finanzbuchhaltung, Wareneingang und Warenauszeichnung) und
Verkaufsförderung. Bereichsleiter für insgesamt 11 Warengruppen sind für den
Zentraleinkauf des Gesamtunternehmens zuständig. Diese Form der Spartenorganisation führte in sämtlichen 6 Verkaufsstellen zum Wegfall der traditionellen
Hierarchieebene der Abteilungsleitung. Die Verkaufsabteilungen werden vom
Substituten geführt, die direkt den Bereichsleitern unterstehen. Je nach Größe
der Abteilungen bestehen Positionen von Erstverkäuferinnen und eine differen-
zierte Anzahl von Verkäufer/innen.

Beide Betriebe sind durch eine Divisionalisierung nach Warenbereichen struk-
turiert, die durch je unterschiedliche Umschlagsgeschwindigkeiten, Abverkaufs-
risiken und Kalkulationsspannen gekennzeichnet sind. Der Konkurrenz gleicher
Anbieter im Markt begegnen beide Unternehmen durch die Integration der
Einkaufs− und Verkaufsfunktionen in der Position der Abteilungsleiter/
Bereichsleiter, wobei im Fall E die integrative Funktion zentralisiert für die
Filialen wahrgenommen wird.

"Wir legen größten Wert darauf, daß die Verantwortlichen für die Ware
(Einkauf, d.V.) auch in der Ware arbeiten, daß sie sowohl unten beim
Wareneingang sind und sich die geöffneten Pakete ansehen, vergleichen mit

den Bestellunterlagen wie auch das Schicksal der Ware bis zum Abverkauf selber verfolgen oder sich mitteilen lassen" (F1 M1, Geschäftsleitung).

Die Integration der Funktionen von Einkauf und Verkauf wird im Fall F in erster Linie mit den sich daraus ergebenen Möglichkeiten der besseren Reagibilität auf Mitanbieter am Ort begründet. Im Fall E zielt die Funktionsintegration bei gleichzeitiger Zentralisierung primär auf eine Stärkung der Position auf dem Beschaffungsmarkt. Etwa 80% des Gesamteinkaufs wird direkt bei Herstellern getätigt, 15% — 20% werden über einen Einkaufsverband bezogen. Das Unternehmen F bezieht lediglich ca. 5% seines Warenbedarfs über den Einkaufsverband, den Hauptteil direkt von Herstellern und Lieferanten.

Die Sortimente

Der "textile Kern" des Sortiments von Warenhäusern definiert in den untersuchten Kaufhäusern das Gesamtsortiment. Mode und Bekleidung zählen dabei zu den umsatzstärksten, aber auch risikobehaftetsten Warengruppen. Preiselastizitäten aus Kalkulationsspannen sind bei saisonabhängiger Nachfrage zentrales Mittel des Verkaufserfolges. Die Absatzchancen in Konkurrenz zu den übrigen Anbietern auf dem regionalen Markt sind darüber hinaus abhängig vom Informationsniveau über standortspezifische Bedingungen. Sortimente und verkaufsfördernde Rahmenbedingungen stehen daher (neben personalwirtschaftlichen Strategien) im Mittelpunkt der Rationalisierungsbemühungen beider Unternehmen. Die aus Bedienung und Beratung resultierende Beschäftigungsintensität sowie eine Servicereduktion stehen nicht zur Disposition — das "Kompetenz — Profil" des Facheinzelhandels muß unter Kundengesichtspunkten erhalten bleiben:

"Die optimale Übereinstimmung von Angebot, Präsentation und Atmosphäre mit den sich ändernden Kundenwünschen ist die ständige Aufgabe, wenn es heißt, in allen Bereichen in den Augen der Kunden Kompetenz zu haben" (F1 M1, Geschäftsleitung).

In beiden Fällen gilt der Einsatz der neuen IuK — Technologien primär den Sortimenten, d.h. den informationstechnisch gestützten Entscheidungen über Neuschneidungen, Diversifikation und Expansion bestimmter Sortimente.

Die Vertriebskonzepte

Die Geschäftspolitiken beider Kaufhäuser haben ihre vertriebstypischen Besonderheiten zum Ausgangspunkt und Maßstab ihrer Rationalisierungsstrategien gemacht und damit eine "Renovierung" ihres traditionellen Profils erreicht. Das optische Erscheinungsbild beider Unternehmen wurde durch Umbaumaßnahmen, Umstellung der Verkaufsaggregate und wechselnde Arrangements der Warenpräsentation modernisiert. Die gezielte Hereinnahme branchenfremder Bereiche wie Parfümerie und Cafeteria entspricht dem Konzept "Erlebniskauf", das die Warenhäuser im zeitlichen Vorlauf bereits installiert haben. Dieser veränderte Rahmen bedeutet für das Unternehmen E eine radikale Umorientierung auf neue Kundensegmente. Das Sortiment der DOB war bspw. im Laufe der fast 50jährigen Existenz des Unternehmens zusammen mit seiner Stammkundschaft gealtert. Sowohl die Neuschneidung des Sortiments der DOB wie die Verkaufsatmosphäre wurde vom Konzept klassisch/damenhaft in Richtung "Junge Mode" entwickelt.

Für den Fall F zielen die neuen Rahmenbedingungen weniger auf eine strikte Umorientierung auf neue Kundensegmente, sondern sind Ausdruck einer Diversifizierung der Sortimente, um einerseits die Stammkunden in höheren Preislagen zu behalten und um andererseits mit modischer Ware den Absatz in jüngeren Käufergruppen zu erhöhen.

Einem Verlust ihres Kompetenz—Profils sind beide Unternehmen mit den neuen Konzepten nicht erlegen. Das warengruppenübergreifende Vertriebskonzept wurde vielmehr mit dem Effekt einer stärkeren Konturierung für die Kunden erhalten.

4.3.3 Das Warenwirtschaftssysterm (WWS)

Zielsetzung und Grad der Implementation

Mit dem Wandel vom Umsatz— zum Ertragsdenken werden Sortiments—, Preis— und Beeinflussungspolitik, einschließlich der Informationen über Absatz— und Beschaffungsmärkte, zu zentralen Größen der Rationalisierungsstrategien. Im Betrieb E, der sich nach Angaben der Geschäftsleitung seit der Implementation eines EDV—gestützten Warenwirtschaftssystems und gezielter personalpolitischer Maßnahmen in einem "revolutionären" Umbruch befindet, dienen sämtliche Rationalisierungsstrategien der Bestandssicherung des Unternehmens.

"Es geht um Verkauf oder Bestand. Je höher die Einzelbestellung pro Artikel, desto größer muß die Sicherheit sein, daß der richtige Artikel gekauft wurde. Unser Ziel ist eine optimal handhabbare Warenwirtschaft, die der Kalkulation und hoher Rendite durch optimalen Wareneinsatz dient" (E1 M1, Geschäftsführer).

Der Einsatz technischer Systeme folgt in beiden Unternehmen vergleichbaren Nutzungsinteressen, weist aber unterschiedliche Nutzungsgrade auf: während im Fall F die Funktion des EDV−gestützten Warenwirtschaftssystems als Managementinformationssystem bisher nur singuläre Entscheidungshilfen für die verschiedenen Abteilungsleitungen bietet, ist das WWS im Fall E bereits mit weiteren Rationalisierungsformen verknüpft. Kennzeichnend für beide Unternehmen ist jedoch der diskrete Einsatz der IuK−Technologien als "Kulissensystem".

Die technischen Voraussetzungen beider Warenwirtschaftssysteme sind bei unterschiedlicher Hardware nahezu indentisch. Beide sind nicht vollständig im Sinne einer artikelgenauen Erfassung des gesamten Sortiments; artikelgenau werden nur die umsatzstarken und finanzstrategisch risikobehafteten Warenbereiche DOB und Mode erfaßt. Im Fall E sind Haupthaus und Filialen maximal mit je zwei Datenkassen ausgestattet. Lesestifte sind aus Gründen technischer Mängel noch nicht eingeführt; die Etikettendaten werden über Tastatureingabe erfaßt. In den übrigen Abteilungen werden die Artikel lediglich nach Warengruppe und Preis über mechanische Kassen registriert.
Das Haus F verfügt lediglich über eine Datenkasse, über die nur Spezialeingaben wie Personaleinkauf, Reklamationen etc. abgewickelt werden. Die artikelgenauen, elektronische erstellten Etiketten werden an den übrigen Kassen nicht elektronisch eingelesen, sondern nur nach Warengruppen und Preis registriert. Die Etiketten der abverkauften Waren aus DOB und Mode werden jedoch an den Kassen gesammelt und (wie die Umsätze der übrigen Warengruppen) von der Verwaltung am Bildschirm eingegeben und gespeichert.

Beide Warenwirtschaftssysteme sind nicht geschlossen im Sinne eines alle warenwirtschaftlichen Funktionen umfassenden Systemkonzepts. Disposition, Bestellung und Auftragsbearbeitung werden in beiden Fällen manuell durchgeführt. Wareneingangserfassung und Rechnungskontrolle werden im Fall E zentral und EDV−gestützt, im Fall F manuell abgewickelt. Auch die Daten der Inventur werden im Unternehmen F nachträglich von der Verwaltung ins System eingegeben; Lagergrößen sind dabei nur zum Zeitpunkt der Inventur zu entnehmen, während im Fall E der Lagerbestand für die artikelgenau erfaßten Waren jederzeit über Computerlisten abrufbar ist. Logistische Funktionen sind im Ein−Betriebsunternehmen F keine Leistungen der EDV; im Filialunternehmen

E wird die Organisation der Distribution vom zentralen Wareneingang, der gleichzeitig die zentrale Auszeichnung übernimmt, gesteuert.

In beiden Fällen sind sämtliche Teile der Buchhaltung EDV−gestützt und vernetzt; im Fall F wird Standartsoftware genutzt, die betriebsspezifisch angepaßt wurde. Dagegen folgte im Fall E die Anwendung der Software der Veränderung der Verwaltungsorganisation. Ein deutlich höherer Grad der Systemintegration als im Unternehmen F ist im Fall E mit der Vernetzung von Lohn−/ und Gehaltsbuchhaltung mit der Arbeitszeiterfassung und von Wareneingang, Kassen und Finanzbuchhaltung erreicht.

Unter dem jeweiligen Primat von Tradition (Fall F) oder Modernisierung (Fall E) erhalten fast identische technische Systeme der Warenwirtschaft eine unterschiedliche Nutzungsform. Wie zu zeigen sein wird, ist Fall F ein Beispiel dafür, daß das in traditioneller Organisationsstruktur liegende Kontrollpotential für die effiziente Steuerung betrieblicher Abläufe ausreichend ist. Die derzeitigen Kontrollformen und die Koordination über Hierarchie werden ohne Formalisierung erreicht. Auf einen Systemausbau kann verzichtet werden, da der Einsatz der IuK−Technologien in erster Linie auf eine Optimierung von Sortimentsentscheidungen des Managements abzielt.

Im Filialunternehmen E werden sowohl Entscheidungen zur Sortimentsoptimierung wie eine Steigerung der Ablaufeffizienz angestrebt. Hier macht die Zentralisierung eine Formalisierung der Abläufe erforderlich, um Informationen aus dem dezentralen Verkauf angemessen zu verarbeiten.

Für beide Fälle kann gesagt werden, daß Abläufe und Ergebnisse der IuK− Implementation bei der Planung nicht vollständig antizipiert wurden. Die jeweils betriebsspezifischen Nutzungsformen und die funktionsbezogenen Nutzungsinteressen als Managementinformationssystem weist den IuK−Einsatz in den untersuchten Unternehmen nicht als eine planvolle Realisierung der Rationalisierung im Sinne systemischer Rationalisierung aus. Die Warenwirtschaftssysteme weisen vielmehr eine strukturelle Offenheit auf, deren Erfassungs− und Vernetzungslücken durch betriebsspezifische Regelungen und Verfahrensweisen kompensiert werden.

Nutzungsform

Dem Geflecht von Nutzungsformen der IuK−Technologien im Fall E steht eine deutlich konturierte Form in traditionellem Muster im Fall F gegenüber. Hier wurde die hierarchische Struktur und das Bild des selbständigen Einzelhandelskaufmanns bewahrt:

Hauptnutznießer des EDV−gestützten Warenwirtschaftssystems sollen zum einen die Abteilungsleiter sein, denen die aktuellen Abverkaufsdaten eine Entscheidungsgrundlage für den Einkauf bieten. Zum anderen dienen die betriebswirtschaftlich orientierten Analysen der Daten der Geschäftsleitung und den Bereichsleitern zur Kontrolle der Finanzwirtschaft und der Sortimentspolitik. Die Abteilungsleiter erhalten eine Kalkulationsvorgabe und in 10tägigem Abstand eine darauf bezogene Soll/Ist–Analyse. In größeren zeitlichen Abständen (monatlich) wird ihnen eine abteilungsbezogene kurzfristige Erfolgsrechnung (KER) und vierteljährlich eine ebenfalls abteilungsbezogene Deckungsbeitragsrechnung zugeleitet. Eine sämtliche Daten umfassende "Chefinformation" wird für die Geschäftsleitung vierteljährlich erstellt. Im Fall E wird von allen Leitungsebenen die Servicefunktion der EDV und ihre beschränkte Leistungsfähigkeit für das tägliche kaufmännische Handeln betont.

"Das kaufmännische Handeln können wir nicht über die EDV laufen lassen, völlig unmöglich. Das ist das, was den Kaufmann ausmacht, das Planen und das Verfolgen des Plans" (F1 M1, Geschäftsleitung).

Die Abteilungsleiter sehen vor allem einen Flexibilitätsgewinn in der Verknüpfung ihres betriebs– und standortspezifischen Erfahrungswissens mit dem EDV–Informationen:

"Die EDV nimmt mir auch nicht das Problem weg, wenn ich falsch einkaufe. So weit sind wir leider noch nicht — oder Gott sei dank nicht! Aber es wäre für mich ein sehr viel größerer Zeitaufwand, immer wieder in den Verkauf zu gehen und zu sehen, ob ein Teil gegangen ist oder nicht. 'Renner' kann ich am entsprechend hohen Umsatz in den Unterlagen ersehen. Und dann habe ich auch noch den Kontakt zur Ware, weil ich im Laden stehe — so oft es geht zumindest — und sehe was läuft. Dann kann ich nachher richtig einkaufen. Aber man kann nicht alles sehen, ich stehe ja nur etwa 1 Stunde am Tag im Verkauf, mehr Zeit habe ich nicht. Die übrige Zeit geht drauf für Verwaltung, Rückstände, Einkauf usw. Ich sehe also nur etwa 20% dessen, was ich brauche, die Hauptsache entnehme ich der EDV oder den Mitarbeiterinformationen" (F2 M2, Abteilungsleiter).

Die eindeutige Servicefunktion der EDV für den Verkauf wird betont durch die organisatorische Ausdifferenzierung einer Abteilung "Statistik" innerhalb der Verwaltung. Die Leistungen der Abteilung stehen den Abteilungsleitern jederzeit zur Verfügung, sie haben über Bildschirme einen direkten Zugang zu den Daten. Die Nutzung der Daten ist für die Abteilungsleiter jedoch nicht obligatorisch; sie unterliegen keiner Weisung, von ihrer traditionellen Informations-beschaffung abzuweichen noch unterliegt ihre tägliche Geschäftspolitik einer EDV—gestützten Kontrolle. Der Umstand, daß nur wenige Abteilungsleiter die Daten zur Planung und Sortimentsgestaltung nutzen, wird geduldet. Der direkte Kontakt zwischen Geschäftsleitung, Bereichsleiter und Abteilungsleiter macht einen Verzicht auf formelle Kontrolle möglich. Die Erfolgskontrolle ist ergeb-nis — und nicht prozeßorientiert.

Im Fall E bezieht das technische System seine Bedeutung primär aus der Zentralisierung der Verwaltungsfunktionen. Seine Entwicklung ist grundlegende Voraussetzung für die direkte Verarbeitung der Informationen aus den Filialen, für die Analyse der Daten zu warenwirtschaftlichen Entscheidungen und für den im Rationalisierungskonzept des Unternehmens forcierten flexiblen Personalein-satz. Die Nutzungsinteressen der Zentraleinkäufer an den warenbezogenen Informationen sind denen der Sachbearbeitung in der Administration vom Kon-zept her gleichgestellt. In der Praxis zeigt sich jedoch eine Dominanz der Nut-zung durch die Administration, die die Nutzbarkeit der Informationen für die Warenwirtschaft beschränkt. Die Bereichsleiter (Zentraleinkäufer) haben keinen direkten Zugriff auf die Daten, sondern müssen Auswertungsanfragen an die Verwaltungsleiter richten. Der Verwaltungsleiter, ein branchenfremder EDV—Fachmann, steuert die regelmäßige Datenauswertung und filtert die Anfragen der Zentraleinkäufer auf "wichtige Aussagen". Er setzt auch die Maßstäbe für den weiteren Systemausbau, dem er allerdings skeptisch gegenübersteht:

> "Ich sehe es für uns in sehr, sehr weiter Ferne, daß wir den gesamten Warenanteil artikelgenau auswerten. Ich glaube, das wird nie kommen" (E2 M2).

Während die Zentraleinkäufer von der Effektivität eines EDV—gestützten Warenwirtschaftssystems für sämtliche Warenbereiche ausgehen, wird von der EDV—Abteilung dessen optimaler Nutzen nur für weniger risikoträchtige Arti-kel, d.h. für standardisierte Waren mit kontinuierlichem Absatz, anerkannt. Dem Ausbaustand des Systems entsprechend ist das Informationsniveau der Daten nach Meinung der Zentraleinkäufer äußerst niedrig:

> "Im Augenblick lebt das Management, die Einkäufer, von groben Daten und von der persönlichen Erfahrung. Der Zugriff auf die Informationen aus den Filialen ist nur primitiv über den Umsatz möglich. Es fehlen fabrikanten-genaue Informationen für jedes Haus, genaue Informationen darüber, wann,

zu welchem Preis, welche Größe eines Artikels von welchem Hersteller abgesetzt wird" (E3 F2).

Nach Aussage des EDV–Leiters sind solche "Zusatzinformationen" abrufbar – sie werden jedoch von ihm zurückgehalten, da sie in seinen Augen eine nicht nutzbare Informationsfülle mit der Gefahr von "Datenfriedhöfen" darstellen. Diese Konfliktlinie zwischen Zentraleinkauf und EDV–Abteilung wird durch den Druck der Bestandssicherung des Unternehmens überhaupt noch verschärft. Das wird deutlich an den Informationen, die den Filialleitern und Zentraleinkäufern in regelmäßigen ·Abständen zur Verfügung gestellt werden: abteilungsbezogene Deckungsbeitragsrechnungen, kurzfristige Erfolgsrechnungen, Lagerumschlag, Kalkulation, Bruttoerträge etc. Das Schwergewicht des Einsatzes der IuK–Technologien liegt damit derzeit auf der betriebswirtschaftlichen Seite; ein vertriebsorientierter Einsatz, der sortimentspolitische Entscheidungen in den Vordergrund stellt, ist erst für die nächste Zukunft geplant. Dann sollen die Informationen so konkret werden,· "daß nicht mehr nach Gefühl und Wellschlag entschieden wird, sondern die Risiken der Sortimentsentscheidungen minimiert werden können" (E1 M1, Geschäftsführer).

Folgen des Technologieeinsatzes

Den Kunden beider Unternehmen bleibt der Einsatz EDV–gestützter Warenwirtschaftssysteme weitgehend verborgen. Wenige Datenkassen und eine begrenzte Anzahl elektronisch lesbarer Etiketten für ausgewählte Warengruppen stellen die einzigen sichtbaren Indikatoren für das installierte technische System dar. Im Fall E ist diese Kulissenform noch Ausdruck des geringen Umfangs des Systemausbaus, im Fall F dagegen die bewußte Entscheidung für eine traditionelle Vertriebsform:

"Der Einsatz der neuen Technologien findet nur im Hintergrund statt, im Verkauf ist davon nichts zu sehen. Der Verkauf geht manuell. Das einzige was im Verkauf erscheint, sind die Etiketten; aber dabei sieht der Kunde auch nicht, daß sie elektronisch erstellt sind...... Wir wollen es dem Kunden nicht zumuten, daß er noch einen Teil der Verwaltungsarbeit erledigen muß, das machen wir später im Hintergrund" (F1 M1, Geschäftsleitung).

Im Fall F wird auch die Tatsache, daß nur ein kleiner Teil der Abteilungsleiter die Daten zur Planung und Sortimentsgestaltung nutzt, nicht als aktuelles Problem gesehen. Den zumeist älteren Abteilungsleitern wird eine gewisse "Technikscheu" zugestanden, die nicht durch Druck von Seiten der Geschäftsleitung abgebaut werden könne. Sie führen die Listen für ihren Bereich weiterhin manuell und haben damit im Vergleich zu den Nutzern der EDV–Listen eine höhere Belastung. Die Geschäftsleitung rechnet mit der Dauer von einer Generation, bis die Daten und Listen unter den Abteilungsleitern akzeptiert und in die tägliche Praxis integriert sein werden. Das traditionelle, nicht–technische Kommunikations– und Informationsnetz, die direkten Kontakte zum Verkauf und vor allem das Erfahrungswissen aufgrund langer Betriebszugehörigkeit begünstigen den zeitlich gestreckten Aufbau des Systems.

Im Fall E verbinden sich dagegen neue Organisationsstrukturen mit einem technisch nicht ausgereiften System zu einem Informationsdefizit auf mehreren Ebenen. Informations– und Kommunikationsprobleme bestehen zwischen den Zentraleinkäufern und den Filialen, aber auch innerhalb der Zentrale zwischen Einkauf und Verkauf. Der Verkauf muß allein von den Substituten organisiert werden:

"Unsere Zentraleinkäufer haben keine Zeit, sich intensiv um den Verkauf zu kümmern, weil sie zu viel aus dem Haus sind zu Messen und Lieferanten" (E4 F3, Substitutin).

Die Reorganisation des Unternehmens, deren Schwerpunkt in der Zentralisation des Einkaufs liegt, hat zu einer Distanz zwischen Einkauf und Verkauf geführt. Der mit der Umstrukturierung verbundene Wechsel des mittleren Managements, den Trägern des Zentraleinkaufs, führte zusätzlich zu einer Verschüttung der traditionell kurzen Kommunikations– und Informationskanäle innerhalb des Hauses. Einen Ersatz für diese traditionellen Strukturen stellen die neuen IuK–Technologien aufgrund der bereits erwähnten Politik der mangelnden Beteiligung und Information der Zentraleinkäufer durch die EDV–Abteilung bisher nicht bereit.

Technische Geräte besitzen am Ort ihres Einsatzes eine geringe kostensenkende Wirkung, wenn sie nicht durch arbeitsorganisatorische Veränderungen ergänzt werden. Die vergleichsweise hohe Beratungs– und Bedienungsintensität in Kaufhäusern läßt arbeitsorganisatorische Veränderungen – wenn sie nicht zu Lasten der Vertriebsform gehen sollen – nur zu, wenn der Technikeinsatz der spezifischen Vertriebsform entspricht.

In beiden untersuchten Unternehmen führte der Einsatz neuer Technologien zu einer funktionsspezifischen Ausdifferenzierung von Tätigkeiten auf der operativen Ebene, die allerdings die Charakteristik der Vertriebsform noch betont. Die Installation von Datenkassen wurde mit der organisatorischen und personel-

120

len Trennung der Verkaufs— und Kassenfunktion verbunden. Die zuvor komplexe Tätigkeitsstruktur des "ganzheitlichen" Verkaufsvorgangs wurde dadurch in Spezialfunktionen mit der Konzentration auf Beratungs— und Bedienungstätigkeiten einerseits und Reduktion auf technische Gerätehandhabung andererseits aufgespalten. Eine Folge der Funktionstrennung besteht darin, daß eine wechselseitige Substitution der spezialisierten Arbeitskräfte nur noch in engen Grenzen möglich ist.

Eine weitere funktionale Spezialisierung wurde mit der Trennung von Auszeichnung und Verkauf erreicht. Die Auszeichnung der Artikel, die in beiden Unternehmen vor dem Einsatz neuer Technologien von den Arbeitskräften im Verkauf durchgeführt wurde, ist jetzt mit der Wareneingangserfassung direkt verbunden. Die zentrale Bedeutung der Wareneingangserfassung und — auszeichnung für das EDV—gestützte Warenwirtschaftssystem findet ihren Niederschlag in der Umbewertung dieser vorher sog. "Resttätigkeiten" zu qualifizierten Arbeitsplätzen. Galt der Wareneingang bislang als "Sammelstelle für alte Nieten", sind die Unternehmen durch den Einsatz von IuK—Technologien jetzt gezwungen, nur "qualifizierte Leute an diese Schaltstelle der Warenwirtschaft" zu setzen (E1 M1, Geschäftsführer).

Der funktionsspezifische Einsatz der IuK—Technologien für die Warenwirtschaft hat zu einer Ausdifferenzierung von technikgestützten und traditionellen Arbeitsbereichen geführt, an deren Schnittstellen Koordinationsschwierigkeiten im Waren— wie im Informationsfluß auftreten. Im Fall E sind diese Schwierigkeiten zum Teil auf eine mangelnde Qualifizierung der Arbeitskräfte zurückzuführen, im Fall F zum überwiegenden Teil jedoch der gewollt unvollständigen Systemintegration geschuldet:

—Mangelnde Kenntnisse in der Bedienung der *Datenkasse* und fehlende Informationen über Systemzusammenhänge führen zu Erfassungsfehlern, die die Statistiken und Auswertungen verfälschen. Wie eine Sachbearbeiterin aus der Statistik mitteilt, treten Erfassungsfehler dann auf, wenn die numerische Artikelcodierung ohne Kenntnis ihrer Bedeutung über die Kassentastatur eingegeben wird: "Es gibt verschiedene Möglichkeiten, die Artikel zu verbuchen. Man muß also schon wissen, wohin was gebucht werden muß, um keine Fehler zu machen. Das liegt natürlich daran, daß die Kassiererinnen nicht genügend informiert sind, wie das im Hause abläuft. Wenn ich der Dame an der Hauptkasse was erkläre, merke ich, daß sie den Hintergrund gar nicht kennt. Sie ist nur praktisch eingewiesen worden in die Kasse — also: hier sind acht Zahlen, die Identnummern, auf dem Etikett, die tippst Du da ein. Und das ist die Tastatur für das Lager. Dann kommt oben der Zettel raus und fertig" (E4 F11, Sachbearbeiterin).
—In der *Wareneingangserfassung* häufen sich die Schwierigkeiten mit der Er-

höhung der Lagerumschlagsgeschwindigkeit. Trotz Bildschirmerfassung und elektronischen Etikettendrucks können die Artikel nicht schnell genug erfaßt werden. Eine zu geringe Lagerkapazität und die Notwendigkeit, die Ware unmittelbar nach Eingang in den Verkaufsräumen zu präsentierten, führen dazu, daß die Arbeitskräfte im Verkauf die Ware wieder wie vorher üblich selbst auszeichnen. Der Effekt ist, daß Erfassungsbelege, Lieferscheine, Rechnungen und Etiketten aus der Wareneingangserfassung verschwinden.

— Das Kulissensystem der artikelgenauen Ausgangserfassung im Fall F führte im *Verkauf* zu erheblichen Orientierungsproblemen. Die Verkäuferinnen müssen die Etiketten der verkauften Waren an der Kasse sammeln und nach Ladenschluß in die Verwaltung bringen. Die Erfassung erfolgt an Bildschirmarbeitsplätzen durch speziell eingewiesene Arbeitskräfte. "Da mußten sich die Verkäuferinnen schon umstellen, denn jedes Etikett muß ja nach dem Verkauf ins Büro gelangen und verbucht werden. Sonst funktioniert das gesamte System ja nicht, weil die Identnummern an den Registrierkassen ja nicht erfaßt werden....... Die Verkäuferinnen wußten gar nicht, was Identnummern bedeuten und warum die in die Verwaltung sollten. Ihre Reaktion war: Das haben wir nie gemacht! Viele Etiketten sind verschwunden und nie wieder aufgetaucht. Und dann kam nach der Inventur der große Jammer. Mit den Differenzlisten konnten wir einige Kisten füllen" (F3 F2, Sachbearbeiterin).

— Die fehlende Vernetzung von Kassen und Rechner stellt eine Fehlerquelle für die Warenausgangserfassung in der Verwaltung dar. Die Eingabefehler am Bildschirm haben sich mit der Routinisierung der Tätigkeit erhöht.

4.3.4 Personal und Qualifizierung

Personalpolitik

Die Rationalisierungskonzepte im personalpolitischen Bereich weisen für den Einzelhandel multiple Strategien aus: in allen Betriebs — und Vertriebsformen wird sowohl Personalabbau wie Reduktion des Arbeitsvolumens und flexibler Personaleinsatz angestrebt. Eine Realisierung dieser personalpolitischen Strategien ist im wesentlichen auf die Verbindung von Technologieeinsatz und organisatorischer Umstellung angewiesen. Der vertriebsorientierte Einsatz neuer Technologien und die Reorganisation des Unternehmens im Fall E wurden ergänzt durch weitreichende personalpolitische Maßnahmen: Einer fast vollständigen Auswechselung des Personals auf der ersten und zweiten Leitungsebene folgte ein massiver Personalabbau und der forcierte flexible Personaleinsatz auf der operativen Ebene. Die vollzeitbeschäftigte Kernbelegschaft wird ergänzt durch

Arbeitskräfte mit reduzierter Arbeitsstundenzahl und Saisonarbeitskräfte.

"Viele Abteilungen arbeiten fast nur mit Saisonkräften, die etwa zwei Monate im Jahr richtig Stunden klotzen. Vertraglich wird die Arbeitszeit auf das
ganze Jahr verteilt, so daß sie im Monat auf 30 bis 40 Stunden kommen.
Für die Vollzeitbeschäftigten sind die Saisonkräfte in Streßzeiten eine große
Hilfe, denn dann ist viel Personal da" (E3 M3, Bereichsleiter).

Der Anteil der Teilzeitkräfte liegt in beiden Unternehmen bei über 50%; unter
Einbeziehung der Saisonkräfte wird ein Anteil von 70% erreicht. Im Zuge der
Diversifikation und Expansion bestimmter Warenbereiche wurden allerdings
auch expansive personalwirtschaftliche Maßnahmen getroffen. Für den wachsenden Bereich der Sport— und Freizeitartikel kam es zu einer Aufstockung der
vollzeitbeschäftigten Arbeitskräfte und die sortimentspolitische Neuorientierung
auf den Bereich "Junge Mode" hatte Neueinstellungen junger Arbeitskräfte im
Verkauf zur Folge. Die Orientierung an askriptiven Merkmalen der Arbeitskräfte wie "jung" und "sportlich" wurden dabei bewußt in die vertriebspolitischen
Überlegungen einbezogen. Dieser Aspekt ist insgesamt charakteristisch für den
Vertriebs— und Betriebstyp Textilkaufhaus. Der Anteil weiblicher Arbeitskräfte
im Verkauf beträgt (in beiden untersuchten Unternehmen) zwischen 85 und
90%; eine geschlechtsspezifische Sortimentszuweisung, wie sie auch im Vertriebstyp "Warenhaus" anzutreffen ist, gilt für Kaufhäuser mit ausschließlichen
Textilsortimenten verstärkt. Die geschlechtsspezifische Verteilung nach Hierarchie und Status verläuft dagegen in umgekehrter Richtung; Führungspositionen
sind ganz überwiegend mit männlichen Arbeitskräften besetzt.
    Die Arbeitszeitpräferenzen der Frauen, die der Chronologie der weiblichen
Normalbiographie folgen, stellen für die Personalwirtschaft der Unternehmen die
Grundlage des flexiblen Arbeitseinsatzes dar. Anknüpfend an die Motivation von
Frauen, die nach einer Familienphase in den Beruf zurückkehren wollen, kann
diese Arbeitskräftegruppe auch ökonomisch günstig eingesetzt werden:

"Nach einer Zeit in der Familie wollen sie wieder was erleben. Sie verdie-
nen im Einzelhandel ja wesentlich weniger als in der Produktion, in der
Serienfertigung. Aber das Erlebnis, in einem solchen Haus tätig zu sein und
mit vielen Leuten zusammen zu kommen, das wiegt, glaube ich, eine Menge
auf. Diesen menschlichen Bereich kann man nicht in Zahlen ausdrücken"
(E2 F1, Personalleiterin).

Die Funktionsspezialisierung der Wareneingangserfassung im Fall E und die organisatorische Differenzierung und Spezialisierung von Wareneingangs— und Warenausgangserfassung im Fall F wirkte sich personalwirtschaftlich sowohl quantitativ wie qualitativ aus. Die Neueinstellung von Arbeitskräften in diesen Bereichen war mit einer Auswahl höher qualifizierter Personen verbunden.

Eine enorme Steigerung der Produktivität der Arbeitskräfte — "9 Kräfte leisten heute die Arbeit von vorher 27" (E1 M1) — ist allerdings nicht Resultat eines isolierten Technologieeinsatzes, sondern ein Effekt der Verknüpfung verschiedener Rationalisierungsformen von Technikeinsatz, organisatorischer Umstrukturierung und personalpolitischer Strategien.

Qualifikation der Arbeitskräfte

Der Einsatz von IuK—Technologien hat in den Unternehmen zur Herausbildung spezialisierter Arbeitsplätze geführt, die sich nach dem Grad technikbestimmter Tätigkeiten unterscheiden lassen. In beiden untersuchten Fällen ließen sich jedoch keine betrieblichen Qualifizierungsmaßnahmen für die Arbeitskräfte an den Datenkassen, in der Wareneingangs— und Warenausgangserfassung oder im nicht technikbestimmten Verkauf identifizieren. Es wurde lediglich die Handhabung der technischen Aggregate vermittelt — in der Regel durch die Hardware—Lieferanten. Die dem EDV—gestützten Warenwirtschaftssystem zugeschriebene Bedeutung für die Behauptung der Unternehmen am Markt, wird — zumindest auf der operativen Ebene — nicht in Qualifizierungskonzepte umgesetzt. Qualifikationsdefizite stellen interne Unsicherheitsbelastungen dar, die in den beiden untersuchten Betrieben auf traditionelle Weise bewältigt werden. "Arbeitstugenden" wie "stets mitdenken, kontrollieren, beobachten, Konzentration und Genauigkeit" werden von den Arbeitskräften im Umgang mit der Technik erwartet. Die Kenntnis des Systemzusammenhangs wird zwar als Grundlage für Fehlerminimierung und reibungslosen Ablauf für wünschenswert gehalten, jedoch nicht vermittelt. Die niedrige Systemausbaustufe im Fall E und die für betriebswirtschaftliche Kontrollen in hinreichendem Maß vorhandenen Analysen im Fall F lassen eine Qualifizierungsoffensive überflüssig erscheinen.

"Ich bin selbst erstaunt, wie reibungslos das ging, gar keine Probleme....Wenn man, wie wir, bestrebt ist, den Büromaschinenpark im stetigem Wechsel zu erneuern, dann kommt das irgendwie automatisch, daß die Frauen mit den neuen Technologien vertraut werden" (F1 M1, Geschäftsleiter).

Learning—by—doing gilt als der erfolgversprechende Qualifizierungsprozeß im

Kontext des Einsatzes neuer Technologien. Damit ist gleichzeitig die betrieblich angebotene Obergrenze des Qualifikationsniveaus für die Arbeitskräfte auf der operativen Ebene festgelegt. Wird diese nicht erreicht, wird wie im Fall F mit personalpolitischen Maßnahmen reagiert.

Flexibilisierung

Dem Wandel von festen Arbeitszeiten zu einem System flexiblen Arbeitseinsatzes waren in beiden Fällen Kundenfrequenzmessungen für jede Abteilung vorausgegangen. Auf dieser Grundlage wurden Personalbesetzungspläne erstellt, wobei sich die Anzahl der Arbeitskräfte nach dem zeitlichen Kundenaufkommen und einer angestrebten Umsatzhöhe richtet. Die Besetzungspläne werden wöchentlich erstellt. Zeigt sich im Verlauf eines Arbeitstages, daß die Abteilung im Verhältnis zur Kundenzahl "überbesetzt" ist, müssen einige Arbeitskräfte ihren Arbeitstag beenden — im umgekehrten Fall werden sie per Telefon zum Arbeitsplatz bestellt.

"Die Zielsetzung ist natürlich, daß wir die Mitarbeiter dann hier haben, wenn Kunden im Haus sind. Wir wollen die Bedienungsbereitschaft optimal der Umsatzkurve anpassen. 100%ig gelingt das natürlich nicht. Bei plötzlichem Wetterwechsel, z.B. Schneefall oder Glatteis, stehen schon mal die Mitarbeiter im Laden rum, ohne daß Kunden kommen. Die Umwelt können wir ja nicht manipulieren oder steuern. Aber wir sind auch deshalb daran interessiert die Mitarbeiter da zu haben, wenn Umsatz gemacht werden kann, weil Personal auch ein entscheidener Kostenfaktor ist" (E1 M1, Geschäftsführer).

Voraussetzung für diese kapazitätsorientierte variable Arbeitszeit (Kapovaz) sind einmal individuelle Arbeitsverträge, die die Dauer und Lage der Arbeitszeit offen lassen. Wie die Geschäftsleitung im Fall F betont, bewirke der Hinweis auf die Ertragslage des Hauses und die Arbeitsmarktsituation, daß "immer weniger die variable Arbeitszeit ablehnen; da erübrigt sich jede Diskussion, das begreift jeder". Eine Beteiligung der betrieblichen Interessenvertretung der Arbeitnehmer bei der Einführung variabler Arbeitszeit, die nach § 87 Abs.1 Nr.2 Betriebsverfassungsgesetz (BetrVG) geregelt ist, unterblieb in beiden Fällen.

Die zweite, technische Voraussetzung von Kapovaz sind Zeiterfassungsgeräte, die direkt am Arbeitsplatz installiert sind. Mit Beginn der Arbeitszeit wird der Zeitsummenzähler mit einer individuellen Kennkarte von den Arbeitskräften eingeschaltet und bei jeder nicht betrieblich bedingten Abwesenheit von der

Abteilung — mit Ausnahme des Toilettengangs — abgeschaltet. Wenn die Arbeitskräfte aufgrund geringen Kundenaufkommens die Arbeitszeit früher beenden als nach ihrem Einsatzplan vorgesehen, verbleibt dem Betrieb das Zeitguthaben. Das ermöglicht ihm wiederum, erhöhten Arbeitsanfall durch Mehrarbeit zu bewältigen, ohne das Überstunden abgegolten werden müssen. Da nur das Gesamtvolumen der Jahresarbeitszeit fixiert ist, können die Arbeitskräfte zu umsatzstarken Zeiten mit maximalen täglichen Arbeitsstunden eingesetzt werden. Die von beiden Unternehmen betonte Freiheit der Arbeitskräfte bei der Wahl ihrer Arbeits— und Freizeiten —

"Wenn sie sehen, das Wetter ist schön und unsere Kunden sind im Schwimmbad, warum sollen sie dann auch nicht hingehen? Das wird dann auch so gehandhabt. Menschlich ist natürlich, daß jeder versucht, ein Zeitguthaben zu erreichen. Da muß man dann allerdings ein bißchen aufpassen" (E1 M1, Geschäftsführer) —

ist jedoch den betrieblichen Erfordernissen absolut untergeordnet. Die scheinbar größere Zeitsouveränität der Arbeitskräfte verkehrt sich in eine — je nach Kundenfrequenz und daran geknüpfte Umsatzchancen des Betriebs — maximale flexible Verfügbarkeit für den Betrieb. Durch die Entkoppelung der drei Zeitebenen: Ladenöffnungszeit, Anwesenheitszeit und gezählte Arbeitszeit (vgl. Engfer, 1984) wird eine optimale Anpassung an betriebliche Bedürfnisse erreicht. Die Umweltabhängigkeit der Betriebe, d.h. ihre Ungewißheitsbelastung im Hinblick auf Kundenströme und angemessene Personalbemessung, wird tendenziell minimiert.

In beiden untersuchten Betrieben ist die kapazitätsorientierte variable Arbeitszeit noch nicht an die individuelle Umsatzleistung der Arbeitskräfte im Verkauf geknüpft. Das würde bedeuten, daß nicht nur Lage und Dauer der Arbeitszeit, sondern auch die Lohnhöhe variabel bliebe und erst ab einer bestimmten, festgelegten Umsatzhöhe das vereinbarte Minimumeinkommen prozentual zum darüber liegenden Umsatz gesteigert werden könnte. Derzeit werden in beiden Betrieben die Umsätze pro Verkäuferin in manuell geführten Listen erfaßt, um den Verkauf bestimmter Artikel, z.B. Altware, individuell prämieren zu können. Die erreichte Umsatzhöhe stellt dabei aber in jeden Fall ein betriebliches Kriterium der Leistungsbeurteilung dar, aus dem heraus sich personalwirtschaftliche Optionen in Gestalt einer Substituierung leistungsschwachen Personals ergeben könnte. Vom Aufbau eines EDV—gestützten personalwirtschaftlichen Informationssystems sind beide Unternehmen jedoch noch gleich weit entfernt. Angesichts der "Schwäche" der betrieblichen Interessenvertretung der Arbeitnehmer können aber beschäftigungswirksame Effekte durch die Nutzung des technischen Kontrollpotentials für die Zukunft nicht ausgeschlossen werden.

5. Interessenvertretung: Neue Technologien und alte Politiken

5.1 Interessenvertretung im Betrieb

In keinem der von uns untersuchten Betriebe, in denen in unterschiedlichen Graden und Formen Technisierungs— und Reorganisierungsprozesse stattfanden, war die Interessenvertretung der Arbeitnehmer aktiv an der Gestaltung der Arbeitssysteme beteiligt.

Die Entscheidungen über Einsatz und Nutzung technischer Systeme, die angesichts enormer Investitionskosten über eine zeitliche Verlaufsphase von mehr als 10 Jahren geplant worden war, wurden allein auf den Leitungsebenen der Unternehmen getroffen. In allen untersuchten Fällen wurde zunächst auf eine systematische Information des Betriebsrats verzichtet. Nicht untypisch für diese mangelnde Informationspolitik der Unternehmen scheint der Fall A zu sein, wo bereits Anfang der 70er Jahre mit dem Aufbau eines EDV—gestützten Warenwirtschaftssystems begonnen wurde, es aber erst Mitte 1981 zum Abschluß einer Betriebsvereinbarung über den testweisen Einsatz von Datenkassen, Filialrechnern und Druckern kam und erst seit 1985 eine Vereinbarung zwischen Unternehmensleitung und Gesamtbetriebsrat besteht, die die Einführung und Anwendung von EDV—Technik nach Hard— und Software zum Gegenstand hat. Mit dem Ziel, unzumutbare Belastungen, die sich aus dem Einsatz von EDV—gestützten Systemen in Warenwirtschaft und Verwaltung des Unternehmens für die Arbeitskräfte ergeben könnten, zu vermeiden oder zu mildern, wurden Regelungen der Unterrichtung und Beratung des Gesamtbetriebsrats vereinbart. D.h., wenn durch Einführung und Anwendung der EDV—Technik wesentliche Auswirkungen auf bestehende Arbeitsplätze und die Qualifikationsanforderungen eintreten, wird der Gesamtbetriebsrat über folgende Punkte unterrichtet:

- Projektzielsetzung
- neue Arbeitsabläufe/Arbeitsanforderungen
- Änderung der Arbeitsplatzgestaltung
- Änderung der Personalstruktur
- Zeitplan für die Einführung
- Erfassung, Speicherung, Verarbeitung, Übermittlung und Ausgabe von personenbezogenen Daten.

Da erst nach Abschluß solcher Beratungen die örtlichen Betriebsräte in den Filialen unterrichtet werden, stießen wir in unseren Untersuchungen der Betriebe immer wieder auf die Diskrepanz zwischen Informiertheit der Mitglieder des Gesamtbetriebsrats und der Nicht−Informiertheit des örtlichen Betriebsrats. Die letzteren gaben an, daß ihre Informationen eher zufällig anfallen, während die ersteren bereits im Vorfeld der Einführung der neuen Technologien voll informiert würden durch die Unternehmensleitung.

Einig war man sich jedoch darin, daß von Seiten der Betriebsräte insgesamt kein Einfluß auf Entscheidungen möglich sei. Positiv wird von den Betriebsräten vermerkt, daß über Betriebsvereinbarungen (in vier von sechs untersuchten Unternehmen) mögliche Leistungs− und Verhaltenskontrollen mittels EDV− Anwendung ausgeschlossen wird. Die maschinelle Erfassung, Speicherung und Auswertung personenbezogener Daten darf nicht zur Leistungssteuerung, Leistungsvergleich und Leistungs− und Verhaltenskontrolle verwandt werden und zu arbeitsrechtlichen Maßnahmen führen. Die Auswertung personenbezogener Leistungsdaten, wie sie bspw. an Kassenarbeitsplätzen anfallen, scheint allerdings nur einen äußerst geringen Stellenwert für personalpolitische oder arbeitsrechtliche Entscheidungen zu haben. Die örtlichen Betriebsräte betonen übereinstimmend, daß den Vorgesetzten eventuelle Leistungsmängel von Kassiererinnen auch ohne Rückgriff auf solche Daten erkennbar seien.

Ohne Ausnahme bezeichnen sich die Betriebsräte als "Laien auf dem Gebiet der EDV−Technik". Selbst spezielle Schulungen der Gewerkschaften könnten nicht annähernd das Expertenwissen vermitteln, das auf Seiten der EDV−Fachabteilungen der Unternehmen vorhanden sei.

"Es ist ja immer ein bißchen schwierig, sich über Technik zu informieren. Ich bin überfordert und sicherlich meine Kollegen und Kolleginnen in anderen Häusern auch. Wir können zunächst anhand der Beschreibungen sehen, was ist das für ein Gerät und was kann es. Ja, und dann können wir uns das erklären lassen und können sehen, wie das Gerät praktisch arbeitet. Mehr kann man als Laie eigentlich gar nicht" (ZD3 M3, Vorsitzender Gesamtbetriebsrat).

Grundsätzlich wird jedoch davon ausgegangen, daß die Einführung und Nutzung von EDV−gestützten Systemen der Warenwirtschaft zur Steuerung des Unternehmens notwendig ist, um die Ertragslage wie die Arbeitsplätze zu sichern.

"Ich glaube nicht, daß ein Betriebsrat klug beraten ist, wenn er neue Technologien ablehnt. Es wird mit Sicherheit ohne neue Technologien auch im

Handel in Zukunft nicht mehr gehen. Und wir können uns dagegen nicht wehren. Nur — und das ist entscheidend — wir müssen wissen, was damit passiert, was man damit machen kann. Ablehnen könnte ich die Technik nicht, weil ich das Gesamte sehen muß. Ich denke hier an über 3.000 Arbeitsplätze, die ja im Handel nicht durch die Technik vernichtet werden wie in der Industrie. ... Da der Betriebsrat ja auch das Wohl der Firma neben dem der Kollegen im Auge haben muß, kann man sich solchen technischen Neuerungen sehr schwer verschließen" (ZD3 M3, Vorsitzender Gesamtbetriebsrat).

Ausgesprochen positiv stehen die Betriebsräte derjenigen Unternehmen den neuen Techniken gegenüber, die in den letzten Jahren tiefgreifende Re — Organisationsprozesse vollzogen und in großem Umfang Arbeitsplätze abgebaut haben. Während dieser Phase war z.b. der Betriebsrat des Unternehmens B in seiner Schutzfunktion gefragt. Es kam zu Betriebsvereinbarungen und einer Reihe von betrieblichen Regelungen zur Verhinderung von Entlassungen durch Nutzung der natürlichen Fluktuation, Umschulung und Umsetzung von Arbeitskräften. Der derzeitige Systemausbau, einschließlich der organisatorischen und personellen Umstrukturierungen, stößt nicht nur auf die Zustimmung des Betriebsrates, sondern gerade auch in den Warenbereichen, die in erster Linie vom Technikeinsatz betroffen sind, auf die breite Zustimmung der Beschäftigten.

Dagegen sind vom Gesamtbetriebsrat der Unternehmen C und D, die sich weiterhin in einer "Expansionsphase mit sehr guter Ertragslage" befinden, eher skeptische Äußerungen über die Folgen des Systemausbaus für die Arbeitskräfte zu erfahren. Es wird damit gerechnet, daß die Anwendung des automatischen Dispositionssystems in den Filialen zu einer Verringerung der bisher fest angestellten Arbeitskräfte führen werde und für verbleibende Resttätigkeiten unqualifizierte Aushilfskräfte eingesetzt werden.

"Die Warenbewegungen im Markt können dann von Packschichten ausgeführt werden. Dazu können dann Hinz und Kunz von der Straße, die von der Ware keine Ahnung haben müssen, eingesetzt werden" (ZC3 M3, Betriebsratsvorsitzender).

Für die Betriebsräte der Unternehmen C und D steht nach eigenen Angaben die Sicherung der Arbeitsplätze im Vordergrund ihrer Arbeit. Da aber bspw. die Vertriebslinie C eine Ausweitung ihres Filialnetzes um jährlich etwa zwei neue Märkte vorgesehen hat und damit Neueinstellungen verbunden sein werden, sind aktuell vom Betriebsrat keine personalpolitischen Probleme zu verhandeln.

Charakteristischer Weise ist für den Discount—Vertrieb auch der Abbau von Vollzeitarbeitsplätzen zugunsten von Teilzeitarbeit weder im Fall D noch im Fall C ein neues Rationalisierungsinstrument. Etwa 84% der im Verkauf beschäftigten weiblichen Arbeitskräfte und 96% der Kassiererinnen sind bereits Teilzeitarbeitskräfte (bei einem Verhältnis von 2/3 weiblichen zu 1/3 männlichen Arbeitskräften im Verkauf und 9/10 weiblichen Arbeitskräften im Kassenbereich). Bei einem Personalkostenanteil von 4% vom Umsatz im Fall C und etwa 6% im Fall D werden allerdings im zweiten Unternehmen noch Rationalisierungsreserven im administrativen Bereich gesehen. Aber auch hier ist zunächst mit dem Einsatz von EDV der Effekt eines erhöhten Arbeitsanfalls aufgetreten, der zwar nicht zur Aufstockung des Arbeitskräftevolumens in diesem Bereich führte, aber auch noch nicht zu weiterem Arbeitsplatzabbau geführt hat.

In den Fällen A und B, den Warenhausunternehmen, bilden die betrieblichen Strategien der Umwandlung von Vollzeitarbeitsplätzen in Teilzeitarbeitsplätze bzw. die Reduktion des Arbeitsvolumens pro Beschäftigten den Mittelpunkt der industriellen Beziehungen. Dabei stehen die betrieblichen Interessenvertreter der Arbeitnehmer vor dem Dilemma, einerseits die Interessen der Teilzeitbeschäftigten und der Teilzeitarbeit suchenden Arbeitnehmer — wobei es sich in erster Linie um Frauen in oder nach der Familienphase handelt — zu vertreten und andererseits "eine wirksame Strategie zur Abwehr der Teilzeitarbeit als Rationalisierungsinstrument" den Strategien der Unternehmen entgegenzusetzen (Kurz—Scherf, 1986). Den Betriebsräten stehen dafür vor allem die einschlägigen Bestimmungen des BetrVG und des BPersVG zur Verfügung. Nach § 87 Abs. 1 Nr. 2 BetrVG und § 75 Abs. 3 Nr. 1 BPersVG muß sowohl die Einrichtung von Teilzeitarbeitsplätzen, die Umwandlung von Vollzeitarbeit in Teilzeitarbeit, die Erhöhung oder Ermäßigung der Stundenzahlen, als auch die Einführung variabler Arbeitszeit und Job—Sharing der Mitbestimmung des Betriebsrates unterliegen. Nach § 99 Abs. 1 BetrVG liegt in der Umwandlung von Voll— in Teilzeitarbeitsverhältnisse und umgekehrt eine mitbestimmungspflichtige Versetzung (vgl. Degen, 1987).

Wie wir im Fall B jedoch feststellen konnten, geraten die Betriebsräte vor allem angesichts einer kritischen Ertragslage des Unternehmens in eine Zwangslage, die dann zu Lasten der betroffenen Frauen gelöst wird: In der Umstrukturierungsphase des Unternehmens strebte das Management eine Reduzierung des Arbeitsvolumens einzelner Beschäftigter an, um Entlassungen zu vermeiden. Der Betriebsrat erklärte seine Zustimmung zu dieser Maßnahme unter der Bedingung, daß von der Reduzierung der Stundenzahl nur verheiratete Frauen, deren Ehemänner erwerbstätig sind, betroffen würden.

Derartiger "moralischer Druck" auf Betriebsräte (wie auf die betroffenen

Arbeitnehmer) – bei Verweigerung von Stundenreduzierungen müßten andere Arbeitskräfte entlassen werden – bildet nicht selten die Grundlage für ein "Co–Management" der betrieblichen Interessenvertretung der Arbeitnehmer mit dem der Unternehmensleitung. Dabei wird von Seiten der Betriebsräte häufig übersehen, daß sich bspw. aufgrund von Technisierung und Organisierung zwar bei einzelnen Funktionen Rationalisierungseffekte ergeben, diese jedoch nur in seltenen Fällen in entsprechende Personaleinsparungen umgesetzt werden können (vgl. Reinhard/Täger, 1986). Rationalisierungsgewinne aus dem Technikeinsatz können von den Unternehmen im Einzelhandel vor allem dann realisiert werden, wenn die Arbeitskräfte in Teilzeitarbeit, insbesondere mit variabler Arbeitszeit, bei Arbeitsspitzen eingesetzt werden. Eine Steigerung der Arbeitsproduktivität auf der einen Seite und eine Intensivierung der Arbeit einschließlich finanzieller und sozialrechtlicher Nachteile auf der anderen Seite sind vielfach die Folge. Häufig führt nämlich die äußerst knappe Personalbemessung der untersuchten Betriebe dazu, daß trotz Personaleinsatzplanung die Teilzeitbeschäftigten in einem solchen Umfang Überstunden leisten, daß sie wie Vollzeitarbeitsrkräfte beschäftigt sind. Da der für Überstunden vorgesehene Freizeitausgleich, wiederum aufgrund des geringen Arbeitskräftevolumens, nicht möglich ist, werden Überstunden finanziell abgegolten. Sämtliche Sozialleistungen, einschließlich Urlaubs– und Weihnachtsgeld, werden allerdings auf der Basis der Teilzeitarbeitsstunden und nicht nach tatsächlich geleisteten Arbeitsstunden berechnet.

In den Textilkaufhäusern E und F wird die Arbeit der betrieblichen Interessenvertretung der Arbeitnehmer nachhaltig durch die Form der Unternehmensleitung bestimmt. In beiden Fällen handelt es sich um Familienunternehmen; F wird von den Inhabern selbst geführt. Kennzeichnend ist jeweils eine Verbindung von "patriachalen" und "modernen" Personalstrategien, d.h., auf der einen Seite richtet sich die Personalpolitik auf die vollständige Flexibilisierung der Arbeitskräfte nach Lage und Dauer der Arbeitszeit und auf der anderen Seite wird ein hohes Maß an Identifitkation der Arbeitskräfte mit dem Unternehmen eingefordert.

Im Fall F wurden zum Zeitpunkt unserer Untersuchung Wahlen zum Betriebsrat durchgeführt. Diese erfolgten aus Furcht der Beschäftigten vor Sanktionen durch die Geschäftsleitung in Briefwahl. Eine im Anschluß an die Wahlen durchgeführte Betriebsversammlung, nach Auskunft der Beschäftigten die erste seit Bestehen des Unternehmens, wurde vom Inhaber des Unternehmens nicht nur als Provokation betrachtet, sondern als "erster Schritt zur Enteignung". Der Betriebsrat wird als "von außen gesteuert" bezeichnet, der nur Unruhe in das Unternehmen bringe. Nach Angaben der Geschäftsleitung war die

Zusammenarbeit mit dem vorherigen Betriebsrat problemlos. Mit ihm wurde die Einführung von kapazitätsorientierten variablen Arbeitszeiten (Kapovaz) abgesprochen; mit seiner Zustimmung wurden Zeitsummenzähler direkt an den Arbeitsplätzen im Verkauf installiert und mit der EDV−gestützten Verwaltung verbunden. Ein Informationsrecht des Betriebsrates über die Einführung und Nutzung der neuen Technologien wie über personalwirtschaftliche Maßnahmen lehnt der Inhaber von F jedoch strikt ab, da "Technik und Personalpolitik ... überhaupt nicht miteinander zu tun haben" (F1 M1). Ein Unternehmen zu führen und die Interessen und Belange der Beschäftigten zu kennen und zu berücksichtigen, bedinge sich wechselseitig, dazu bedürfe es nicht einer Interessenvertretung der Arbeitnehmer.

Im Fall E wird der Betriebsrat, anders als in F, nicht ausgegrenzt, sondern über die Personalpolitiken des Unternehmens "selbstverständlich" informiert und in die Maßnahmen eingebunden.

Besprechungen zwischen Geschäftsleitung und Betriebsratsvorsitzendem finden überwiegend in informeller Art statt. Sowohl über technisch−organisatorische Änderungen wie über die Einführung variabler Arbeitszeiten wurde der Betriebsrat informiert; das "Wohl des Gesamtunternehmens" stand dabei für beide Seiten im Vordergrund. Die Identifikation mit dem Unternehmen führte auch zur Akzeptanz der Entscheidungen der Geschäftsleitung über das Systemkonzept:

"Weil die Geschäftsleitung das auch von der kaufmännischen Seite her versteht, sehen wir ein, daß das dann so gemacht werden muß mit der EDV. Einwände von uns (dem BR) hätte man wahrscheinlich berücksichtigt" (E7 M4, Betriebsratsvorsitzender).

Von Seiten des Betriebsrats sind jedoch keine Einwände vorgebracht worden. Ebensowenig gegen die Stundenreduzierungen und variablen Arbeitszeiten für die beschäftigten Frauen. Die Einführung von Zeitsummenzählern am Arbeitsplatz wird vom Betriebsratsvorsitzenden wie folgt kommentiert: "Kontrolle muß sein, wir sitzen alle in einem Boot, leben alle vom Verkauf."

In der Flexibilisierung der Arbeitszeiten sieht der Betriebsratsvorsitzende nicht nur einen Vorteil für das Unternehmen, sondern auch für die weiblichen Arbeitskräfte. Eine Registrierung der Anwesenheit am Arbeitsplatz über den Zeitsummenzähler führt nach seiner Meinung zu "reelleren Arbeitszeiten" und mache eine Abstimmung der Arbeitszeiten mit privaten Interessen möglich. Die Integration des Warenwirtschaftssystems mit Personalsteuerungssystemen sei der richtige Weg für den Erfolg des Unternehmens: "Warum sollen die Verkäuferinnen rumstehen, wenn keine Arbeit da ist, wenn keine Kunden da sind" (E7 M4).

Die positive Haltung des Betriebsrats gegenüber kapazitätsorientierten variablen Arbeitszeiten basiert auf den gleichen Argumenten, wie sie die Geschäftsleitung des Unternehmens vertritt. Interessenvertretung der Arbeitnehmer heißt in diesem Fall, daß der Betriebsrat als Vermittler der personalpolitischen Strategien des Unternehmens gegenüber der Belegschaft fungiert.

Wie wir bereits erwähnten, ist die Bereitschaft der im Einzelhandel beschäftigten Frauen zum Engagement in gewerkschaftlicher und betrieblicher Interessenvertretung nicht stark ausgeprägt. Die Gründe dafür scheinen aber nicht alleine in einer sog. Familienorientierung der Frauen zu liegen; eine kritische bis ablehnende Haltung gegenüber Gewerkschaft und Betriebsrat beruht nach unserer Untersuchung nicht unwesentlich auf den alltäglichen Erfahrungen der weiblichen Arbeitskräfte mit der Praxis der Interessenvertretung im Betrieb.

Die personelle Besetzung der Betriebsräte in den von uns untersuchten Betrieben unterschied sich sehr stark nach dem jeweiligen Vertriebstyp des Unternehmens: Während den Betriebsräten der Warenhäuser weibliche Arbeitskräfte gar nicht bzw. in der Minderheit (zwei von neun Betriebsratmitgliedern) angehörten, waren die Betriebsräte der Kaufhäuser und des Discountbetriebes D in der Mehrzahl durch Frauen vertreten. Im Fall C existiert aufgrund der Größe der Filiale kein Betriebsrat, die Interessenwahrnehmung und Verbindung zum Gesamtbetriebsrat des Konzerns wird durch eine Vertrauensfrau gewährleistet. Trotz des hohen Frauenanteils insgesamt in den Betriebsräten (18 von 39), wird die Position des Betriebsratsvorsitzenden nur im Betrieb F von einer Frau eingenommen.

Die von uns befragten männlichen Betriebsratsvorsitzenden sahen kein Problem darin, die Interessen von überwiegend weiblichen Arbeitskräften zu vertreten. Zum einen stand dahinter ihr Verständnis von Lohnarbeit, das männliche wie weibliche Arbeitskräfte den gleichen Bedingungen unterwerfe und zum anderen ihre persönliche Erfahrung mit der eigenen Familie, aus der sie Kenntnisse über spezifische weibliche Problemlagen, wie bspw. bei Schwangerschaften zu kennen meinten.

Insgesamt konnte − bis auf eine Ausnahme im Fall E − von uns festgestellt werden, daß die Betriebsräte sich ihrer Schutzfunktion gegenüber den weiblichen Arbeitskräften bewußt waren. Als das alles andere überlagernde Problem stellt sich in der Praxis der Betriebsratsarbeit die Abwehr der Umwandlung von Vollzeit− in Teilzeitarbeit und der Flexibilisierung der Arbeitszeiten dar. Im Fall B bemühte sich der Betriebsrat, auf Drängen einiger Frauen, die in der Umstrukturierungsphase des Unternehmens Arbeitsstundenreduzierungen hinnehmen mußten, um neue Arbeitsverträge mit voller Stundenzahl − nach seiner eigenen Einschätzung jedoch ohne Erfolgsaussichten.

Für den Betriebsrat der Filiale A liegt im Informationsdefizit der teilzeitbeschäftigten Frauen auch ein Defizit effizienter Interessenvertretung. Wechselnde Einsatzzeiten der weiblichen Arbeitskräfte verhindere vielfach ihre Beteiligung an Betriebsversammlungen oder Besprechungen in den Abteilungen. Da noch keine Strategie zur Aktivierung dieser Arbeitskräftegruppe entwickelt wurde, wird vom Betriebsrat ein Vertrauensleute–Konzept diskutiert, das allerdings in anderen Filialen und vom Gesamtbetriebsrat des Konzerns nicht unterstützt wird. Ein ähnlicher Weg zur Beteiligung der Teilzeitarbeitskräfte an der Interessenvertretung wurde vom Gesamtbetriebsrat des Unternehmens C eingeschlagen, allerdings aufgrund anderer Voraussetzungen. In den Filialen der Vertriebslinie C ist das Personalvolumen so gering, daß in keiner Filiale ein Betriebsrat gebildet werden kann. Das von der Gewerkschaft HBV vorgeschlagene Vertrauensleute–Konzept, das vorsieht, organisierte Mitglieder zu Vertrauensleuten zu wählen, kann jedoch nur unter Verzicht auf diese Bedingung der Mitgliedschaft in der Gewerkschaft realisiert werden. Der Organisationsgrad unter den Beschäftigten ist nicht ausreichend hoch. Ein zusätzliches Problem liegt nach Angabe des Betriebsratsvorsitzenden von C in der Nominierung von Kandidaten für Betriebsratswahlen. Weibliche Arbeitskräfte seien aufgrund ihrer Teilzeitbeschäftigungsverhältnisse und wegen der Filialstruktur des Unternehmens — kleine Betriebseinheiten in auseinanderliegenden Regionen — nicht bekannt genug, um gewählt zu werden. Dies gäbe immer wieder den Ausschlag dafür, männliche Kandidaten in Marktleiter– oder Substitutenposition aufzustellen, da diese im Laufe ihrer Karriere in unterschiedlichen Betriebsstellen gearbeitet hätten und den Beschäftigten bekannt seien. Ein Rollenkonflikt aus der Konstellation von betrieblicher Position und der Orientierung an der Interessenvertretung der Arbeitnehmer wird vom Betriebsratsvorsitzenden verneint.

Auch für die anderen Betriebsratsvorsitzenden, die sämtlich den mittleren Führungsebenen der untersuchten Filialen angehören (z.B. als Leiter der Warenwirtschaft/ Logistik) ist "das kein Thema". Allein die Vorsitzende des Betriebsrats im Fall F ist Verkäuferin, wie die Mehrzahl der von ihr zu vertretenden weiblichen Arbeitskräfte.

Das gravierendste Hindernis in der Interessenformulierung und –durchsetzung scheint uns in der wechselseitigen Wahrnehmung und Definition von Betriebsrat und weiblichen Arbeitskräften zu liegen.

Generell wird auf Seiten der Betriebsräte den weiblichen Arbeitskräften unterstellt, daß ihre primären Interessen auf häusliche und familiale Aufgaben gerichtet sind und ihre Erwerbsarbeit nur als "Zu–Verdienst" betrachten. Dabei geht aus den Äußerungen der Betriebsräte hervor, daß ihnen keineswegs das Verständnis für die Schwierigkeiten fehlt, "als Frau Familie und Beruf zu vereinbaren. Den Teilzeitkräften gelingt diese Balance selbstverständlich besser als den Vollzeitkräften" (B8 M4, Betriebsrat).

Andererseits wird jedoch hervorgehoben, daß Teilzeitarbeit dazu führe, daß "die Verkäuferinnen in ihrer Arbeit nur noch einen Job (sehen), den man für 2 — 3 Stunden macht. Alles andere interessiert sie nicht mehr. Priorität hat die Familie" (ZC3 M3, Betriebsratsvorsitzender).

Diese widersprüchliche Haltung der männlichen Betriebsräte gegenüber der Erwerbstätigkeit von Frauen — ihnen einerseits eine primäre Familienorientierung zu unterstellen und damit die Teilzeitbeschäftigung für Frauen zu akzeptieren und andererseits ein geringes Engagement für betriebliche Arbeitnehmerinteressen bei Teilzeitarbeitskräften zu beklagen — findet sein Pendant in der Haltung der Frauen zu ihrer eigenen beruflichen Perspektive und ihrem Engagement in betrieblicher Interessenvertretung.

5.2 Frauen zwischen Beruf und Familie

Betrachten wir zunächst einige sozialstatistische Daten (Alter, Familienstand, Kinder, berufliche Position) der von uns befragten 45 weiblichen Arbeitskräfte aus den untersuchten Einzelhandelsbetrieben.

Zunächst fällt auf, daß die Frauen in der Altersgruppe von ca. 28 bis 57 Jahre, fast ausnahmslos ihre Erwerbstätigkeit während einer Familienphase zur Erziehung ihrer Kinder unterbrochen hatten, wobei die Dauer der Unterbrechung zwischen 2 und 19 Jahre betrug. In ihrer jetzigen beruflichen Position, als Verkäuferinnen, Kassiererinnen und Auszeichnerinnen, sind sie überwiegend als Teilzeitkräfte eingesetzt.

Eine zweite Gruppe junger Frauen, etwa bis zum Alter von 26 Jahren, ist nicht verheiratet, ohne Kinder und als Verkäuferinnen vollzeitbeschäftigt. Obgleich sie noch am Beginn ihres Erwerbslebens stehen, wird von den meisten von ihnen bereits eine Unterbrechung der Erwerbstätigkeit im Falle der Familiengründung geplant. Ein anderer Teil der Gruppe junger Frauen ist verheiratet, ohne Kinder und arbeitet als Teilzeitkräfte im Verkauf.

Faktisch wie normativ entspricht das Verhalten der Frauen in diesen beiden Gruppen der sog. weiblichen Normalbiographie. Für die älteren Frauen, die vor etwa 20 Jahren ihre Erwerbstätigkeit wegen der Familienaufgaben unterbrochen hatten, mag das damals vorherrschende Rollenverständnis zwingender für ihre Entscheidung gewesen sein, als es vielleicht heute den jungen Frauen erscheinen müßte. Unübersehbar ist aber auch, daß die betrieblichen Öffnungszeiten des Einzelhandels und damit die täglichen Arbeitszeiten der weiblichen Arbeitskräfte

nicht kompatibel waren mit bspw. den Öffnungszeiten öffentlicher Betreuungs-
einrichtungen für Klein— und Schulkinder. Vor dem gleichen Problem stehen
die jungen Frauen jedoch auch heute noch, wenn sie nicht auf familiäre Unterstützung bei der Kinderbetreuung zurückgreifen können. Besonders krass wird
die Angewiesenheit auf Hilfe bei der Betreuung von Kindern durch öffentliche
Einrichtungen oder Familienangehörige im Falle flexibler Arbeitszeiten der
Frauen.

Täglich neu müssen in diesen Familien Abstimmungsprozesse stattfinden, um
die Versorgung der Kinder sicherzustellen (s.Bsp. S.63). Hier wird deutlich, daß
flexible Arbeitszeitregelungen nicht nur hohe Anforderungen an die Flexibilität
der Arbeitskräfte selbst richtet, sondern die gesamte Familie den betrieblichen
Flexibilitätsanforderungen unterworfen wird.

Der Wiedereinstieg in die Erwerbstätigkeit ist in der Regel nur über Teilzeitarbeit möglich. Der Grund dafür liegt, wie bereits gesagt, in den personalwirtschaftlichen Strategien der Unternehmen, die über die Reduzierung des Arbeitsvolumens der Beschäftigten die technisch—organisatorischen Rationalisierungseffekte nutzen. Die ansteigende Tendenz zur Teilzeitbeschäftigung betrifft mittlerweile auch junge Frauen, die am Anfang ihres Erwerbslebens stehen. Für sie
beginnt die Phase einer marginalen Beschäftigung u.U. bereits mit ihrer Ehe-
schließung und der Übernahme der Hausarbeit. Dabei ist es jedoch nicht allein
die Belastung durch Hausarbeit, die die Frauen zwingt, Teilzeitbeschäftigungsverhältnisse anzunehmen, sondern das mangelnde Angebot an Vollzeitarbeitsplätzen.

Den weiblichen Arbeitskräften ist aufgrund ihrer Erfahrung im Beruf und mit
der Familie klar, daß sich eine Vollzeitbeschäftigung im Einzelhandel mit den
Aufgaben in der Familie kaum vereinbaren läßt. "Entweder nur das eine oder
nur das andere" zu wählen, entspricht jedoch weder ihren sozialen Bedürfnissen
noch ihren ökonomischen Bedingungen. Der sozialen Isolation der Kleinfamilie
zu entgehen und gleichzeitig die Familienaufgaben erfüllen zu können wie über
berufliche Arbeit einen "Zu—Verdienst" zum Familieneinkommen zu erreichen,
läßt eine Teilzeitbeschäftigung attraktiv erscheinen. Daß sie mit dieser Entscheidung ihre beruflichen Ansprüche auf ein Minimum reduzieren und ihnen die
Chancen zur Weiterqualifizierung und Aufstieg verwehrt sind, ist den Teilzeitarbeitskräften sehr wohl bewußt:

"Es ist ja mit den Frauen so: entweder sind die beruflich erfolgreich oder
sie haben eine gute Familie. Beides zusammen ist nicht unter einen Hut zu
bringen, dann haben sie immer ein schlechtes Gewissen der Familie gegen-

über. Beruflich erfolgreiche Frauen sind meistens Singles" (E4 F11, Sachbearbeiterin).

Der Verzicht auf eine Familie und das Leben mit Kindern ist selbstverständlich der Mehrzahl der weiblichen Arbeitskräfte ein zu hoher Preis für eine erfolgreiche Berufskarriere. Hinzu kommen ihre alltäglichen Erfahrungen, daß der Einzelhandel zwar im Verkauf und in den operativen Tätigkeiten eine Domäne der Frauen darstellt, die Führungspositionen aber nur in seltenen Fällen von Frauen eingenommen werden.

Eine dritte Gruppe der von uns befragten Frauen im Alter zwischen 30 und 55 Jahren hatte immerhin mittlere bis höhere Positionen als Abteilungsleiterinnen, Geschäftsleiterinnen und Personalleiterinnen inne. Sie sind in der Regel nicht verheiratet bzw. verheiratet ohne Kinder. Sie hatten ihre Erwerbstätigkeit nicht unterbrochen und sind sämtlich Vollzeitbeschäftigte. Wie aus den Berichten der Frauen in Leitungspositionen hervorgeht, mußten sie, um eine solche Position zu erreichen nicht nur ein beträchtliches Maß an Leistung und Aufstiegswillen aufbringen, sondern zugleich auf familiäre Ambitionen verzichten:

"Die Frauen, die im Einzelhandel Karriere machen wollen, müssen absolut zu ihrem Beruf stehen. Familienleben, Familienplanung kann man vergessen. Man hat kaum Wochenenden, kaum Freizeit" (E3 F2, Bereichsleiterin).

Der berufliche Aufstieg ist im Einzelhandel auch immer mit einer hohen Mobilitätsbereitschaft für den Einsatz in verschiedenen Filialbetrieben und Betriebsteilen verbunden. Konnte diese Mobilität von Frauen mit Familie bisher nicht erbracht werden, scheint sich eine "Tendenz zur Immobilität" mittlerweile auch bei männlichen Arbeitskräften zu verbreiten. Der Personalchef des Unternehmens B führt dies auf "veränderte Werthaltungen bei den jüngeren männlichen Mitarbeitern" zurück:

"... das führt dazu, daß sie eher einen ruhigen Job als eine Karriere, die nur über ein hohes Maß an zeitlicher Flexibilität und räumlicher Mobilität zu erreichen ist, anstreben. Familie und Freundeskreis, ein Haus oder eine Eigentumswohnung sind dann hinderlich für das Fortkommen" (ZB 1 M2).

Für Frauen könnte möglicherweise im neuen Verhalten der Männer eine Chance bei der Konkurrenz um bessere Positionen liegen, allerdings für sie wohl immer noch um den hohen Preis des Verzichts auf Familie und Kinder, einen Preis, den männliche Arbeitskräfte aller Wahrscheinlichkeit nicht zahlen müssen. Um die Einstellung der weiblichen Arbeitskräfte im Einzelhandel zur betrieblichen Interessenvertretung der Arbeitnehmer zu charakterisieren, wählen wir zwei Betrachtungsweisen: einmal die Erfahrungen der Frauen mit der Arbeit der Betriebsräte und zum zweiten ihr eigenes Engagement in der Interessenvertretung.

Um es vorweg zu sagen: Selbst wenn die von uns befragten Frauen positive Erfahrungen mit der betrieblichen Interessenvertretung gemacht hatten, waren sie nicht bereit, sich aktiv an dieser zu beteiligen. Die Mehrzahl von ihnen steht der betrieblichen Interessenvertretung der Arbeitnehmer kritisch bis ablehnend gegenüber und sucht bei Konflikten in der Arbeitsorganisation individuelle Lösungsmöglichkeiten.

Allein im Fall A trifft die Arbeit des Betriebsrates auf die breite Zustimmung der weiblichen Arbeitskräfte. Da dem Betriebsrat daran gelegen ist, die Ausweitung von Teilzeitarbeit zu verhindern, werden von ihm regelmäßig die Arbeitseinsatzpläne kontrolliert und Überstunden i.d.R. abgelehnt. Ein außerordentlich hoher Organisationsgrad — mehr als 90% der Beschäftigten sind Mitglied der Gewerkschaft — stärkt die Stellung des Betriebsrates in der Filiale.

Im Fall B wird die Arbeit des Betriebsrates eher abwartend—kritisch betrachtet — eine Folge der Erfahrungen der Frauen mit Stundenreduzierungen in der Umstrukturierungsphase des Unternehmens. Weitgehend abgelehnt wird der Betriebsrat in den übrigen untersuchten Betrieben, was im Fall C auf die geringe Bekanntheit des Betriebsrates und seiner Aktivitäten zurückgeführt werden kann und in den Betrieben D und E auf die "arbeitgebernahe Position", die der Betriebsrat nach Ansicht der Frauen vertritt. Wiederholt wird von den Frauen zum Ausdruck gebracht, daß der Betriebsrat "eh nicht viel machen kann". Entsprechend dieser Einschätzung sind die Frauen nur in seltenen Fällen bereit, bei Konflikten am Arbeitsplatz den Betriebsrat einzuschalten. Abgesehen davon, daß ihnen aufgrund mangelnder Information die Kompetenzen der betrieblichen Interessenvertretung oft nicht bekannt sind, versuchen sie, persönliche Probleme mit der Arbeitsorganisation in erster Linie durch Gespräche mit dem direkten Vorgesetzten individuell zu lösen. In ihrem Verhalten setzen die weiblichen Arbeitskräfte stärker auf informelle Kontakte und zeigen eine große Kompromißbereitschaft; nach ihrer Ansicht wird durch die Einschaltung des Betriebsrates eher das Betriebsklima gestört und sie selbst als Störenfriede betrachtet.

Auch die Frauen, die der Interessenvertretung der Arbeitnehmer positiv gegenüberstehen, sind kaum bereit, aktiv daran mitzuarbeiten. Die Gründe, die von ihnen dazu genannt werden, liegen sowohl in dem prekären Verhältnis von Erwerbsarbeit und Reproduktionsarbeit wie in ihren spezifischen Sozialisationserfahrungen und einem daraus resultierenden Selbstmodell. Von Teilzeit— und Vollzeitarbeitskräften wird in erster Linie auf knappe zeitliche Ressourcen verwiesen, die ihnen ein Engagement in der betrieblichen Interessenvertretung nicht ermögliche. Interessant ist jedoch die unterschiedliche Wahrnehmung von knapper Zeit bei diesen beiden Arbeitskräftegruppen: Während die Vollzeitbeschäftigten den geringen Zeitanteil meinen, der ihnen nach Haus— und Familienarbeiten verbleibt, verweisen die Teilzeitbeschäftigten auf ihre geringe zeitliche Anwesenheit im Betrieb, die ein Engagement verhindere.

Ist das "Zeitargument" der Vollzeitarbeitskräfte sofort einleuchtend, so könnte bei den Teilzeitarbeitskräften jene "weibliche List" vermutet werden, durch die zugunsten einer primären Orientierung auf weibliche Lebensbereiche wie Familie und Haushalt auf berufliche Interessen verzichtet wird. Dabei würde jedoch übersehen, daß speziell die weiblichen Teilzeitarbeitskräfte wegen der zeitlichen Organisation ihrer Tätigkeit von relevanten Informationsflüssen und Kommunikationsprozessen abgeschnitten sind. Darüber hinaus entstehen teilzeitbeschäftigten weiblichen Betriebsräten direkte finanzielle Nachteile, wenn bspw. Betriebsratssitzungen über die Zeit ihrer täglichen Arbeitszeit hinausgehen. Im Fall D wurde weder der tatsächliche Zeitaufwand als Arbeitszeit angerechnet, noch konnte für diese Zeit Freizeitausgleich genommen werden.

Daneben gilt, für beide Arbeitskräftegruppen, ein aus Sozialisationserfahrungen gewonnenes Selbstmodell, das sich in einem Gefühl mangelnder Kompetenz ausdrückt.

Während die Frauen den männlichen Interessenvertretern generell mehr Kompetenz und größere Durchsetzungsfähigkeit gegenüber dem Management zuschreiben, sehen sie ihre eigenen Stärken eher in Hilfsbereitschaft und Verständnis untereinander.

Von diesem Selbstmodell scheint auch die Mitarbeit in der betrieblichen Interessenvertretung der Arbeitnehmer geprägt zu werden, wie das Beispiel einer Betriebsrätin in der Filiale des Unternehmens B zeigt:

Frau F., 55 Jahre alt, verwitwet, vollzeitbeschäftigte Verkäuferin, wurde von ihren Kolleginnen gedrängt, für den Betriebsrat zu kandidieren. Ihre lange Betriebszugehörigkeit und ihr energisches Eintreten für eine größere Repräsentanz von Frauen im Betriebsrat ließen sie in den Augen ihrer Kolleginnen als geeignete Kandidatin erscheinen. Frau F. wurde mit der höchsten Stimmenzahl in den Betriebsrat gewählt. Den Vorsitz, der eine Freistellung bedeutet hätte, überließ sie einem männlichen Kollegen. Da sie bis zu ihrer Wahl nie gewerkschaftliche Seminare oder Schulungen besucht hatte und sich bspw. im BetrVG nicht auskannte, fühlte sie sich den Aufgaben einer Betriebsratsvorsitzenden nicht gewachsen. Trotz ihrer Bemühungen, sich in die Materie einzuarbeiten, hatte sie große Mühe, bei arbeitsrechtlichen Problemen die Fragen ihrer Kolleginnen und Kollegen zu beantworten. Sie sei immer "mit so einer kleinen Broschüre von der Gewerkschaft unterm Arm rumgelaufen, um die Fragen auch richtig beantworten zu können. Aber alles stand da auch nicht drin. Und dann wußte ich nicht weiter." Ihre Hauptschwierigkeiten verbanden sich allerdings mit der regelmäßigen Teilnahme an Besprechungen und Sitzungen des Betriebsrates während der Arbeitszeit. Bei der äußerst knappen Personalbesetzung in ihrer Abteilung war es ihr sehr unangenehm, den "Abteilungsleiter immer zu fragen, ob ich zu den Sitzungen gehen kann." Ihre Abwesenheit bedeutete, daß ihre Arbeit von den wenigen Kolleginnen mitgemacht werden mußte. Für Frau F. bestand das Dilemma darin, sich für die Interessen ihrer Kolleginnen nur auf deren Kosten einsetzen zu können. Sie löste es, indem sie nur noch sporadisch an den Besprechungen und Sitzungen des Betriebsrates teilnahm, dadurch "aber auch nichts mehr richtig mitbekommen" hat. Bei den nächsten Wahlen zum Betriebsrat wurde Frau F. nicht wiedergewählt. Ihr ursprüngliches Engagement wurde zwischen den widersprüchlichen Anforderungen und Ansprüchen aus der Arbeitsorganisation und aus der Betriebsratsarbeit aufgerieben.

Bei der Vorstellung über aktive Interessenvertreter der Arbeitnehmer stimmen die von uns befragten weiblichen Arbeitskräfte weitgehend überein:

"Dazu muß man auch der richtige Typ sein, sich durchsetzen können, sich für andere einsetzen können" (C4 F3, Verkäuferin/Kassiererin).

Eine große Rolle spielt in ihren Augen auch die Fähigkeit zu öffentlichem Auftreten. Obwohl die Frauen im Verkauf ständig mit einer großen Anzahl meist unbekannter Personen kommunizieren und in gewissem Sinne in der "Öffentlichkeit" agieren, lehnen sie eine exponierte Stellung, wie sie ein Betriebsrat innehat, für sich selbst ab:

"Welche Frau sollte das machen? Ein bißchen Mut müßte man schon haben, um vor so vielen Leuten zu reden. Ich könnte das nicht" (B3 F2, Substitutin).

Bemerkenswert ist zudem der Hinweis einer weiblichen Führungskraft der Filiale B: Nach ihrer Wahrnehmung, in über 20jähriger Berufsarbeit im Einzelhandel, sind Verkäuferinnen aus "typisch weiblichen" Warengruppen wie z.B. Mode und Textil, in einem weitaus geringerem Maße an Fragen der betrieblichen und gewerkschaftlichen Interessenvertretung interessiert als Verkäuferinnen aus Warengruppen, in denen männliche Arbeitskräfte dominieren. Wir konnten dieser Einschätzung zwar nicht empirisch nachgehen, plausibel scheint jedoch, daß "typisch weibliche" Verhaltensweisen wie Geduld und Einfühlungsvermögen — auch wenn sie über Fremd— und Selbstzuschreibung generiert werden — die Artikulation und Durchsetzung von Arbeitnehmerinteressen tendenziell eher verhindern als befördern. Wie wir feststellen konnten, erhalten junge Frauen, die sich gewerkschaftliche engagieren, von ihren älteren Kolleginnen häufig das negativ assoziierte Label "Emanze", womit ihnen die Bereitschaft zur Übernahme von Verantwortung in der betrieblichen Interessenvertretung der Arbeitnehmer nicht eben honoriert wird.

5.3 Teilzeitarbeit und Qualifizierung

In der Mehrzahl der von uns untersuchten Betriebe (ausgenommen sind die zwei Kaufhäuser) wurden im Zusammenhang mit der Nutzung Neuer Technologien Betriebsvereinbarungen abgeschlossen, um unzumutbare Belastungen für Arbeitskräfte und wesentliche Auswirkungen auf bestehende Arbeitsplätze und Qualifikationen als Folge der Anwendung technischer Systeme auszuschließen. Der betrieblichen Interessenvertretung der Arbeitnehmer stehen damit institutionalisierte Wege der Information und Beratung zur Verfügung; den Betriebsräten fehlt jedoch überwiegend das Expertenwissen, um im Vorfeld von Entscheidungen über Einsatz und Nutzung der Neuen Technologien an der Gestaltung von Arbeitssystemen mitzuwirken.

Unter dem Eindruck, daß durch die Nutzung technischer Systeme zur Steuerung der Warenwirtschaft die Ertragslage des Unternehmens und damit die Arbeitsplätze zu sichern sind, stehen die Betriebsräte den neuen Technologien durchaus positiv gegenüber. Rationalisierungseffekte der Technisierung und Organisierung verschiedener Funktionsbereiche, die sich in einer Verringerung des Arbeitskräftevolumens auswirken, betreffen nach unseren Befunden primär die weiblichen Arbeitskräfte im Einzelhandel. Der Abbau von Vollzeit— zugunsten von Teilzeitbeschäftigung für Frauen wird zwar einerseits von der Interessenvertretung der Arbeitnehmer als "Einfallstor" zur Änderung des gesamten Arbeitssystems im Einzelhandel befürchtet, andererseits besteht jedoch ein Konsens zwischen der betrieblichen Interessenvertretung und dem betrieblichen Management über die Zumutbarkeit von Teilzeitarbeit für weibliche Arbeitskräftegruppen. Die Mehrheit der weiblichen Beschäftigten im Einzelhandel bestätigt durch faktisches Verhalten und normative Orientierung diese Marginalisierung ihrer Erwerbsarbeit. Für Frauen im Einzelhandel scheint weitgehend nur unter Verzicht auf eine Familiengründung ein Normalarbeitsverhältnis ein eventueller beruflicher Aufstieg realisierbar. (Allerdings sind hier die diffizilen Prozesse der Benachteiligung weiblicher Arbeitskräfte aufgrund antizierbaren Verhaltens nicht näher auszuführen).

Die Formulierung von Interessen und das Engagement in betrieblicher Interessenvertretung von Seiten der weiblichen Arbeitskräfte ist nach unseren Befunden nur gering ausgeprägt. Zeitliche Restriktionen aus der ihnen gesellschaftlich zugewiesenen Verantwortung und Belastung für familiale Aufgaben und ein Selbstbild, das sich durch mangelnde Kompetenz und geringe Durchsetzungsfähigkeit bei der Vertretung kollektiver Interessen auszeichnet, führen dazu, daß Frauen sich in ihren beruflichen und betrieblichen Ansprüchen bescheiden.

Vor dem Hintergrund der schnellen Diffusion technischer Systeme zur Steuerung der Warenwirtschaft und Integration der Personalwirtschaft, liegt die Prognose nahe, daß in den verschiedenen Vertriebs — und Betriebsformen des Einzelhandels eine weitere Verringerung des Beschäftigungsvolumens durch Ausweitung von Teilzeit — und flexiblen Beschäftigungsverhältnissen erfolgen wird, wenn ein differenzierter Arbeitseinsatz Kostenvorteile für das Unternehmen verspricht.

Die Frage ist, welche Konsequenzen die betriebliche und gewerkschaftliche Interessenvertretung der Arbeitnehmer aus diesen Tendenzen, die ja in erster Linie die weiblichen Arbeitskräfte betrifft, ziehen kann.

Angesichts des bisher erreichten Ausmaßes von Teilzeitbeschäftigung im Einzelhandel, die ja auch Funktion der heterogenen Lebenslagen und Arbeitszeitpräferenzen der weiblichen Arbeitskräfte ist, ist es keine gewagte These zu behaupten, daß die Ausbreitung von Teilzeitbeschäftigung mittlerweile unumkehrbar geworden ist. Das heißt aber auch, daß die bereits bestehende Praxis von Teilzeitarbeit und variabler Arbeitszeitgestaltung vordringlich von den Gewerkschaften tarifvertraglich geregelt werden muß und erweiterte Mitwirkungsmöglichkeiten der Betriebsräte bei Lage und Dauer der Arbeitszeiten geschaffen werden müssen.

Wenn zudem, wie nach unseren Befunden anzunehmen ist, Teilzeitarbeit für einen großen Teil der im Einzelhandel beschäftigten Frauen die möglicherweise einzige Chance darstellt, am Erwerbsleben überhaupt teilzunehmen, müßten die Probleme der internen Segmentierung der Arbeitskräfte größere Aufmerksamkeit finden: Die Arbeitsplätze der Teilzeitbeschäftigten sind überwiegend auf den unteren Ebenen der betrieblichen Hierarchie angesiedelt; die Teilzeitarbeitskräfte sind von internen Weiterbildungssystemen und Aufstiegswegen weitgehend abgeschnitten. Selbst eine langjährige Betriebszugehörigkeit kann nicht verhindern, daß Teilzeitarbeitskräfte aufgrund der Organisation des betrieblichen Arbeitsablaufs aus betrieblichen Kommunikationsstrukturen herausfallen und eine isolierte Randstellung innerhalb der Belegschaft einnehmen. Der betriebliche Status der Teilzeitarbeitskräfte ist weniger an ihre tatsächlichen Qualifikation gebunden, sondern an Arbeitszeitregelungen geknüpft und sinkt entsprechend ihres Arbeitsstundenvolumens.

Es käme u.E. darauf an, diese Segregationslinie des internen Arbeitsmarktes mit den vorherrschenden Qualifikations—, Mobilitäts— und Aufstiegsbarrieren für Teilzeitarbeitskräfte zu durchbrechen und bspw. durch betrieblich—institutionelle Regelungen individuelle Qualifikations— und Weiterbildungschancen sicherzustellen. Dazu gehört auch die Umkehrbarkeit des Übergangs von Vollzeit— auf Teilzeitarbeit.

Durch die innerbetriebliche Anerkennung der Teilzeitarbeitskräfte als "Leistungsträger" könnte der für die betriebliche Interessenvertretung der Arbeitnehmer negative Zusammenhang von marginalisiertem Erwerbsleben und Gleichgültigkeit gegenüber kollektiver Interessenvertretung bei Frauen durchbrochen werden.

6. Ergebnisse: Neue Technologien und moralische Ökonomie der weiblichen Arbeitskraft im Einzelhandel

Der Versuch einer problemorientierten Zusammenfassung unserer in Betriebsfallstudien unterschiedlicher Vertriebsformen gewonnenen Ergebnisse bringt uns zum Ausgangspunkt unserer Überlegungen zurück. Infrage stand ein komplexer Wirkungszusammenhang: Welche Rolle spielen die organisatorischen Nutzungsstrategien der implementierten Warenwirtschaftssysteme im Rationalisierungsprozeß des Einzelhandels und welche Perspektiven für den Personaleinsatz von Frauen ergeben sich daraus? Diese Frage stellt und beantwortet sich natürlich anders und unterschiedlich für die daran beteiligten "Akteure" und "Aktricen". Die hier gewählte Formulierung bildet den gesellschaftlichen Sachverhalt einer Machtasymmetrie von Beschäftigern und Beschäftigten ab, der zur Folge die strategischen' Orientierungen und Entscheidungen des Managements dominant sind und in dieser Sichtweise der Personaleinsatz, erst recht der von Frauen, eine im "strategischen Set" untergeordnete und auf Ein− und Anpassung ausgerichtete Größe ist.

Personalplanung, erst recht eine langfristige, globale und mehrdimensionale, auf Organisationsentwicklung angelegte *Personalpolitik* ist eine weiße Stelle im von uns untersuchten Feld des Einzelhandels. Das soll nicht heißen, daß es nicht einzelne Maßnahmen und nicht auch häufig erkennbare Anstrengungen zu einem "pfleglichen Umgang" (Kern/Schumann 1984) mit der "Ressource Frau" gibt. Aber, auf eine typisierende, gleichwohl im Hinblick auf andere Branchen unseres Erachtens nicht überzogene Formel gebracht, lautet das Fazit: die Einzelhandelsorganisationen betreiben Personalpolitik vor allem als Mengenpolitik der effektiven zeitlichen Plazierung von Arbeitsvolumen. Sie sind in diesem Sinne "lokale Maximierer" (Elster 1987), die die Vorteile eines aktuell realisierten hinreichenden Personalbedarfes nicht gegen eventuelle langfristige Nachteile aufrechnen und bedenken. Die Orientierung an der möglichst knappen Personaldecke mit der alle gegenwärtig nötigen betrieblichen Funktionen abzudecken sind, verhindert und verstellt weitgehend die Antizipation "kühlerer Jahreszeiten" der Rekrutierung. Eine langfristige Qualifizierungspolitik und entsprechende Weiterbildungskonzepte stünden heute beim Einzelhandel auf schmalen "kalten" Füßen.

Fragt man nach den Gründen dieses *personalpolitischen Konservativismus*, so sind vor allem zwei zu nennen: Das ist zum einen die Rationalisierungsdynamik im Einzelhandel selbst, die gegenwärtig die strategischen Akteure mit neuen Konzepten, veränderten Betriebslinien und Reorganisationsmaßnahmen konfrontiert und die eine gesicherte langfristige Perspektive für durchhaltbare Personalpolitiken erschwert. Zu vieles ändert sich in der augenblicklichen Situation, vor allem der Kauf– und Warenhäuser intern und extern, auf das reagiert werden muß, als daß man langfristige Entwicklungspfade ausmachen und sich strategisch daran binden kann. Unter dieser Unsicherheit bleibt die Personalpolitik im "strategischen setting" randständig und in hergebrachten Bahnen.

Gewichtiger scheint der zweite Grund. Er führt auf den hinterfragten Zusammenhang zurück. Die hochbewertete und deshalb angezielte *Flexibilisierung* des betrieblichen Leistungsgefüges wird nicht vom Faktor "qualifiziertes Personal" erwartet, sondern von dem informationstechnologischen Einsatz der Warenwirtschaftssysteme. Auch wenn der "lange Traum" (Baethge/Oberbeck 1986) vom perfekten Warenwirtschaftssystem im Einzelhandel einem realistischen Ende zugeht, seine Nutzung steht in der Skala strategischer Präferenzen des Managements weit oben. Die Schwierigkeiten des Einsatzes und die unterschiedliche, meist suboptimale Nutzung der Systeme ändert nichts an der durchaus nachvollziehbaren und realistischen Einschätzung, daß damit ein neues Rationalisierungsniveau erreicht oder doch erreichbar ist.

6.1 Informatisierung: Transparenzgewinn und Strategiefähigkeit

Um den zentralen Stellenwert einschätzen zu können, der von den Geschäftsleitungen dem Aufbau und Einsatz von Warenwirtschaftssystemen zugesprochen wird, müssen wir noch einmal auf Überlegungen des ersten Teils zurückgreifen. Wir hatten dort in allgemeiner und hypothetischer Form das Grunddilemma der Rationalisierungsstrategien im Einzelhandel so benannt: Einzelhandelsorganisationen stehen unter der Anforderung befriedigende Transaktionen auf Beschaffungsmärkten mit solchen auf Absatzmärkten des individuellen Konsums erfolgreich und effizient zu verknüpfen. Auf eine Formel gebracht besteht das Dilemma darin, nach Preis und Menge gestern das eingekauft zu haben, was morgen wieder verkauft werden kann.

Der Einzelhandel organisiert kunden– und lieferantenseitig unterschiedliche Marktbeziehungen. Er ist damit zwei ganz unterschiedlich strukturierten Unsicherheitszonen konfrontiert, denen gegenüber er sich entscheidungsmäßig festlegen muß. Aus diesen Entscheidungen resultieren Risiken gerade dadurch,

146

daß sie im Hinblick auf die andere Transaktionsseite suboptimal sein können. Einzelhandelsorganisationen müssen also eine doppelte Unbestimmtheit abarbeiten. Für sich genommen als günstig bewertete Einkaufsmöglichkeiten sind nicht bruchlos in Verkaufsmöglichkeiten und Chancen zu überführen. Andersherum sichern durch erfolgreiche Abverkäufe erzielte Umsätze nicht auch schon die Erträge. Beide Transaktionsseiten müssen möglichst fortlaufend und gleichzeitig beobachtet und aufeinander bezogen werden. Das ist deshalb schwierig, weil es prinzipiell nur gegenläufige und nicht deckungsgleiche Teilstrategien gibt. Je nachdem von welcher Seite aus man die Marktbeziehungen organisiert, kann man entweder "nachfragen was kundenseitig nachgefragt wird", oder versuchen kundenseitig "anzubieten, was günstig angeboten wird". Beide Strategien sind mit unterschiedlichen Risiken behaftet. Jede Entscheidung über die eigene Nachfrage und das eigene Angebot wird zur Vorentscheidung für die jeweiligen ins Auge gefaßten Transaktionspartner, sich gerade deshalb anders zu entscheiden.

Die aus diesem Grunddilemma entstehenden Risiken können durch die arbeitsteilige Entscheidungsproduktion der Organisation verringert und damit kalkulierbar werden. Sie können aber nicht ausgeräumt, sondern nur verschoben und nachbehandelt werden. Sortimentspolitiken legen zum Beispiel überschaubare Warengruppen fest. Zielgruppenorientierungen erlauben die Berücksichtigung von Einkaufs — und Konsumverhaltensweisen der Kunden. Spannenkalkulationen puffern Absatzmöglichkeiten von Waren über Preise, ebenso wie Lagerhaltungen diese über Mengen sichern. Flexibler Personaleinsatz ermöglicht eine angemessene Verkaufsbereitschaft usw. Bei offensichtlich unterschiedlichen Bezugsproblemen, auf die die einzelnen Strategien ausgerichtet sind, haben sie doch eine gemeinsame Grundstruktur. Sie treffen Festlegungen möglichst so, daß ein Optionsspielraum für zukünftige Entscheidungsmöglichkeiten offenbleibt und sichern damit die Reaktionsfähigkeit und Marktreagibilität der Organisation. Sie können diese fortlaufende Entscheidungsproduktion aber nur unter der Bedingung aufnehmen und unter Rationalitätskriterien zu optimieren versuchen, daß ihnen dazu ausreichende Feedback — Informationen zur Verfügung stehen. In dieser Sichtweise wird Unsicherheit definierbar als Informationsmangel (Galbraith 1977).

Von diesen Überlegungen her wird jetzt ein zentrales Motiv zum Einsatz und zur Nutzung von Informationstechnologien im Einzelhandel sichtbar: Die Erstellung einer einheitlichen, und deshalb planmäßig distribuierbaren, gesicherten, also möglichst aktuellen und entscheidungsrelevanten Informationsbasis soll die arbeitsteilig angefallenen Informationen bündeln und so die Transparenz der Warenströme sichern.

Unsere Fallstudien haben gezeigt, daß "Transparenz" auf der Basis des Prinzipes der "einen Datei" für alle leistungsrelevanten Teilprozesse ein sehr relativer Begriff ist, um Umfang, Ausmaß und Funktionen der Informatisierung in den Unternehmen des Einzelhandels zu charakterisieren. Neben der eingangs formulierten theoretisch begründeten Skepsis, die sich auf die Selektivität der Datenwahl, die Rigidität der formalisierten Information und auf das Relevanzproblem der Brauchbarkeit der Daten als prospektives Wissen stützte, scheint uns auch aus empirischen Gründen eine vorsichtige Einschätzung angebracht.

Fragt man nämlich danach, über was, mit welcher Informationstiefe "Transparenz" gewonnen wurde, worin die organisatorischen Vorraussetzungen und Bedingungen bestehen und welche strategische Bedeutung schließlich die betriebliche Nutzungsformen haben, so kommt man zu einem vertriebsspezifisch unterschiedlichen Bild. Je nachdem, welche Sortimentpolitik verfolgt wird, welches Organisationskonzept entwickelt wurde, welche Verkaufsform in welcher Personaleinsatzvariante gewählt wird, haben die implementierten Warenwirtschaftssysteme ein unterschiedliches Gewicht und eine andere Bedeutung für die Rationalisierungsdynamik. Um einen einheitlichen und systematischen Ausgangspunkt zu bestimmen, kann man am besten die Gewinnung und Nutzung der Abverkaufsdaten in den Blick nehmen. Für die von uns untersuchten Vertriebstypen Kaufhaus, Warenhaus und Discounter ergeben sich jeweils dafür folgende Charakteristiken.

1. Für die *Kaufhäuser* steht die warenwirtschaftliche Kontrollfunktion im Vordergrund. Die Warenwirtschaftssysteme werden primär als Management — Informationssysteme zur Ertragssicherung und Warenbewirtschaftung genutzt. Sie sind Rationalisierungsinstrument der "wasserköpfigen" Verwaltungen, vor allem aber Frühwarnsysteme ökonomischer Risikolagen der gefährdeten mittelständischen Unternehmen. Sie stützen die Dispositionsentscheidungen der Einkäufer nur teilweise und in einer unprogrammierten und offenen Form. Die Daten haben die Form der ad hoc — Information und sind nicht durchgehend artikelgenau und aktuell. Die Systeme ragen nicht oder kaum in die Aktionsräume des traditionellen Beratungsverkaufes mit zugelassener Vorauswahl hinein. Kontrollobjekt ist eher das mittlere Management als das operative Personal.

2. Die *Warenhäuser* sind der "Härtetest" für die Implementation von Warenwirtschaftssystemen. Ihre Sortimentsvielfalt macht "Transparenz" des Abverkaufs und darüber den Abbau der Lager und die Steuerung der Logistik ebenso nötig wie schwer realisierbar. Die technologische Einführung eines auf alte Strukturen aufgesetzten Systems im globalen Umfang ist daran gescheitert. Erst die Reorganisation in Sparten, verknüpft mit der entschiedenen Neuschneidung der Sortimente unter dem Kriterium "Ertragseffizienz", gab ein Ordnungsgerüst für eine effektive Informatisierung. Diese erheblichen Vorleistungen und Vorläufe eines erfolgreichen Einsatzes zeigen:

148

Erst die Durchführung und Differenzierung der Warengruppen und Abteilungen erbrachte die *"Transparenz, die Transparenz ermöglicht"*, also die der angezielten detaillierten Warenbewegung. Diese Einsicht in die Mehrstufigkeit unterschiedlicher, aber komplementärer Ordnungsleistungen als Muster einer erfolgreichen Implementation scheint uns ein wichtiges Strukturmoment von Informatisierungsprozessen im allgemeinen freizulegen.

Entsprechend weitreichender werden die Abverkaufsdaten genutzt. Die Warenhauskonzerne haben erhebliche Kapazitäten zur Verarbeitung und Analyse aufgebaut. Automatische Disposition ist ein Systemstandard, wenn auch nicht gänzlich durchgesetzt und in seinen Folgen nicht unumstritten. Aber darauf wird noch zurückzukommen sein. Schließlich ist das operative Verkaufspersonal durch die Arbeit an Kassen−, Bestell− und Lagerhaltungssystemen in die Systemarbeit differenziert nach der Verkaufsform miteinbezogen.

3. Bedeutung und Gewicht der Warenwirtschaftssysteme ist für die Vertriebsform der *Discounter* zentral. Überspitzt formuliert: Sie sind Warenwirtschaftssysteme. Ihre aggressive, preiskompetitive Sortimentspolitik gibt den sich aus aktuellen und möglichst automatisch erhobenen Abverkaufsdaten für ablesbaren Markterfolg bzw. Nichterfolg einen zentralen Stellenwert für eine ertragsenge Disposition. Dafür gibt es unter der Anforderung zentralisierter und an unbedingter Beschaffungseffizienz orientierten Einkaufsentscheidungen keine funktionale Alternative. Es besteht eine enge Kopplung zwischen Abverkaufsdaten in sachlicher und zeitlicher Hinsicht, der im Wochenrhythmus oszillierenden Logistik und dem nach Kundenfrequenzen flexibilisierten Personaleinsatz. Den Marktleitern als dem verbleibenden lokalen Management fällt die Funktion situativer Anpassung und Reaktion auf "normale Störfälle" des Systems zu. Das fast ausschließlich weibliche Personal der operativen Ebene ist zugleich im hohen Maße systemausgesetzt und betroffen, wie in seinen Arbeitsvollzügen systembedingt und gebunden.

Diese Kurzraffung unserer Ergebnisse über eine Bandbreite von unterschiedlichen Vertriebsformen des Einzelhandels läßt folgende allgemeine Schlußfolgerungen zu.

Der erste Befund scheint uns thesenartig formuliert darin zu bestehen: der Einsatz von Warenwirtschaftssystemen erhöht, aber erfordert auch die *Strategiefähigkeit* von Einzelhandelsorganisationen. Mit ihrer Implementation wird die Zumutung zu strategischen Entscheidungen verschärft. Das neue Informationspotential des Systems bedarf zu seiner Nutzung präziser Vordefinitionen und der Festlegung von Planungsparametern. Installiert schafft es neue Entscheidungszwänge und dichtere Entscheidungslagen. Von Interesse ist dann, wie und ob dieser neustrukturierte Entscheidungsbedarf organisationsintern verteilt, abgearbeitet oder primär unter dem Gesichtspunkt der Macht− und Herrschaftssicherung zentralisiert wird, auch wenn dadurch kontraproduktive Effekte erwartbar sind. Strategiefähigkeit als Vorbedingung und Folge erhöht aber auch die Anwendungsschwelle für Informationstechnologien.

Zum zweiten ist die Rationalisierungsdynamik im Einzelhandel nicht ein—sondern mehrdimensional zu verstehen. Sie läßt sich nicht auf den "systemischen Einsatz" von Informationstechnologien "von oben" reduzieren (vgl. Baetghe/Oberbeck 1986). In allen vertriebsspezifischen Ausformungen der Nutzung von Warenwirtschaftssystemen handelt es sich um einen *"Strategiemix"* von Sortiments—, organisationsstrukturellen und personalpolitischen Entscheidungen. Als Managementinformationssystem mit Feed—Back—Funktion ist es auch für hergebrachte konventionelle Teilstrategien ein relevantes Kontrollinstrument. Die Beziehungen zwischen einzelnen strategischen Komponenten sind unter dem Einsatz von Informations— und Kommunikationssystemen nicht so sehr substitutiv als vielmehr komplementär zu begreifen. Das setzt allerdings die Analysierbarkeit ihrer Problemfelder und darauf aufbauend die Programmierbarkeit der entsprechenden Informationsströme voraus. Es ist häufig die eingeschränkte Analysefähigkeit und der ihr gegenüberstehende oft erhebliche Aufwand, der die Beobachtungskapazität der Systeme dann auf Routineprozesse festlegt und bestimmte Anwendungen verhindert. Das zentrale Beispiel dafür sind die bisher nur ansatzweise entwickelten wenigen Personalinformationssysteme. Die konditionale Programmierleistung der Systeme, mit der Routinen schneller abgewickelt und zum Teil automatisiert werden können, hat aber zur Folge, daß Routineentscheidungen schärfer von strategischen Entscheidungen differenziert werden. Daraus ergeben sich Anstöße und Gestaltungsspielräume für Reorganisationsmaßnahmen in der Organisation.

6.2 Organisationsstrukturen und Personaleinsatzeffekte

Mit der Nutzung der in unterschiedlichen Graden entwickelten Warenwirtschaftssysteme verschieben sich auch organisationsintern die Funktionsgewichte. Die horizontale Integration der Funktionsbereiche entlang des vernetzten Warenflusses unter der Maxime schnellerer Umschlagszeiten eines möglichst lagerknappen Bestandes führt zu einem erhöhten Abstimmungsbedarf und zu neuen *Koordinations— und Kooperationsanforderungen.* Typischerweise sind davon die früheren "Kulissenbereiche" Wareneingang und Lager, bzw. Transport besonders betroffen. Die jetzt bestehende enge zeitliche und funktionale Koppelung wertet sie auf. Die Fehlerempfindlichkeit der Technologie macht eine präzise und sytemverständige Zuarbeit nötig. Der Rationalisierungseffekt ist der einer Requalifizierung und Expansion dieser Bereiche, eine Folge die häufig dadurch verdeckt bleibt, daß die Funktionen selbständigen und spezialisierten Dienstleistungsunternehmen übertragen und damit externalisiert werden. Damit entstehen Leistungsketten, die trotz enger Kopplung die informationstechnische Vernetzbarkeit nutzen und zwischenbetriebliche Formen annehmen (dazu auch Altmann u.a. 1986).

Ein ebenso prägnanter weil fast durchgängig realisierter Struktureffekt ist die stärkere *vertikale Integration.* Die Umschichtung von Informationen und Kommunikationen auf die installierten Systeme und das ihnen inhärente Kontrollpotential erlauben *flachere Hierarchien.* Die Eingriffsmöglichkeiten des oberen Managements sind auf der Basis der erreichten Transparenz durch aktuelle Datenlagen sehr viel größer. Versandungseffekte bei der Ausführung von Vorgaben im unteren Management können darüber kleingehalten werden. Das untere Management ist der eigentliche Verlierer der diese Strukturänderung auslösenden Rationalisierung durch Informatisierung. Innovationsträgheit und Versandungseffekte sind umgekehrt offensichtlich häufiger und wahrscheinlicher, wenn die traditionellen mehrstufigen Hierarchien nur informationstechnologisch unterfüttert werden und deshalb zwar bestehen bleiben, aber dispositive Funktionen verlieren, ohne neue dazu zu gewinnen. In dieser Konstellation kommt es zu einer "widerwilligen Akzeptanz" des Informationssystems. Die Reorganisation zu abgeflachten Hierarchien bedeutet aber nicht notwendigerweise insgesamt weniger Hierarchie. Es bedeutet zunächst nur, daß die Stufung der Kompetenz— und Entscheidungsverteilung in der Organisatiuon sich erhöht und das Gefälle von Disposition und operativer Umsetzung steiler wird.

Charakteristischerweise wird in allen von uns untersuchten Fällen die Bildung von eigenverantwortlichen Geschäftsbereichen und Sparten mit einer *forcierten Zentralisierung* der Sortiments— und Einkaufspolititken sowie der Logistikbereiche verknüpft. Dieser zentrale Effekt der Einführung von Warenwirtschaftssystemen sichert den Unternehmen des Einzelhandels nicht nur zeitlich eine hohe Marktreagibilität, sondern stärkt durch die Bündelung von Auftragsvolumen die Marktmacht der Zentraleinkäufer und verbessert die Konditionen für die Transaktionen auf den Beschaffungsmärkten. Die Zentralisierung der Einkaufsfunktionen ist bei den Discountern mit ihren preisaggressiven Sortimentsstrategien am schärfsten ausgeprägt. Sie wird häufig noch dadurch aufgestockt, daß der Einkauf fast gänzlich externalisiert und Großhandelsgesellschaften übertragen wird. Die daraus resultierenden Wettbewerbsnachteile für die zumeist mittelständischen Kaufhäuser versuchen diese abzuschwächen durch die Inanspruchnahme von Einkaufsverbänden und Genossenschaften.

Der so zentralisierte Einkauf kann, soweit artikelgenaue und hochaktuelle Abverkaufsdaten zu Verfügung stehen, auf der Basis von Modellrechnungen und

Saisonplanungen automatische Dispositionssysteme aufbauen. Diese verknüpfen also eine kleinchargige, im Idealfall bestandlose Logistik und Routineeinkäufe. Es lassen sich dann aber typische Folgeprobleme ausmachen.

Die erhöhte Reaktionsfähigkeit des zentralisierten Einkaufs, die aus der informationstechnischen Vernetzung von Einkauf und Verkauf resultiert, wird mit einem Verlust an Sensibilität für Entwicklungen der regional gegliederten Absatzmärkte bezahlt. Zwischen Einkauf und Verkauf öffnet sich eine strategische Lücke. Die Funktion des Sensor für Marktentwicklungen, die der Verkäufer aufgrund seines Erfahrungswissens aus Kundenkontakten wahrnahm und im dezentralen Einkauf nutzte, geht nur unzureichend an den Zentraleinkauf über. Dieser verfügt zwar über fortlaufende Abverkaufsdaten aus dem Informationssystem, ist aber bei der Steuerung einer vorausschauenden Sortimentspolitik stärker an den Trends der Beschaffungsmärkte als an den lokalen Absatzmärkten der Filialen orientiert. Die Abverkaufsdaten dieser Disposition auf Distanz sichern zwar knappe Warenbestände und erhöhen die Verkaufsbereitschaft, in mittel– und langfristiger Vorausplanung der Sortimente ist aber die Reaktionsfähigkeit auf regional unterschiedliche Entwicklungen schwach. Es ergibt sich offensichtlich ein Trade–off zwischen der Steigerung der Reagibilität auf Beschaffungsmärkten und der der Anpassung an dynamische Absatzmärkte. *Beschaffungseffizienz* und *Absatzeffizienz* weisen auseinander. Das alte strategische Dilemma des Einzelhandles, die mangelnde Integration von Einkauf und Verkauf, setzt sich erneut auch auf der Basis der informationstechnischen Vernetzung beider Bereiche durch.

Die Informationssysteme werden also nach unserer Beobachtung höchst asymmetrisch genutzt. Präferiert wird bei ihrem praktizierten Zuschnitt die Erhöhung der *zentralen* Entscheidungsfähigkeit. Dezentrale und operative Stellen sind vor allem als Informationslieferanten vorgesehen. Dezentrale Nutzungsformen, die dem unteren Management zugute kämen, sind bislang nur in Ansätzen entwickelt. Anwendungen der Systeme, die auf eine Unterstützung und Optimierung lokaler Entscheidungsparameter wie Warenpräsentation und Preisakzeptanz abzielen, konnten nicht gefunden werden.

Mit der informationstechnisch gestützten Zentralisierung ist typischerweise eine Ausdünnung der vertikalen Kommunikation verknüpft. Es kommt zu Formen der "*ungeselligen Kooperation*" zwischen Einkauf und Verkauf, da die zentral anfallenden Daten eine ausreichende Transparenz zu sichern scheinen. "Ungesellige Kooperation" meint, daß formalisierte Kommunikationen eine ausreichende Koordination sichern, aber Verständigungsprozesse einer "subformalen" Kommunikation nicht ermöglichen. Es verfestigen sich dann in den unterschiedlichen Funktionsbereichen unterschiedliche Interpretations– und

Deutungsmuster für die anfallenden gleichen Informationen. Ungenügend berücksichtigt wird unseres Erachtens, daß die Nutzung von Informationssystemen den Kommunikationsbedarf nicht herabsetzt sondern steigert. Darin kommt die verstärkte wechselseitige Abhängigkeit der Funktionsbereiche voneinander zum Ausdruck.

Ganz allgemein kann festgehalten werden, daß die veränderten Formen des *Personaleinsatzes* nur mittelbar auf den Faktor "Neue Technologien" zurückführbar sind. Es sind vor allem die neuen Organisationsdesigns, die zu Veränderungen im Aufgabenzuschnitt und Einsatzformen beitragen.

Im operativen Bereich macht sich zunächst die stärkere Gliederung in selbständige Sparten geltend. Sie führt zu einer ausschließlichen Zuordnung des Personals, dessen Bemessung die zentralen Personalwirtschaftsbereiche durch bloße parametrische Größen (Umsatz, Quadratmeter, Kundenfrequenzen) vorgegeben haben. Bei strikter Handhabung entstehen durch diese *Spartensegmentierung* neue Rigiditäten und Mobilitätssperren im Personaleinsatz, von denen schon jetzt absehbar ist, daß sie sich langfristig auf Personalplanung und −entwicklung negativ auswirken und zu einer dauerhaften spartenspezifischen Segmentierung des internen Arbeitsmarktes führen. Nutzung und Pflege des internen Arbeitsmarktes sind umgekehrt zentrale Größen in der Gestaltung betrieblicher Sozialsysteme. Diese sind wiederum die wichtigste Basis für die Konsensbildung auch im Konfliktfall.

Einen weiteren wichtigen Befund sehen wir in der deutlichen Ausbildung funktionsbereinigter organisatorischer Einheiten. Diese Tendenz zur *Funktionsbereinigung* markiert sich vor allem in der Trennung von Verkaufs− und Kassenzonen und der Aufwertung vor− und nachgelagerter Kulissenbereiche. Derartige funktionsrationalisierte Bereiche haben den Vorteil einen übersichtlicheren, Kompetenzen deutlicher absteckenden und deshalb instruktiveren Rahmen für die Arbeitsaufgaben abzugeben. Dies erhöht die Möglichkeit (und eine knappe Personalbesetzung erzwingt dies auch) intern teamartige, *flexible Arbeitsstrukturen* auszubilden, die auf situative Anforderungen besser reagieren können. Ein Erfordernis zur Aufrechterhaltung dieses Leistungspotentials ist darin zu sehen, auch langfristig ein angemessen breites und gruppenhomogenes Qualifikationsprofil zu bewahren. Die Chancen der Nutzung werden allerdings durch individualistische Leistungspolitiken in einigen Bereichen konterkariert.

Funktionsbereinigung kann als Ordnungsgewinn der Gesamtorganisation verstanden werden mit ensprechenden Orientierungsgewinnen für die Ebene der Arbeitsvollzüge. Gleichwohl ist die Entwicklung langfristig nicht ganz unproblematisch. Zwei Problemzonen sind sichtbar: Zunächst stellt sich die Frage, ob insbesondere auf der Filialebene die spartenübergreifenden lateralen und matrixförmigen Leistungsbeziehungen so weit entwickelt sind, daß sie im Gegenzug zu einem wachsenden *Spartenindividualismus* zur Integration der Gesamtorganisation beitragen und deren gewachsene Identität im Wandel bewahren helfen. Ein Funktionsträger dafür ist die bereichsübergreifende Grundausbildung, die sich durch entsprechende Weiterbildungskonzepte ergänzen läßt.

Die Abschottung der Kassenbereiche wird durch den ausschließlichen Einsatz von weiblichen Teilzeitkräften erhöht. Auch hier wäre denkbar, den von den Frauen in bestimmten Erwerbsphasen erwünschten Wechsel von Vollzeit auf Teilzeit (und umgekehrt) zur geplanten Personalrotation zwischen den Bereichen gezielt zu nutzen.

Nach unseren Befunden haben sich traditionelle Zuschreibungen bestimmter Sortimente und Aufgabenbereiche zu Domänen der weiblichen Arbeitskräfte eher abgeschwächt und vermindert, als das sie sich verstärkt haben (eine Ausnahme sind die Kassenzonen). Es sind allerdings nach wie vor ausschließlich Frauen, die in der Form der *Teilzeitarbeit* die Hauptlast der Flexibilisierung des Personaleinsatzes tragen, zumeist ohne eine entsprechende Anerkennung. Entscheidend scheint uns, ob diese Segregationslinie des internen Arbeitsmarktes ungesteuert durch Qualifikationsabstufungen, unterschiedliche Aufstiegschancen und Mobilitätsbarrieren verstärkt und verfestigt werden. (Eine genauere Einschätzung müßt auf langfristige Beobachtunngen zurückgreifen können.) Das Fehlen institutioneller Regelungen des Übergangs von Vollzeit − zu Teilzeitarbeiten, der Umkehrbarkeit, des Zuganges zu Qualifikations − und Weiterbildungsmaßnahmen scheint uns vor dem Hintergrund langfristiger Arbeitsmarktentwicklungen als ein Steuerungsdefizit der Personalplanung und −entwicklung.

6.3 Personalpolitiken: Eine "moralische Ökonomie" mit dem weiblichen Arbeitsvermögen?

Wir haben zu zeigen versucht, daß die unterschiedlichen vertriebsspezifischen Rationalisierungsverläufe im Einzelhandel sich entschlüsseln lassen als Konfiguration sich gegenseitig bedingender und wechselseitig verstärkender Teilstrategien. Erst aus diesem Zusammenspiel von eingesetzter Informationstechnologie, absatz − und beschaffungsseitig differenzierten Sortimentspolitiken und darauf eingestellten Organisations − und Arbeistkräfteeinsatzpolitiken erschließt sich die Bedeutung und der Stellenwert der Informationssysteme im Rationalisierungsprozeß.

Vor diesem Hintergrund stellt sich die Frage nach den Entwicklungsmöglichkeiten der Frauenerwerbsarbeit im Einzelhandel neu. Welche Chancen und

Möglichkeiten eröffnen oder verschließen sich, die eingekerbten Segmentationslinien der geschlechtsspezifischen Zuweisung und Wahrnehmung von Arbeitsrollen und Positionen zu überschreiten?

Zur Beantwortung greifen wir noch einmal auf unsere Ausgangsüberlegungen zurück. Wir hatten vorgeschlagen, zwischen dem inkonsistenten Arbeitsmarktstatus von erwerbstätigen Frauen und den betrieblichen Nutzungskonzepten ihres Arbeitsvermögens zu unterscheiden. Liegt dem ersten die mangelhafte Differenzierung von Person und Arbeitskraft zugrunde, mit der Folge, daß Frauen nicht in gleicher Weise wie Männer als Eigentümer einer versachlichten Arbeitskraft anerkannt sind und diese deshalb sozial kontextunabhängig kontraktuell disponieren und veräußern können, so haben wir von der Organisationsautonomie der Betriebe auf die Möglichkeit geschlossen, ihre Personaleinsatzkonzepte so auszulegen, daß Frauen auf den organisierten, internen Arbeitsmärkten einen gleichqualifizierten Status und damit dauerhafte Zugangsrechte zu betrieblichen Positionen eingeräumt wird. Diese Eigenständigkeit von Arbeitsorganisationen gegenüber gesellschaftlich institutionalisierten Zuschreibungen, die das weibliche Arbeitsvermögen mit der Hypothek der Pflicht zur Familienarbeit belastet und dadurch das Arbeitsvertragsverhältnis zugunsten unbestimmter Dritter faktisch öffnet (z.B. Ehemänner, Kinder, Eltern), macht natürlich nur Sinn im Hinblick auf eine langfristige und qualitative Personaleinsatzpolitik. Erwartungsgemäß ist diese, wie wir gezeigt haben, im Einzelhandel die Ausnahme. Die Regel ist vielmehr das, was man eine "moralische Ökonomie" des weiblichen Arbeitsvermögens nennen kann.

Wirtschaftshistoriker (maßgeblich: E. Thompson) bezeichnen damit die Eigenart der vormodernen ökonmischen Beziehungen in sozialen Gemeinschaften, die auf die normativ verbürgten Sicherheiten von Status, Ehre und Verpflichtungen aufbauen und diese berücksichtigen. Diese Nutzung nichtvertraglicher, kultureller Voraussetzungen zur Spezifizierung von Abreden und Verträgen steht einer ausschließlich ökonomischen, und insofern formell egalitären Betrachtungsweise entgegen. Diese institutionalisierte Bindungen berücksichtigende Sichtweise scheint uns für die Ökonomie des weiblichen Arbeitsvermögens weithin noch in Kraft zu sein und im Kern dessen Ungleichheitsstellung auf dem Arbeitsmarkt und im Positionsgefüge der Betriebe auszumachen. Dem weiblichen Arbeitsvermögen wird demzufolge keine generelle Indifferenz zu seinen privaten Beziehungen und daraus resultierenden Verpflichtungen eingeräumt.

Indem Betriebe derartige gesellschaftlich institutionalisierten Vorgaben übernehmen, externalisieren sie Unsicherheiten, ihrer Personalentscheidungen und Verfahren in gewisser Weise "realistisch". Ihre Orientierung an der normativ verfestigten weiblichen Normalbiographie und deren Diskontinuitäten, ist darüberhinaus ökonomisch rational, solange die Verfügbarkeit über günstige, hinreichend qualifizierte und ausreichend billige weibliche Arbeitskräfte kurzfristig durch Fluktuation und langfristig durch Rationalisierungserfolge erwartbar ist.

Für beide Konstellationen kündigen sich unter dem Einsatz der neuen Systemtechnologien für die unterschiedlichen Ver— und Betriebstypen des Einzelhandels Grenzwerte der Nutzung solcher konventionellen Personalpolitiken an. Bei den Waren— und Kaufhausbetrieben führt die Flexibilität der Sortimentsgestaltung bei Aufrechterhaltung einer kundenorientierten Beratungs— und Verkaufskompetenz dazu, daß zu ungunsten von Betriebserfahrung auf eine friktionslose Rekrutierung durch die Nutzung von kurzfristiger Personalfluktuation nicht ohne weiteres gesetzt werden kann. Es ist dann nahegelegt, die zeitweilige Teilarbeit der Frauen nicht mit einem Verlust oder einer Minderung des betrieblichen Status zu verbinden und so ihre betriebsspezifischen Qualifikationen zu bevorraten (oder gar weiterzubilden).

Aber auch die "Verkaufsmaschinen" der Discounter können langfristig nicht mehr davon ausgehen, daß die Rationalisierungserfolge fortsetzbar sind und sie wechselseitig damit die Fluktuationsreserven sichern können, die ihnen die schnell disponiblen weiblichen Arbeitskräfte sichern. Dies wird dann zu einer Frage des Rationalisierungssaldos und der demokratischen Entwicklung des weiblichen Arbeitsmarktsegmentes insgesamt. Dies erscheint aber als eine schwer einschätzbare Größe.

Beider Überlegungen gelten allerdings nur eingeschränkt. Sie sind vom Gesichtspunkt der Unsicherheiten einer langfristigen Personalentwicklungskonzeption aus getroffen und diese liegen, nach unserer Erfahrung, jenseits der strategischen Horizonte der untersuchten Unternehmen und Betriebe. Eine Ausnahme machen hier nur in Ansätzen die Personaleinsatzkonzepte der Warenhäuser, die sich der Frage der langfristigen Qualifikationssicherung öffnen. Als typisch und durchschlagend sind sie aber unseres Erachtens nicht einzustufen. Dies hält dazu an, die weiteren Überlegungen an den gegenwärtig sicher scheinenden Beständen der traditionalen Personalkalkulation im Einzelhandel zu orientieren.

Stellen wir zunächst noch einmal die erhobenen, aber verstreut über die Untersuchung erhaltenen empirischen Bestimmungsfaktoren für die Entwicklung der weiblichen Erwerbstätigkeit im Einzelhandel zusammen. Auf dem Spickzettel einer sich fortsetzenden Ungleichheit können die folgenden Stichworte notiert werden:

—ein fortgeschriebenes niedriges Lohnniveau der operativen Tätigkeiten (korrespondierend mit überdurchschnittlichen Bezahlungen des oberen Managements);

- ein anhaltender Flexibilisierungsdruck auf den Einsatz von Arbeit, der sich mit der Schere von Betriebszeiten, Kundenzeiten und verkürzten Arbeitszeiten erhöht;
- der Handel ist die Branche mit den meisten nicht abgegoltenen und nicht überbezahlten Überstunden;
- der Teilzeitarbeitsanteil wird sich absehbar weiter ausdehnen;
- ihm kommt weiterhin Nebenerwerbscharakter zu;
- im Handel gibt es kaum Angebote von und Zugang zu beruflicher Weiterbildung von Frauen;
- damit korrespondieren kurz- und mittelfristig angelegte, auf Fluktuation setzende Personalpolitiken;
- nicht anerkannte soziale und kooperative Kompetenzen, die insbesondere weibliche Arbeitskräfte auszeichnen.

Die sich in diesen Merkmalen abzeichnenden Verteilungsmuster verdichten sich zur Abspaltung einer semiprofessionalisierten von einer qualifizierten Erwerbsarbeit, die auf weibliche Arbeitskräfte zugeschnitten ist. Für die Frage, ob und wie demgegenüber der Faktor "Neue Technologien" eine Änderungsgröße darstellt, von dem eine Verschiebung in der Topographie der Arbeit im Einzelhandel zu erwarten ist, stehen nur wenige Argumente zur Verfügung. Genannt werden können vor allem drei:

1. Es ist erwartbar, daß der Einsatz Neuer Technologien neue Qualifikationen erforderlich macht, die bislang geschlechtsspezifisch nicht definiert sind. Daraus ergeben sich für Frauen andere Zugangschancen und Möglichkeiten der Umverteilung von Positionen. Die bisherigen Betrachtungen bestätigen diesen Zusammenhang nur zu einem Teil. Die Zugangschancen dazu zu nutzen sich neue Qualifikationen anzueignen und die Technologien effektiv zu beherrschen, ist häufig nicht mit einer positionalen Gratifikation verbunden, sondern verbleibt in der Regel auf der Ebene der individuellen Anerkennung und verpufft damit sozial-strukturell folgenlos.
2. Der Argumentationslinie von Baethge/Oberbeck folgend kann in allen vernetzten Funktionsbereichen mit notwendigen Anpassungsleistungen an die durch Unterkomplexität charakerisierten Systeme gerechnet werden. Es ergeben sich aus der interaktiven Einbettung von fortlaufenden Kontakten mit Lieferanten und Kunden an vielen Schnittstellen der Systeme die Möglichkeit einer stabilisierbaren Qualifikation – also auch für Frauen. Diese Sichtweise der typischen Sachbearbeitungsebene steht entgegen die offensichtliche Abspaltung von Hilfs- und Zuarbeiten, die gerade von der technischen Möglichkeit der Entkopplung eröffnet wird. Sieht man dies im Zusammenhang mit der Möglichkeit der zeitlichen Portionalisierbarkeit der-

artiger "menüfähiger" Dienstleistungsarbeit, so kann man eher auf eine Verfestigung eines hohen Sockels der abgespaltenen Hilfs— und Zuarbeiten schließen. Wem also werden diese marginalisierten Erwerbsarbeiten zufallen?

3. Das dritte zu nennende Argument für eine Stabilisierung einer qualifizierten Dienstleistungsarbeit im Einzelhandel, und daher vor allem auch für Frauen, besagt, daß es kundenseitig Untergrenzen des Funktionsentzuges im Handel gibt, die zu unterschreiten der Konkurrenzdruck nicht erlaubt. Dabei handelt es sich letztlich um ein Preis—Argument. Entscheidend ist nicht, ob es einen nicht reduzierbaren Bedarf an sozialer Betreuung und Beratung gibt, sondern ob es sich um einen zahlungsfähigen und gleichverteilten Bedarf handelt. Diese Zusatzannahme des Argumentes ist aber u.E. nicht haltbar. Die Erfolgsgeschichte der Selbstbedienung im Einzelhandel wird man kaum für reversibel halten. Die unterschiedlichen Verkaufsformen, deren Differenzierung sich nach unseren Befunden zu befestigen scheint, bildet auch die höchst asymmetrische Einkommensverteilung der Gesellschaft ab.

Bündelt man die vorgetragenen drei Argumentationslinien und übersieht sie im Zusammenhang, so eröffnen sie doch den Zugang zu einer Erklärung der Reproduktion geschlechtlicher Ungleichheit. Auch wenn man die getroffenen Annahmen der "neuen Qualifikation", der "notwendigen Anpassungsleistung" und des nichthintergehbaren "Interaktionsbedarfs" für triftig hält, ergibt sich nicht notwendig die Schlußfolgerung einer Trendwende für die Frauenerwerbsarbeit. Alle drei Annahmen können sich als richtig erweisen und doch ihren Zielpunkt der Einebnung der Ungleichheit verfehlt haben. Alle drei Schlußfolgerungen leben von der nicht diskutierten und nicht expliziten Zusatzannahme, daß sich "berufliche" Qualifikationen in Positionen umsetzen lassen.

Diese Annahme der Humankapital—Theorie verkennt und verdeckt den zur Erklärung geschlechtlicher Ungleichheit und deren penetranten Reproduktion entscheidenden Mechanismus der andersartigen Bewertung des weiblichen Arbeitsvermögens.

Die Wirksamkeit dieser moralischen Ökonomie der weiblichen Arbeitskraft beruht nicht zuletzt darauf, daß sie sich auf verschiedene, komplementäre Institute und Agenturen verteilt. Sie verknüpft die normative Zuschreibung der Familienarbeit, die mit der Intimisierung der Familienformen einen gänzlich privaten und um so mehr resistenten Charakter angenommen hat, mit dem darauf abgestellten defizitären Arbeitsmarktstatus. Dieser wird wiederum zum Ausgangspunkt von betrieblichen Nutzungskonzepten und Personalpolitiken, die das weibliche Arbeitsvermögen nach Einsatzmöglichkeiten und anfallenden Kosten bewertet und kalkuliert. Daraus resultiert das Positionsgefüge der betrieblichen Sozialstruktur, in dem den Frauen Stellen zugewiesen sind, die mehr oder weniger deutlich und definitiv unter der Marge der männlichen Normal-arbeitskraft rangieren. Von deren Stellenwert im Kompetenzgefüge des Betriebes hängt es davon ab, wie weit und in welchem Umfang den Frauen Teilhaberech-te und −regelungen auf den internen Arbeitsmärkten eingeräumt werden, die über Gratifizierung und Mobilität, also über das Berufsschicksal der Frauen entscheiden: unterliegen sie weiterhin den Ausschließungsmechanismen, die sie von allen den Positionen fernhält, die mit anerkannten Qualifikationen und Aufstiegschancen ausgestattet sind, oder eröffnet sich ihnen die Chance eines Ausweges aus der historischen Berufsunmündigkeit? Wie wir mit dieser Unter-suchung versucht haben zu zeigen, gibt es darauf keine eindeutige und keine einzelne Antwort. In dem aufgezeigten Beziehungsgeflecht der moralischen Ökonomie mit der weiblichen Arbeitskraft mehren sich aber die Gegenläufigkei-ten und Widersprüche. Das Netz der Abhängigkeiten, in dem sich noch immer die Frauenerwerbsarbeit verstrickt sieht, zeigt Löcher und beginnt sich an eini-gen Stellen aufzutrennen. Eine gesellschaftlich durchgesetzte Anerkennung der Frauen als eine "andersgleiche" Arbeitskraft steht aber noch aus.

Literatur

Altmann, N./Deiß, M./Döhl, V./Sauer, D., 1986, Ein neuer Rationalisierungstyp. Neue Anforderungen an die Industriesoziologie, in: Soziale Welt, Nr.2/3

Altmann, N./Düll, K., 1987, Rationalisierung und neue Verhandlungsprobleme im Betrieb, in: WSI—Mitteilungen, Nr.5, S.261—269

Baethge, M./Oberbeck, H., 1986, Zukunft der Angestellten — Neue Technologien und berufliche Perspektiven in Büro und Verwaltung, Frankfurt a.M./ New York

BAG, 1983, Perspektiven der Warenhäuser in den 80er Jahren, in: BAG—Nachrichten, Jg.23, Nr.11, S.20—22, Köln

BAG, 1984, Entwicklung und Faszination des Einzelhandels — BAG—Gespräch mit Friedrich B. Roesch, in: BAG—Nachrichten, Jg.24, Nr.9, S.4—6, Köln

Barth, K./Büttner, H., 1985, Das geschlossene Warenwirtschaftssystem als Instrument der Unternehmensführung im Einzelhandel, in: Mitteilungen des Instituts für Handelsforschung an der Universität zu Köln Jg.37, Nr.12, S.172—180

Batzer, E., 1980, Einzelhandel 1990, in: Hauptgemeinschaft des Deutschen Einzelhandels (Hg.): Einzelhandel 1990. Köln 1980

Batzer, E. et al., 1971, Marktstrukturen und Wettbewerbsverhältnisse im Einzelhandel, Berlin/München

Batzer, E. et al., 1984, Die Warendistribution in der Bundesrepublik Deutschland — Struktur und Erscheinungsbild, München

Becker—Schmidt, R. et al., 1983, Arbeitsleben — Lebensarbeit. Konflikte und Erfahrungen von Fabrikarbeiterinnen, Bonn

Beckermann, T./Rau, R., 1977, Der Einzelhandel 1959—1985, Berlin

Bierther, M., 1982, Warenwirtschaft — Ziel und Umfang, in: Dynamik im Handel Nr.8, S.15f

Britsch, W./Zimmermann, H., 1964, Die Absatzwirtschaft im gemeinsamen Markt, Baden—Baden

Brock, D./Vetter, H.−P., 1986, Technische Dynamik und soziale Beharrung, in: Soziale Welt, Jg.37, Nr.2/3, S.208−236

Bundesanstalt für Arbeit, Unterabteilung Statistik, Hefte 1982−1987, Nürnberg

Cyert, R.M./March, J.G., 1963, A Behavioral Theory of the Firm, Englewood Cliffs

Degen, B., 1987, Teilzeitarbeit und Arbeitsrecht − Zur mittelbaren Diskriminierung von Frauen, in: WSI−Mitteilungen Nr.10, S.627−635

Dynamik im Handel, 1986, ISB−Interview: Schnell und gut auf der PC−Schiene, in: Dynamik im Handel, Nr.8, S.32−34

Dynamik im Handel, 1986, Nachrichten aus dem Handel: Preisparadies "Allkauf", in: Dynamik im Handel, Nr.8, S.35

Dynamik im Handel, 1986, Organisation, Elektronisch kontrollieren und informieren, in: Dynamik im Handel, Nr.3, S.16−18

Dynamik im Handel, 1986, Warenwirtschaft, Migros beginnt mit Scanning, in: Dynamik im Handel, Nr.4, S.43−46

Eckart, C., 1986, Halbtags durch das Wirtschaftswunder. Die Entwicklung der Teilzeitarbeit in den sechziger Jahren, in: Kramer, H./Eckart, C./Riemann, I./Walser, K., Grenzen der Frauenlohnarbeit. Frauenstrategien in Lohn− und Hausarbeit seit der Jahrhundertwende, Frankfurt a.M./New York

Ehrke, M., 1981, Qualifikation und Berufsausbildung im Warenhandel, Düsseldorf

Elster, J., 1987, Subversion der Rationalität, Frankfurt a.M./New York

Engelbrech, G., 1983, Entwicklungstendenzen der Beschäftigung von Frauen 1960−1990, in: Matthes, J. (Hg.), Krise der Arbeitsgesellschaft? Verhandlungen des 21. Deutschen Soziologentages in Bamberg 1982, Frankfurt a.M./New York

Engfer, U., 1984, Rationalisierungsstrategien im Einzelhandel − Widersprüche der Organisation von Dienstleistungsarbeit, Frankfurt a.M./New York

Engfer, U., 1989, Rationalisierungskonzepte im Dienstleistungssektor: Kontinuität oder Wandel?, in: Faber, C. / Wehrsig, C. (Hg.), Informatisierung und Rationalisierung. Konzepte und Befunde zum Einsatz von Warenwirtschaftssystemen im Handel, Werkstattbericht Nr.66 im Programm "Mensch und Technik − Sozialverträgliche Technikgestaltung" des Ministeriums für Arbeit, Gesundheit und Soziales des Landes Nordrhein−Westfalen, S.27−44

Faber, C./Krüger, H., 1989, Organisationswandel und Wandel der Frauenarbeit im Einzelhandel, in: Faber, C. / Wehrsig, C. (Hg.), Konzepte und Befunde zum Einsatz von Warenwirtschaftssystemen im Handel, Werkstattbericht Nr.66 im Programm "Mensch und Technik — Sozialverträgliche Technikgestaltung" des Ministeriums für Arbeit, Gesundheit und Soziales des Landes Nordrhein—Westfalen, S.73—85

Faber, C./Wehrsig, C. (Hg.), 1989, Informatisierung und Rationalisierung: Konzepte und Befunde zum Einsatz von Warenwirtschaftssystemen im Handel, Werkstattbericht Nr.66 im Programm "Mensch und Technik — Sozialverträgliche Technikgestaltung" des Ministeriums für Arbeit, Gesundheit und Soziales des Landes Nordrhein—Westfalen

Galbraith, J.R., 1977, Organization Design, Reading, Mass.

Geuter, E., 1985, Wettbewerb und Rationalisierung im Einzelhandel, in: Wald, R. (Hg.): Verkaufen — eine Dienstleistung im Strukturwandel, Frankfurt a.M./New York

Glaubitz, J., 1985, Weibliche Angestellte im Einzelhandel, in: WSI—Mitteilungen, Nr.8, S.456—461

Glaubitz, J./Zmuda—Schamper, E., 1985, Hinter Neonlicht und Glitzerwelt. Arbeiten im Kaufhaus, Hamburg

Gottschall, K., 1986, Frauen auf dem Arbeitsmarkt: Verdrängung statt Integration? WSI—Mitteilungen, Nr.8, S.514—521

Habermas, J., 1968, Arbeit und Interaktion, in: ders., Technik und Wissenschaft als Ideologie, Frankfurt a.M., S.9—47

Hildebrandt, H., 1986, Schneller, sicherer, informativer. Praxisbeispiel für ein komplettes Warenwirtschaftssystem im C&C—Markt, in: Dynamik im Handel Nr.6, S.62—66

Hoerning, E./Krais, B., 1987, Der Ausbruch aus der Normalbiographie. Milieutypische Lebensläufe von Arbeitertöchtern, in: Bolder, A./Rodax, K. (Hg.), Das Prinzip der aufge(sc)hobenen Belohnung, Bonn

Hoffmann, F.R., 1977, Zur Problematik einer Systematisierung von Betriebsformen im Einzelhandel, Dissertation am Fachbereich Wirtschaftswissenschaften der Johann Wolfgang Goethe—Universität, Frankfurt a.M.

ISB, 1979, Institut für Selbstbedienung und Warenwirtschaft (Hg.): SB—Warenhaus—Report 1979: Strukturdaten, Kosten— und Leistungskennziffern, Zentralen, Anschriften, Stand: 1.Januar 1979, Köln

Janshen, D., 1986, Technik im Betrieb und im Alltag — Politik ohne Orte, in: Lippmann, Ch. (Hg.), Technik ist auch Frauensache. Hamburg

Jazbinsek, D., 1987, Arbeitskommunikation und Arbeitspolitik. Eine Studie zum EDV—Einsatz in Steuerzentralen, Fakultät für Soziologie, Universität Bielefeld

Jürgensen, H./Moore, P./Oesterreich, P., 1980, Strukturwandel im Einzelhandel, Göttingen

Kadritzke, U., 1985, "Angestelltenbewußtsein" und Anknüpfungspunkte für die gewerkschaftliche Angestelltenarbeit, in: WSI–Mitteilungen Nr.8, S.446–456

Kern, H./Schumann, M., 1984, Das Ende der Arbeitsteilung? Rationalisierung in der industriellen Produktion, München

Kirchner, J.D./Zentes, J., 1984, Führen mit Warenwirtschaftssystemen, Düsseldorf/Frankfurt a.M.

Kosiol, E., 1932, Systematik der Betriebsformen, in: Seffert, R. (Hg.), Handbuch des Einzelhandels, Stuttgart

Kurz–Scherf, I., 1986, Von der Emanzipation des Brunnenmädchens in Heilbädern – Frauendiskriminierung, Frauenförderung durch Tarifvertrag und Tarifpolitik, in: WSI–Mitteilungen, Nr.8, S.537–549

Lappe, L., 1986, Frauenarbeit und Frauenarbeitslosigkeit. Eine empirische Überprüfung geschlechtsspezifischer Arbeitsmarktsegmentation, in: Arbeitspapiere aus dem Arbeitskreis Sozialwissenschaftliche Arbeitsmarktforschung (SAMF), Nr.2

Lemm, R./Skolnik, M., 1986, Arbeitszeitverkürzung und ihre betriebliche Umsetzung im Einzelhandel, in: WSI–Mitteilungen, Nr.5, S.337–347

Limmer, H., 1986, Banking–POS, Chipkarte als Instrument für Geldkartenzahlungssyysteme, in: Dynamik im Handel, Nr.7, S.30–36

Luhmann, N., 1973, Zweckbegriff und Systemrationalität. Frankfurt a.M.

Malsch, T., 1987, Die Informatisierung des betrieblichen Erfahrungswissen und der Imperialismus der instrumentellen Vernunft, in: ZfS, Nr.2

March, J.G./Simon, H.A., 1976, Organisation und Individuum, Wiesbaden

Matthes, J. (Hg.), 1983, Krise der Arbeitsgesellschaft? Verhandlungen des 21. Deutschen Soziologentages in Bamberg 1982, Frankfurt a.M./New York

Meffert, H., 1985, Es ist höchste Zeit für neue Vorwärtsstrategien, in: Manager Magazin, Nr.5, S.123–132

Metzner, U./Rohde, G., 1985, Widersprüchliche Entwicklungen im Arbeitnehmerdasein von Angestellten, in: WSI–Mitteilungen, Nr.8, S.438–446

Monse, K./Hilbig, M., 1989, Warenwirtschaftssysteme und institutionelle Folgenkontexte, in: Faber, C. / Wehrsig, C. (Hg.), Konzepte und Befunde zum Einsatz von Warenwirtschaftssystemen im Handel, Werkstattbericht Nr.66 im Programm "Mensch und Technik – Sozialverträgliche Technikgestaltung" des Ministeriums für Arbeit, Gesundheit und Soziales des Landes Nord-rhein—Westfalen, S.57—72

Moser, D., 1974, Neue Betriebsformen im Einzelhandel. Eine Untersuchung der Entstehungsursachen und Entwicklungsdeterminanten, Frankfurt a.M./Zürich

Müller, L., 1976, Kinderaufzucht im Kapitalismus — wertlose Arbeit. Über die Folgen der Nichtbewertung der Arbeit der Mütter für das Bewußtsein der Frauen als Lohnarbeiterinnen, in: Prokla 22, Jg.6, Nr.1

Myrdal, A./Klein, V., 1956, Die Doppelrolle der Frau in Beruf und Gesell-schaft, Köln

Neidhardt, F., 1980, Soziale und sozio—technische Systeme, in: Grochla, E. (Hg.), Handbuch der Organisation, Stuttgart

Offe, C., 1983, Arbeit als Soziologische Schlüsselkategorie? in: Matthes, J. (Hg.), Krise der Arbeitsgesellschaft? Verhandlungen des 21. Deutschen Soziologentages in Bamberg 1982, Frankfurt a.M./New York

Ortmann, G., 1989, Mikropolitik im Entscheidungskorridor. Zur Entwicklung betrieblicher Informationssysteme, in: Faber, C./Wehrsig, C. (Hg.), Konzep-te und Befunde zum Einsatz von Warenwirtschaftssystemen im Handel, Werkstattbericht Nr.66 im Programm "Mensch und Technik — Sozialver-trägliche Technikgestaltung" des Ministeriums für Arbeit, Gesundheit und Soziales des Landes Nordrhein—Westfalen, S.86—103

Ostner, I., 1978, Beruf und Hausarbeit. Die Arbeit der Frau in unserer Gesell-schaft, Frankfurt a.M.

Ostner, I./Kruwa—Schott, A., 1981, Krankenpflege — ein Frauenberuf?, Frankfurt a.M./New York

Peschel, P./Scheibe—Lange, I., 1977, Zu den Beschäftigungsperspektiven des Dienstleistungssektors, in: WSI—Mitteilungen, Nr.5

Rammert, W./Wehrsig, C., 1988, Neue Technologien im Betrieb: Politiken und Strategien der betrieblichen Akteure, in: Feldhoff, J./Kühlewind, G./Wehr-sig, C./Wiesenthal, H. (Hg.): Regulierung — Deregulierung. Steuerungspro-bleme der Arbeitsgesellschaft, Beitr.AB 119, Bundesanstalt für Arbeit, Nürnberg

Rammert—Faber, C., 1981, Verkaufsarbeit im Warenhaus: Aspekte der Arbeits-situation von Verkäuferinnen. Arbeitsberichte und Forschungsmaterialien der Fakultät für Soziologie, Universität Bielefeld, Nr.21

Rammert—Faber, C., 1982, Verkäuferinnen im Warenhaus: Zum Zusammen-hang von Berufssituation und Interessenorientierung von Frauen. Arbeits-berichte und Forschungsmaterialien der Fakultät für Soziologie, Universität Bielefeld, Nr.29

Rammert—Faber, C./Lowien, E./Kutzner, E., 1987, Frauenarbeit im Einzelhandel — das "Paradies der Damen"? Forschungsberichte und Arbeitsmaterialien der Interdisziplinären Forschungsgruppe Frauenforschung an der Universität Bielefeld, Nr.15

Reinhard, M./Täger, U.C., 1986, Neue Techniken im Einzelhandel — Nur geringe Beschäftigungseffekte, in: ifo—Schnelldienst Nr.3

Ruppmann, D.W., 1974, Bürokratische Tendenzen in Supermarkt—Organisationen — Eine empirische Studie, Dissertation an der Rechts—, Wirtschafts— und Sozialwissenschaftlichen Fakultät der Universität Freiburg i.d. Schweiz, Stuttgart

Scheibe—Lange, I., 1976, Rationalisierung, Gewinn— und Personalpolitik der Warenhäuser Karstadt, Kaufhof, Horten und Neckermann, Düsseldorf

Schiffel, J., 1984, Warenwirtschaftssysteme im Einzelhandel — Möglichkeiten und Grenzen, Augsburg

Schinnerl, R., 1986, EDV—gestützte Steuerung des Warenflusses in Handelsbetrieben — Die Integrationsfunktion von Warenwirtschaftssystemen (WWS), in: ZfO Nr.2, S.124—129

Schollenberger, W., 1989, Besondere Probleme der sozialen Beherrschbarkeit des EDV—Einsatzes im Handel, in: Faber, C./Wehrsig, C. (Hg.), Konzepte und Befunde zum Einsatz von Warenwirtschaftssystemen im Handel, Werkstattbericht Nr.66 im Programm "Mensch und Technik — Sozialverträgliche Technikgestaltung" des Ministeriums für Arbeit, Gesundheit und Soziales des Landes Nordrhein—Westfalen, S.104—117

Schulze, P.W., 1982, Darstellung konventioneller und EDV—gestützter Methoden der Sortimentspolitik, in: Dynamik im Handel Nr.1, S.8—13

Schwerin von Krosigk, L., 1963, Alles auf Wagnis. Der Kaufmann gestern, heute und morgen, Tübingen

Seltz, R., 1989, "Systemische Rationalisierung" im Handel, in: Faber, C./Wehrsig, C. (Hg.), Konzepte und Befunde zum Einsatz von Warenwirtschaftssystemen im Handel, Werkstattbericht Nr.66 im Programm "Mensch und Technik — Sozialverträgliche Technikgestaltung" des Ministeriums für Arbeit, Gesundheit und Soziales des Landes Nordrhein—Westfalen, S.13—26

Simon, H., 1983, Scanning, DBW Jg.43, Nr.1, S.151f

Sternberg, H., 1980, Rationalisierung durch Partnerschaft — Die zweite Revolution im Einzelhandel, in: BAG—Nachrichten, Jg.20, Nr.6, S.5—8

Täger, U.C., 1984, Entwicklungstendenzen bei den Vertrieben des Einzelhandels, in: BAG—Nachrichten, Nr.12, S.11—14

Teske, U./Wiedemuth, J., 1986, Arbeitszeit im Einzelhandel — Humane Gestaltung oder Flexibilisierung? in: WSI—Mitteilungen, Nr.5, S.347—356

Tessaring, M., 1988, Arbeitslosigkeit, Beschäftigung und Qualifikation: Ein Rück— und Ausblick, in: MittAB, Jg.21, Nr.2, S.177—193

Theyssen, A., 1988, Gerangel ums Spielzeug — Discounter bedrohen mit neuen Konzepten Fachgeschäfte, in: DIE ZEIT, Nr.12 vom 18.3.1988

Theuer, G./Scheuch, F., 1969, Die Vertriebsmethoden des Einzelhandels im typologischen Ansatz, in: ZfB Nr.39, S.641—654

Tietz, B., 1985, Der Handelsbetrieb. Grundlagen der Unternehmenspolitik, München

Tietz, B., 1986, Der Wandel im Einzelhandel. Die quantitative Entwicklung des Einzelhandels, in: Dynamik im Handel Nr.6, S.10f

Triesch, G., 1980, Einzelhandel 1990, in: BAG—Nachrichten, Jg.20, Nr.12, S. 4—6

Wagner, I., 1987, Zwischen Verdrängung und Herausforderung: Frauenarbeit im technischen Wandel, in: Unterkircher, L./Wagner, I. (Hg.): Die andere Hälfte der Gesellschaft, Wien

Wehrsig, C., 1986, Komplexe Organisation, Information und Entscheidung, in: Seltz et al. (Hg.), Organisation als Soziales System, Berlin

Weißbach, H.—J., 1989, Konkurrenz der Distributionskanäle am Beispiel der Pharma—Industrie, in: Faber, C./Wehrsig, C. (Hg.), Konzepte und Befunde zum Einsatz von Warenwirtschaftssystemen im Handel, Werkstattbericht Nr.66 im Programm "Mensch und Technik — Sozialverträgliche Technikgestaltung" des Ministeriums für Arbeit, Gesundheit und Soziales des Landes Nordrhein—Westfalen, S.45—56

Zentes, J., 1985, Tendenzen der Entwicklung von Warenwirtschaftssystemen, in: Marketing — Zeitschrift für Forschung und Praxis, Nr.2, S.91—95

Sozialverträgliche Technikgestaltung

Ulrich von Alemann, Heribert Schatz / Georg Simonis / Erich Latniak / Joachim Liesenfeld / Uwe Loss / Barbara Stark und Walter Weiß

Leitbilder sozialverträglicher Technikgestaltung

Ergebnisbericht des Projektträgers zum NRW-Landesprogramm „Mensch und Technik – Sozialverträgliche Technikgestaltung".

1992. XIV, 279 S. (Sozialverträgliche Technikgestaltung, Bd. 30) Kart.
ISBN 3-531-12355-6

Die Autoren geben einen Überblick über die Ergebnisse des NRW-Landesprogramms „Mensch und Technik – Sozialverträgliche Technikgestaltung". In diesem Programm wurden über einhundert Projekte gefördert, die die Wechselbeziehungen zwischen neuen Informations- und Kommunikationstechnologien und Wirtschaft, Gesellschaft und Politik sowie deren Gestaltbarkeit untersuchten. In dem vorliegenden Band resümiert der Projektträger die Einzelergebnisse, bilanziert das Gesamtprogramm und wagt einen Ausblick in die Zukunft der sozialverträglichen Gestaltung neuer Technologien.

Gerald Heidegger, Jens Jacobs, Wolf Martin, Reiner Mizdalski und Felix Rauner

Berufsbilder 2000

Soziale Gestaltung von Arbeit, Technik und Bildung.

1991. 649 S. (Sozialverträgliche Technikgestaltung, Bd. 18) Kart.
ISBN 3-531-12235-5

Arbeit und Technik sind sozial gestaltbar. Diese Einsicht, die sich mehr und mehr verbreitet, wird theoretisch und an aktuell relevanten Beispielen begründet. Planungen für die Zukunft sind deshalb nicht mehr aus Technikprognosen abzuleiten. Das geeignete Instrument ist vielmehr die Szenario-Methode, mit der Zukunftsentwürfe für technikzentrierte und humanorientierte Arbeitsformen in der Fabrik der Zukunft ausgearbeitet werden. Die Berufsbildung ist dabei ein entscheidender Faktor für die Gestaltung der Zukunft.

Günther Ortmann, Arnold Windeler, Albrecht Becker und Hans-Joachim Schulz

Computer und Macht in Organisationen

Mikropolitische Analysen.

1990. 634 S. (Sozialverträgliche Technikgestaltung, Bd. 15) Kart.
ISBN 3-531-12183-9

Die Einführung computergestützter Informations- und Planungssysteme in Unternehmen ist ein umkämpftes Terrain. Die Entscheidungs- und Implementationsprozesse bestehen oft aus sehr heftigen, mikropolitischen Auseinandersetzungen. Koalitionen werden geschmiedet und Machtarsenale mobilisiert, weil die Informatisierung ihrerseits erhebliche Auswirkungen auf die Machtstrukturen im Betrieb hat. Ökonomische Vernunft bleibt nicht selten auf der Strecke, wenn es gilt, alte Machtstrukturen, Besitzstände und Erbhöfe zu bewahren oder anzugreifen. Die Autoren untersuchen die hierbei auftretenden Fragen und Probleme.

WESTDEUTSCHER VERLAG

OPLADEN · WIESBADEN

Sozialverträgliche Technikgestaltung

Barbara Böttger und
Barbara Mettler-Meibom (Hrsg.)
unter Mitarbeit von I. Hehr,
G. Elsner, A. Gericke und
K. Müller

Das Private und die Technik

Frauen zu den neuen Informations- und Kommunikationstechniken.

1990. VIII, 309 S. (Sozialverträgliche Technikgestaltung „Materialien und Berichte", Bd. 13) Kart.
ISBN 3-531-12236-3

Das Private ist schon lange Objekt technischer Maßnahmen. Doch derzeit bahnt sich ein neuer Technisierungsschub an. Die sog. Informations- und Kommunikationstechniken spielen ebenso eine Rolle wie neuere Entwicklungen bei den Massenmedien. Frauen können und wollen zu diesen Entwicklungen nicht schweigen. So vertreten die Autorinnen die Auffassung, daß das spezifische Erfahrungswissen von Frauen berücksichtigt werden muß, wenn die Entwicklung in menschen- und sozialverträglichere Bahnen gelenkt werden soll.

Petra Frerichs, Martina Morschhäuser und Margarete Steinrücke

Fraueninteressen im Betrieb

Arbeitssituation und Interessenvertretung von Arbeiterinnen und weiblichen Angestellten im Zeichen neuer Technologien.

1989. XXVIII, 544 S. (Sozialverträgliche Technikgestaltung, Bd. 6) Kart.
ISBN 3-531-12139-1

Nach wie vor sind Frauen im Betrieb benachteiligt und in der Interessenvertretung nur schwach vertreten. Gleichwohl regt sich unter der Oberfläche Widerstand und existieren vielfältige Formen informeller Interessenvertretung. Deren Triebkraft bilden die vitalen Interessen der Frauen: vom Lohn über die Arbeitszeit bis zur anständigen Behandlung durch Vorgesetzte.

Jörg Hentrich, Christiane Jüngling und Petra Knöß

Innerbetriebliche Qualifizierung von Frauen

Zur Verbesserung der Berufschancen bei technologisch-arbeitsorganisatorischen Innovationen.

1991. XX, 251 S. (Sozialverträgliche Technikgestaltung, „Materialien und Berichte", Bd. 23) Kart.
ISBN 3-531-12285-1

Anhand von elf Fallbeispielen aus dem Verarbeitenden Gewerbe und dem Großhandel, von denen fünf ausführlich dokumentiert werden, weisen die Autoren nach, daß die beruflichen Chancen von Frauen vorrangig von der Wahrnehmung der Qualifikationsbedarfe und von der Gestaltung der Qualifikationsanforderungen abhängig ist. Die Forschungsergebnisse zeigen, daß die betriebliche Durchsetzung allgemeiner Frauenförderungsmodelle kaum möglich ist. Zur Realisierung beruflicher Chancengleichheit von Frauen ist es unerläßlich, die konkreten unternehmensstrategischen Leitbilder und Rationalisierungskonzepte sowie das reale Problembewußtsein des Managements gegenüber der beruflichen Deprivilegierung von Frauen zu berücksichtigen.

WESTDEUTSCHER VERLAG

OPLADEN · WIESBADEN